Zu diesem Buch

Aus einem Horoskop kann man nicht nur die Charakterstruktur eines Menschen herauslesen, sondern mit den entsprechenden Methoden auch Entwicklungen aufzeigen und sagen, wann ein bestimmtes Lebensthema akut wird. Es geht also um die Frage: Wie kann der Mensch im Theaterstück seines Lebens herausfinden, in welchem Akt er gerade ist, vor welcher Szene er sich befindet, welche Personen seines Stückes gleich ihren Auftritt haben werden und mit welchen Problemen er zu diesem Zeitpunkt konfrontiert wird. Wenn wir wissen, was gerade ansteht, können wir uns viel bewußter mit unserem Schicksal auseinandersetzen, sinnloses Leiden vermeiden und anstehende Konflikte lösen. Peter Orban erklärt die verschiedenen astrologischen Methoden der Zukunftsvoraussage, so daß der Leser sie an seinem eigenen Horoskop gleich anwenden kann. Er liefert damit eine unschätzbare Hilfe bei der Bewältigung von seelischen Krisen, von denen niemand verschont bleibt.

Dr. Peter Orban, Jahrgang 1944, studierte Soziologie, Psychologie und Philosophie. Er ist einer der renommiertesten Autoren auf dem Gebiet der Astrologie. Sein zusammen mit Ingrid Zinnel geschriebenes Buch «Drehbuch des Lebens» (rororo transformation 18597) ist längst ein Standardwerk der astrologischen Literatur geworden.

Peter Orban

Zeit im Horoskop

Auslösungen,
Solare, Transite

transformation

rororo transformation
Herausgegeben von Bernd Jost

Dieses Buch widme ich dir, Yogi.
Deine Zeit ist vor wenigen Tagen abgelaufen.
Jetzt lebst du bei all den anderen weiter
– in meinem Herzen.
Im strahlenden Sonnenschein.

Originalausgabe
Veröffentlicht im Rowohlt Taschenbuch Verlag GmbH,
Reinbek bei Hamburg, April 1999
Copyright © 1999 bei Rowohlt Taschenbuch Verlag GmbH
Reinbek bei Hamburg
Umschlaggestaltung Walter Hellmann
(Foto: VCL/BAVARIA)
Illustrationen Manfred Watzke
Satz Sabon, PostScript, QuarkXPress 3.32
bei UNDER/COVER, Hamburg
Druck und Bindung Clausen & Bosse, Leck
Printed in Germany
ISBN 3 499 60588 0

Inhalt

Vorwort

Zeit

Mit der Zeit, besonders der Lebenszeit, ist das so eine Sache.

Man überblickt jeweils nur die Zeit des Lebens, die bis heute abgelaufen ist. Wenn ich also im Moment 49 Jahre alt bin, dann habe ich Kenntnis von den Höhen und Tiefen, von den Tälern und den Auen der abgelaufenen 49 Jahre meines Lebens. Hier trägt die Zeit ein vertrautes Kleid; hier kann ich etwas sagen über «meine Zeit» – über meine bisher «verflossene» Zeit.

Ich kenne die «Zeit» meiner Jugend, die «Zeit» meiner Lehre, die «Zeit» meiner ersten... zweiten usw. Ehe, die «Zeit» meines Studiums, die «Zeit» meiner Hobbies, die «Zeit» meiner Laster, die «Zeit» meines Krankseins.

Denn natürlich: Jede Zeit ist *inhaltlich* geprägte Zeit.

Jede Zeit, die mich – den Autor und den Leser – beschäftigt, ist «meine Zeit» und nur deshalb interessant für mich und meine Seele, weil sie *meine* Inhalte trägt.

Jede andere Form der Diskussion z.B. über die Zeit «an sich» ist rein akademisch und abstrakt: Nett für Physiker-Seminare («Zeit ist gekrümmt!») oder esoterische Romantiker («Es gibt keine Zeit!»). Doch derartige Spielereien erreichen meine Seele nicht, sondern bleiben im Geistigen stecken. Kurz: Sie berühren mich nicht! Die reale Zeit jedoch, *meine* Zeit, berührt mich: Sie erfüllt mich mit Stolz oder mit Trauer, mit Stille oder mit Lärm, mit Ängsten oder mit Hoffnungen. Hier wittert die Seele richtige Nahrung.

Was aber ist mit der Zeit, die mir, der ich 49 bin, noch verbleibt?

Was kann ich darüber sagen?

In meinem Inneren gibt es über das Thema der Zeit ein altes (und gleichzeitig sehr modernes) Bild. Es ist das Bild eines Mähdreschers mit einer großen drehenden Walze (vorn) inmitten eines riesengroßen Kornfeldes. Dieser Mähdrescher fährt stets mit gleichbleibender Geschwindigkeit und mäht das Korn nieder. Und dabei ist das Korn ein Symbol für die Zeit. Und das, was hinter dem Mähdrescher als Abgepacktes zum Vorschein kommt und auf die Erde fliegt, ist ein Symbol für die Inhalte der Zeit. Denn es ist ein sehr moderner Mähdrescher, der das Korn nicht nur schneidet, sondern es auch in verschiedene Formen hinein verpackt und hinten wieder ausspuckt. Blicke ich, der ich auf dem Mähdrescher sitze (ihn aber nicht steuere), hinter mich, so sehe ich eine Landschaft, die bereits abgemäht ist, und ich sehe die Päckchen (meiner Ehe, meiner Berufe, meiner verschiedenen Wohnungen, meiner Freunde usw.), die alle ein verschiedenartiges Aussehen haben: manche klein, manche groß, manche schwarz und häßlich, manche mit sehr schönen Formen. Kurzum, meine Lebenszeit ist hier verpackt zu verschiedenartigen Bündeln und in meiner Seele niedergelegt. Das ist die *vergangene* Zeit.

Schaue ich nach vorn, so sehe ich jene geschlossene Kornfelddecke, die leise im Wind wogt und die noch nicht abgemäht und eingebunden ist. Und ich sehe auch, daß das Kornfeld, das noch zu bearbeiten ist, für mich endlos erscheint. (Freilich: Es kann sein, daß ich mich irre und daß es hinter dem nächsten Hügel zu Ende ist!)

Das ist die noch *vor mir liegende* Zeit. Es ist dasselbe Korn wie jenes, das bereits – zu Bündeln verpackt – hinter mir liegt. Aber es steht noch nicht fest, zu welchen Formen die Maschine es verpackt. Habe ich denn einen Einfluß darauf, ob die Maschine das Korn zu fröhlichen oder zu traurigen Formen verpackt? *Natürlich nicht!* Nein, ich habe diesen Einfluß nicht!

Wann tut sie – die Maschine – das denn?

Wann mäht sie das Korn, und wann verpackt sie es?

Jetzt!

Genau in diesem Moment!

In diesem Moment, der weder zu der *vergangenen Zeit* noch zu der *vor mir liegenden* Zeit gehört.

Sie tut es im Jetzt.

Im ewigen Jetzt.

In jenem Moment, der nicht zu identifizieren ist und der in der Fülle des Lebendigen zum alleinigen Schnitter wird.

Was immer wir tun, was immer wir getan haben, was immer uns getan worden ist und was immer uns getan werden wird, geschieht und geschah im Jetzt. Im Sichelschnitt der Zeit.

Unser Bild des Mähdreschers ist natürlich nur die moderne Version des alten Bildes von Kronos-Saturn, dem Alten, der als Herrscher über die Zeit schon immer mit einer Sichel oder Sense dargestellt worden ist. Ganz ebenso wie sein mittelalterliches Pendant, der Tod, als Skelett mit Sichel und Sanduhr aufgetreten ist. Das Bild der Zeit und das Bild des Schnitters sind archetypisch verkoppelt. Sie sagen ein und dasselbe.

In unserem vorgestellten Bild haben wir alle drei Formen der Zeit bereits versammelt:

Vergangenheit – Gegenwart – Zukunft.

Bei näherem Hinschauen jedoch lösen sich diese drei Formen in nur zwei Zeitformen hinein auf: Vergangenheit und Zukunft, denn das Jetzt der Gegenwart ist kein Ort, der sich identifizieren oder über den sich – sinnvoll – etwas sagen ließe.

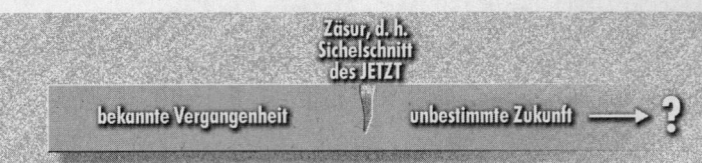

Zäsur, d. h.
Sichelschnitt
des JETZT

bekannte Vergangenheit   unbestimmte Zukunft ⟶ ?

Natürlich kann ich sagen: Ich bin *jetzt* traurig oder verliebt oder hungrig oder krank. Doch für unseren Zusammenhang, nämlich in die *Inhalte der Zeit* zu schauen, ist das Jetzt der uninteressanteste Punkt. Wie sich leicht zeigen läßt, ist nämlich mein Zustand im Jetzt in direkter Linie gekoppelt mit einem Ereignis aus der Vergangenheit oder einer Befürchtung aus der Zukunft. Noch anders gesagt: Niemand kommt in eine Horoskop-Beratung wegen eines Zustandes des Jetzt. Immer geht es um das Gestern oder das Morgen, also um die beiden großen Areale der Zeit. So gesehen ist das Jetzt eigentlich nur die Trennung des Einen vom Anderen, gleichsam die Grenzlinie von beiden. Und niemand macht sich Sorgen um das Jetzt, sondern der Kummer am Menschsein hat seinen Ankerplatz immer im Hüben oder im Drüben unserer Zeichnung. (Ein Weiser hat einmal gesagt: Der Mensch ist sowieso nur in zwei Zuständen seines Lebens ganz im Jetzt: Beim Niesen und während des Orgasmus.)

Worauf wollen wir eigentlich hinaus?

Nun, dieses Buch beschäftigt sich mit dem Phänomen «Zeit» im Leben des Menschen, und es beschäftigt sich mit einer Methode, – ein wenig – *ins Innere der Zeit zu schauen*, denn das ist die wörtliche Übersetzung für das zweite Thema dieses Buches: das Horoskop (von *hora* = die Stunde und *skopein* = blicken, schauen; also: «In die Stunde schauen»). Und so müssen wir uns vorher ein wenig über unser Terrain – die Zeit – verständigen, damit wir wissen, wo unser Instrument ansetzt, wie es arbeitet und welche Reichweite es hat, d. h. wo seine Grenzen liegen.

Die beiden großen Areale «Vergangenheit» und «Zukunft», die beiden großen Felder, in denen sich dieses ganze Buch aufhalten möchte, enthalten also zwei verschiedene Formen einer *Zeitmenge*:

A: Die Vergangenheit trägt in sich eine inhaltlich bestimmte und eine zeitlich in ihrer Dauer bekannte Zeit.

B: Die Zukunft trägt in sich eine (vorerst) inhaltlich unbestimmte und in ihrer Dauer unbekannte Zeit.

Das Wort «Zeitmenge» ist hierbei aus der mathematischen Mengenlehre entlehnt und bedeutet nicht so sehr «Dauer» (also etwa 49 Jahre), sondern vielmehr Zeit*qualität*, also Zeit*inhalt* (Traurigkeit, Einsamkeit, Verlust, mangelndes Selbstwertgefühl usw.). Ich werde diesen beiden Zeitmengen gleichsam als Kurzfassung jeweils einen Namen geben, der die Diskussion ein wenig erleichtert: Die Zeitmenge A (inhaltlich verstrichene Zeit) nenne ich «Erlebniszeit» (denn sie trägt bekannte Erlebnisse der *Vergangenheit* in sich), und die Zeitmenge B (inhaltlich unbestimmte Zeit) nenne ich «Erwartungszeit» (denn sie trägt inhaltlich erwünschte Erwartungen an die *Zukunft*).

Bis zu diesen Stelle sind unsere Erörterungen über die «Zeit» noch relativ trivial, und der Leser könnte sich fragen: Wann kommt der Autor endlich zum Punkt?

Nun, der Autor möchte sogar zu zwei Punkten kommen, die beide allerdings in einem Punkt kulminieren:

Punkt 1: Die beiden Zeitmengen A und B haben einen inhaltlichen Bezug! Das heißt, kenne ich den Inhalt der Menge A (nicht unbedingt ihre Dauer), so kann ich daraus einen Rückschluß auf den Inhalt (manchmal auch auf die Dauer) von Menge B ziehen. Anders gesagt: Die «Erlebniszeit» (A) bestimmt die «Erwartungszeit» (B) – und das tut sie inhaltlich!

In der klassischen Psychotherapie ist dieses Phänomen unter dem Begriff «Symptomtradition» bekannt. Der Begriff ist freilich hier nicht radikal genug gefaßt, und er wird nur im

Rückschluß verwendet. In unserer Arbeit verwenden wir ihn (mit hoher Sicherheit) auch als Voraus-Schluß, also in die Zukunft hinein.

Dazu ein Beispiel: Hatte ich als Frau in der Vergangenheit eine langjährige Beziehung (oder Ehe), die in Streit, Kampf, Unvereinbarkeit endete, und gehe ich – gemäß der modernen Ideologie des «Beim nächsten Mann wird alles anders» – in eine neue Beziehung, so könnte ich (unter Kenntnis von Punkt A) jetzt von meiner (vergangenen) «Erlebniszeit» auf die neue «Erwartungszeit» folgendes schließen: Die neue Beziehung wird ebenfalls auseinandergehen, und sie wird schneller auseinandergehen als die vorherige. (Ausnahme: Angenommen, in dieser neue Beziehung entsteht ein Kind, dann wird dieses Kind den Kampf und die Unvereinbarkeit der alten Beziehung in die neue Beziehung hineintragen, diese dort wachhalten und die alten Konflikte noch einmal austragen.)

So oder so – wir sehen, die Unvereinbarkeiten der alten Erlebniszeit nisten sich in die neue Erwartungszeit hinein und gestalten die neue Beziehung auf eine Weise, die in der alten Beziehung vorgezeichnet war.

Das, so mag der Leser einwenden, sind ja ziemlich trübe Aussichten. Wenn die Vergangenheit die Zukunft derartig vorprogrammiert, bin ich dann mit 40 Jahren nicht bereits hoffnungslos in einer Zeitfalle? Im Prinzip ja! Und viele Leser, die bereits drei oder zehn Beziehungs-Strohbündel hinter sich erblicken, werden wissend und ein wenig resignierend nicken. In der Tat, die Lage ist so hoffnungslos. Aber sie ist deshalb nicht ernst, weil es ja noch unseren Punkt 2 gibt.

Punkt 2

Jedes Kornhalm-Bündel, das ich auf meinem Mähdreschersitz hinter mir erblicke, das in den Tiefen der Vergangenheit liegt (also in der abgelaufenen Erlebniszeit) und das damit vermeintlich unverrückbar vorbei erscheint, ist im nachhinein veränderbar! Erlebniszeit ist also korrigierbar!

Würde besagte Frau mit der zerrütteten vorherigen Beziehung ihren Mähdrescher für einen Moment anhalten, von ihrem «Hochsitz» absteigen und zurücklaufen zu jenem Bündel, in dem die Inhalte ihrer alten Beziehung verpackt liegen; würde sie das Bündel aufmachen, genauer betrachten und noch einmal neu bewerten; würde sie ihren Teil und den Teil ihres Partners noch einmal neu gewichten; würde sie dann – nach einem bestimmten Ritual – es wieder neu verpacken: *dann*, aber *erst dann* geht von dem alten (neuen) Bündel auf einmal eine ganz andere Anziehung und auch eine ganz andere Kraft für eine *neue Beziehung* aus! Es ist dies ein Phänomen, für das Andreas Krüger in seinen Seminaren die Formel verwendet: «Es ist nie zu spät für eine glückliche Kindheit!»

Kann man tatsächlich die Vergangenheit verändern? Und kann man damit tatsächlich die Zukunft verändern?

Selbstverständlich!

Mehr noch: Man kann die Zukunft *nur* verändern, indem man die Vergangenheit verändert!

Die meisten Menschen glauben, daß die Zukunft gut wird, wenn ich in der Gegenwart das Richtige tue. Also in unserem Beispiel: Wenn ich *heute* den *richtigen* Partner wähle, dann wird unsere Beziehung in der Zukunft eitel Sonnenschein. So als hätten man diese Kraft (der richtigen Wahl) in der Gegenwart, im Jetzt. Diese Ansicht ist grundlegend falsch. Man hat diese Kraft deshalb nicht, weil das Jetzt eine vollständig unbedeutende Größe ist. Das Jetzt ist *immer* rettungslos überlagert von den alten Päckchen, von denen ich freilich – im Jetzt – weder etwas weiß noch etwas wissen will. Und meine Wahl im Jetzt wird vollständig bestimmt von der alten Erlebniszeit, ob ich das weiß oder nicht, ob ich das will oder nicht. Es ist fast so, als ob nicht ich die heutige Wahl (für einen neuen Beziehungspartner) treffe, sondern auf eine geheimnisvolle Weise treffen – hinter meinem Rücken – die alten ausgestoßenen Beziehungspartner die Wahl der jeweiligen neuen Beziehung gemäß **Punkt 1** «Erlebniszeit bestimmt Erwartungszeit».

Selbstverständlich bleiben die *realen Inhalte* der Vergangenheit von dieser Veränderung unberührt. Real kann ich nichts verändern. Ein verstorbener Partner bleibt tot. Es geht nur um eine veränderte Gewichtung und Bewertung in meinem Inneren.

Partner existieren nämlich zweimal: Einmal real (im Außen) und einmal in meiner Seele (also im Inneren), und nur um eine veränderte Sichtweise im Inneren geht es. Ist sie anders, wird auch die Sichtweise mit Blick in die Zukunft anders.

Erst unter Kenntnis dieser beiden Punkte «Erlebniszeit bestimmt Erwartungszeit» und «Erlebniszeit läßt sich im nachhinein verändern» macht es einen Sinn, in die Zeit des Menschen «hineinzuschauen». Denn erst in diesem Moment hat die «Erwartungszeit», sprich: die Zukunft, eine Chance.

Anders gesagt: Wer über die Zukunft etwas aussagen will, ohne die Vergangenheit zu berühren und für die Aussagen heranzuziehen, geht am Thema der Zeit vorbei. Er streift die Zeit nicht einmal. Ganz zu schweigen davon, daß er über sie sinnvolle Aussagen treffen könnte. Diese Regel gilt für jede Beratung, ob mit oder ohne Horoskop. Sie läßt sich zusammenfassen zu dem Satz: «Sage mir etwas über deine Vergangenheit, und ich sage dir etwas über deine Zukunft!»

Ihren Kulminationspunkt finden unsere beiden Regeln (**Punkte**) über die Arbeitsweise der Zeit in meiner Seele an einer Stelle, an der der Ratsuchende mit einer *Frage* in unsere Beratungsstunde kommt. Hier fallen sie an der Stelle ineinander, an der aus der Frage des Gegenübers, die in der Regel an die Zukunft gerichtet ist, beim Astrologen sofort die innere Frage enstehen muß: «Was ist in der Erlebniswelt der Vergangenheit dieses Menschen noch nicht aufgearbeitet? Und wie kann das geschehen?»

Bevor wir jedoch diese Frage erörtern können, wenden wir uns erst einmal dem zweiten Thema in der Überschrift dieses Buches zu.

Das Horoskop

Ein Horoskop kann unter vielen Gesichtswinkeln betrachtet werden, und wir haben das in dieser Buchreihe bereits ausführlich getan. Es kann angeschaut werden als ein Instrument der Selbsterkenntnis (Orban/Zinnel: *Drehbuch des Lebens*), es kann gelesen werden als ein Hilfsmittel zur Beschreibung meines Partnerschaftsvermögens (Orban: *Drehbuch Partnerschaft*), es kann Hinweis geben auf die Vielfältigkeit und die Multiplizität der Personen meines Seelen-Landes (Orban/Zinnel: *Personare*), und es kann – als Monographie – exemplarisch eine Person beschrieben werden (Orban: *Pluto*).

Im vorliegenden Band wird das Horoskop wieder neu interpretiert und gelesen als ein Meßtischblatt über die Landschaften der Zeit. Gleichsam als Landkarte, die die «Orte in der Zeit» herausstellt.

Gibt es «Orte» in der Zeit?

Selbstverständlich!

Die Geburt meines Sohnes ist ein genau eingegrenzter und genau zu identifizierender «Ort» in der Zeit: 25.8.1966, 3h15.

Beispiele für weitere derartige Orte:

Meine Mutter ist gestorben.

Ich lerne meine spätere Ehefrau kennen.

Wir heiraten.

Ein neues Haus wird bezogen.

Ein neuer Arbeitsvertrag unterschrieben. Usw.

All diese «Orte» in der Zeit ragen aus dem normalen Gleichmaß, mit dem die Zeit voranschreitet, als deutliche Punkte meines Weges heraus. Das Bild einer Landkarte ist hier

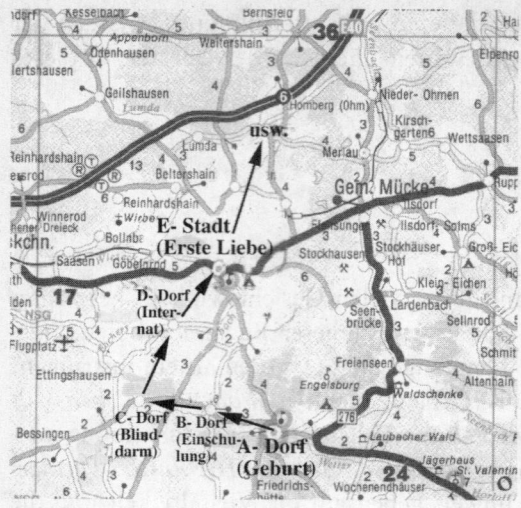

tatsächlich die deutlichste Analogie (die in meiner Seele schon lange wirksam ist), die unser Thema illustrieren kann. Stellen wir uns vor, wir wären zu Fuß unterwegs durch unser Leben. Und unsere Lebensreise führt uns von *A-Dorf* nach *Z-Stadt*, so gibt es auf dieser Lebensreise zwei Arten von «Zeit» (abgesehen von den vorher beschrieben Arten «Erlebniszeit» und «Erwartungszeit»): Es gibt die «Wegezeit», und es gibt die «Ortezeit»).

Die «Wegezeit» ist auf unserer Karte als Pfeil gekennzeichnet. Während dieser «Zeit» bin ich *unterwegs*. Sie ist irgendwie gleichförmig, ich gehe und gehe und gehe. Die Landschaft kann ganz nett sein, es kann aber auch genauso regnen. Es kann Sommer sein, da komme ich leicht ins Schwitzen, oder Winter, da friere ich oft. Diese Zeit kann Monate dauern, sie kann Jahre dauern. Manche Menschen haben das Gefühl, es gibt in ihrem Leben nur «Wegezeit» («Tagaus, tagein der gleiche Trott»). Für diese Zeit gilt als Bild: Auch die schönste Strecke geht einem – nach einiger Zeit – auf die Nerven. Und die schlechten Wegstrecken werden – je länger sie dauern – zur Tortur.

Die «Ortezeit» oder die «Orte in der Zeit» sind jene herausragenden Punkte, an denen etwas Neues geschieht. Sei es etwas Schönes, sei es etwas Schlimmes. Hier tritt immer etwas ein, was vorher – auf der vorherigen Wegezeit – nicht da war. Etwas ragt heraus. Und es begegnet mir auf meinem Weg. Es muß mir nicht gänzlich unbekannt und total neu sein. Es kann mein zweiter Herzinfarkt oder die Begegnung mit meiner sechsten «großen Liebe» sein. Aber es unterbricht in jedem Fall die vorherige Wegstrecke, die vorherige «Wegezeit», und es leitet eine neue «Wegezeit» ein.

Das also ist die «Ortezeit», hier finde ich die «Orte» in der Zeit. Natürlich sind diese Orte in der Regel nicht von langer Dauer. Obwohl wir das gern wünschen: Niemand kann an diesen Orten bleiben. Sowohl die größte Verliebtheit als auch die tiefste Todesangst verschleißen und normalisieren sich. Und machen einer neuen Wegezeit platz.

Ja, so zieht der Mensch durch sein Leben, von einem Ort zum nächsten. In keinem kann er bleiben – denn Leben heißt «Weiterwandern». Und der nächste Ort kommt bestimmt – entweder morgen oder erst nach sieben Jahren. Wenn ich es doch schon wüßte! Und irgendwann kommt dann auch Z-Stadt. (Wann? Das will ich nun gerade *nicht* wissen.) Hier hört das Wandern in der Form, die wir kennen, mit Sicherheit auf.

Ob es nach Z-Stadt ein neues Wandern gibt, darüber kursieren die eigenartigsten Gerüchte. Aber dieses Buch wird sich nicht an einer Diskussion über diese neue «Erwartungszeit» beteiligen. Ganz abgesehen davon, daß niemand etwas Genaues darüber weiß.

Was kann nun das Horskop über diese beiden beschriebenen Zeiten aussagen? Nun, neben all dem, was das Horoskop

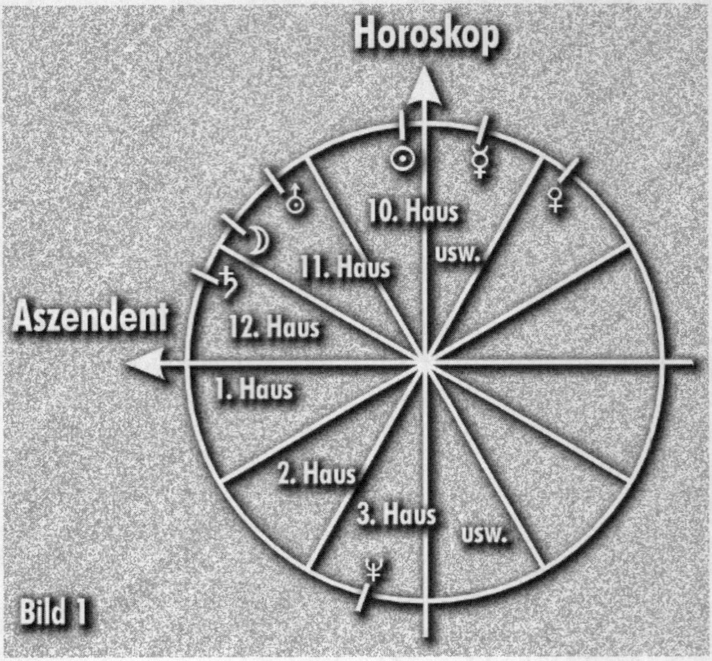

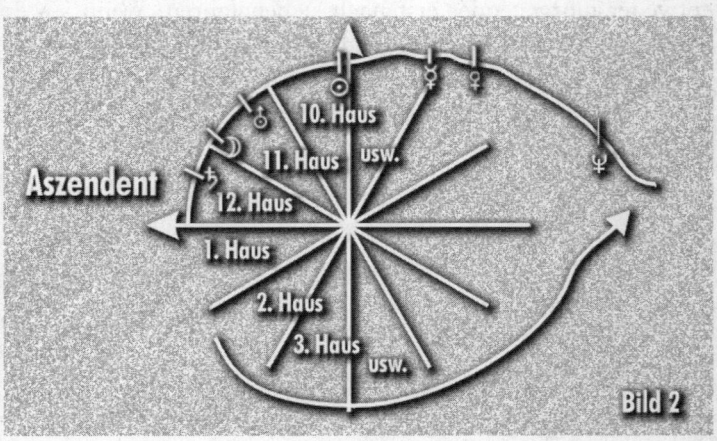

Horoskop

10. Haus
usw.

11. Haus

Aszendent

12. Haus

1. Haus

2. Haus

3. Haus

usw.

Bild 1

Aszendent

10. Haus

11. Haus
usw.

12. Haus

1. Haus

2. Haus

3. Haus

usw.

Bild 2

sonst noch ist (siehe S. 15) ist es auch ein Zeit-Diagramm, eine Zeit-Gleichung und ein Meßinstrument für *inhaltliche* Zeit.

Nehmen wir – um dieses Bild zu verstehen – einmal ein Horoskop in seiner einfachsten Form, nämlich nur mit Häusern und Planeten. Wir haben einen Kreis, der in bestimmten Abständen gesäumt ist von markanten Punkten (den Planeten) wie in unserem Bild 1. (Stören wir uns nicht daran, daß nicht alle Planeten eingetragen sind, es soll ja nur etwas klarmachen!)

Schneiden wir diesen Kreis jetzt am Aszendenten auf und bilden aus dem Kreis eine Gerade (Bild 2), so haben wir bald eine waagrechte Strecke, die an bestimmten Abschnitten von Punkten auf der Strecke gesäumt ist (Bild 3):

Es ist dies jedoch das gleiche Zeit-Diagramm, das wir auf unserer Landkarten-Abbildung (S. 16) finden und das sich ja ganz genauso als Wege-Orte-Diagramm beschreiben läßt (Bild 4):

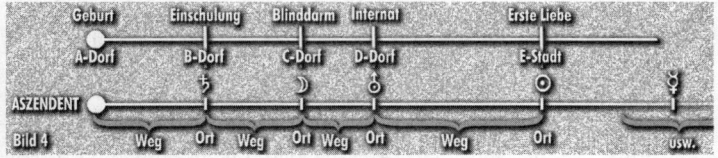

Schauen wir dieses Bild noch einmal in seiner Vergrößerung an, so sehen wir die Wegstrecken in ihrem Verhältnis zueinander, also wir sehen ihre Entfernungen, die wir jetzt messen können:

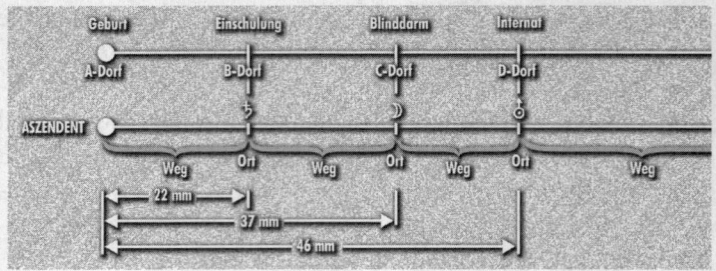

Legen wir eine Lupe und ein gutes Millimeterband an, so haben wir eine Entfernung von

A-Dorf nach B-Dorf von 22 Milimetern oder vom *Aszendenten bis zum Saturn von 22 Milimetern* oder von der *Geburt bis zur Einschulung von 22 Milimetern.*

Da aber der Mensch normalerweise mit 6 Jahren eingeschult wird, kann ich jetzt schließen, daß die Entfernung, also die Wegstrecke vom Aszendenten bis zum Saturn, ca. 6 Jahre beträgt. Oder: 22 Milimeter Strecke auf der Geraden entsprechen etwa 6 Jahren.

Natürlich ist an dieser Gleichung vieles noch sehr unverständlich und an den Haaren herbeigezogen: Woher weiß ich, daß der Ort in der Zeit, der im Horoskop «Saturn» genannt wird, tatsächlich in meinem Leben das inhaltliche Thema der «Einschulung» in sich trägt? Oder wieso bedeutet der Ort in der Zeit «Uranus» in meinem Leben «Ich komme ins Internat», ein Ereignis also, das bei mir mit 13$\frac{1}{2}$ Jahren stattfand?

Die Antwort darauf: Ein großer Astrologe hat sich mit Hunderten von Horoskopen (und Ereignissen im Leben der Horoskopträger) in sein Bett zurückgezogen und dieses Phänomen in einem mühsamen Findungs- und Entdeckungsprozeß empirisch herausgearbeitet. Und Hunderte von Astrologen haben es seitdem in mehr als 40 Jahren nachgeprüft und für richtig befunden.

Natürlich werden wir dieses Thema im ersten Kapitel noch ausführlich erweitern – hier soll es uns ein erstes «Gefühl» für die Zeit im Horoskop vermitteln.

Wir haben also jetzt ein Bild für die «Wegezeit» oder besser gesagt für die *Länge* der Wegezeit (vorerst in Millimetern) und haben erste Anhaltspunkte für die Länge in Jahren (Strecke: Aszendent–Saturn ca. 6 Jahre. Auch die Strecke Aszendent–Sonne = 19 Jahre = große Verliebtheit scheint auf den ersten Blick zu stimmen.) Bevor der Leser jetzt aufatmet und sagt: Ach so, ach toll! müssen wir ihn bremsen und sagen: Das Spielzeug ist noch nicht endgültig zusammengesetzt, es fehlen noch ein paar Teile! Diese werden wir im ersten Kapitel des Buches nachliefern. Aber die «Wegezeit» hat jetzt schon ein Bild!

Unsere zweite Zeit, die «Ortszeit» (die Orte in der Zeit), haben damit ebenfalls ein Bild, nämlich das Bild, *wann* sie stattfinden: Der «Saturn» findet statt mit 6 Jahren, der «Mond» etwa mit 10, der «Uranus» mit $13\frac{1}{2}$ und die «Sonne» etwa mit 19 Jahren. Fein! Aber das ist ja erst die Hälfte, daß ich weiß, wann *etwas* stattfindet. Bei mir (wenn auch fiktiv) weiß ich, daß ich mit $13\frac{1}{2}$ ins Internat kam, aber woher weiß ich das bei einem fremden Menschen, dessen Horoskop ich gerade in Händen halte? Angenommen, sein «Uranus» wäre ebenfalls mit $13\frac{1}{2}$ Jahren «ausgelöst» worden (so sagen die Astrologen dazu, und dieses Wort erinnert an den Schuß aus einer Pistole), heißt das bei ihm ebenfalls: «Eintritt ins Internat»?

Natürlich nicht!

Das kann es heißen, aber es muß nicht. Es könnte auch heißen, daß im Alter, als der Patient $13\frac{1}{2}$ war, folgendes geschehen ist:

«Familie schlagartig verarmt», oder

«*Familie zog von D-Stadt nach E-Stadt um*», oder gar
«*Vater ist gestorben*»,
um nur drei Beispiele zu nennen.
Aha, denkt der SPIEGEL-Leser; vollständig beliebig diese
Astrologie, wußten wir doch schon immer. Und so erscheint
es auch auf den ersten Blick.

Das Wort «*Uranus*» aber steht in der symbolischen «Übersetzung» für einen Vorgang, der sich folgendermaßen beschreiben läßt: «*Das Herausgerissensein aus einem vertrauten seelischen Milieu und das Hineingestelltwerden in ein vollständig neuartiges – und meist bedrohliches – seelisches Milieu*».
Wenn wir das wissen, dann sehen wir, daß unsere drei Beispiele auf diese Übersetzung zutreffen. Wir könnten jetzt noch weitere Beispiele aufführen:
«*Einweisung in die Psychiatrie*», oder
«*Die Arbeitsstelle wird gekündigt*» (unwahrscheinlich bei einem 13½jährigen, aber der «Uranus» kann ja auch mit 43 Jahren angetroffen und also «ausgelöst» werden), oder
«*Bekommt eine Neurodermitis*» usw.

Mit all diesen Beispielen wollen wir noch keine Feinstrukturen beschreiben, sondern lediglich darauf hinweisen, daß wir «Orte in der Zeit» nicht nur mit ihrem *Zeitpunkt* identifizieren können, sondern auch über ihre *Inhalte* etwas aussagen können. Aber wir müssen auch sehen, daß dieser Inhalt symbolisch verschlüsselt auftritt. Mit anderen Worten, mit diesen einfachen Bildern, die später noch präzisiert werden, erhalten wir jetzt eine Antwort auf zwei Fragen:
Wann im Leben? (Auslösungspunkt als Unterbrechung der «Wegezeit») und
Wie im Leben? (Symbolik des Planeten, der angetroffen und «ausgelöst» wird, als Inhalt der «Ortezeit»).
Dabei ist es natürlich nicht ganz unerheblich, wie diese Inhalte in der Seele des Menschen erlebt werden bzw. erlebt

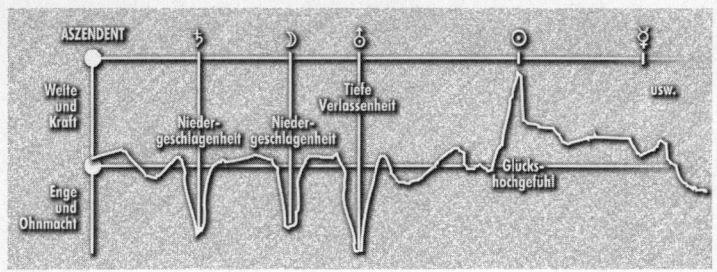

worden sind. So kann der «Eintritt in ein Internat» im einen Fall als eine schreckliche Entwurzelung aus der Wärme und der Zugehörigkeit zur Familie erlebt werden und in einem anderen Fall – ganz entgegengesetzt – als ein Aufatmen, der engen Luft des familiären Erdrücktwerdens endlich zu entkommen.

Anders gesagt, da die Seele in ihrem Inneren nur *zwei große Zustände* (in tausend verschiedenen Spielarten) kennt, nämlich den Zustand «Macht mich weit und gibt mir Kraft» oder den anderen Zustand «Macht mich eng und nimmt mir Kraft», könnten wir eine Kurve konstruieren, die – bleiben wir bei unserem Beispiel – folgendermaßen aussieht (siehe oben). Diese Kurve erläutert die Gefühle meiner seelischen Befindlichkeit innerhalb eines Zeitraumes von ca. 20 Jahren – und zwar so, wie die Gefühle – normalerweise – erlebt werden. Aber wie gesagt: Es ist ebenso denkbar, daß das «Internat» nicht als Verlassenheit, sondern als Rettung erlebt wird! Woher man das jetzt weiß, mag der Leser fragen. Ganz einfach, man fragt den, der einem gegenübersitzt. Der weiß es ja.

Warum man es überhaupt wissen will?

Na ja: Angenommen, uns sitzt ein 41jähriger Bankangestellter gegenüber, der in drei Monaten eine Uranus-Auslösung haben wird (seine zweite große Uranus-Auslösung in diesem Leben) und der relativ besorgt ist, ob er auf seiner

Arbeitsstelle, der Bank, wegrationalisiert werden soll. Es gäbe da halt Gerüchte.

Und wir sehen, daß in der Tat in drei Monaten ein «Ort in der Zeit» erreicht sein wird, der «Uranus» heißt. Sofort entsinnen wir uns unserer **Regel 1** «Erlebniszeit bestimmt Erwartungszeit» und wissen, wir müssen als erstes herausfinden, was geschah, als der Uranus das erste Mal (mit 13$\frac{1}{2}$) ausgelöst wurde. Unsere Fragen an das Gegenüber lauten also: «Mit 13$\frac{1}{2}$ ist etwas in deinem Leben geschehen, das dich aus deiner gewohnten Umgebung herausgerissen hat.

1. Was war das? und
2. Wie hast du das in deiner Seele erlebt?»

Die erste Antwort unseres Gegenübers (nach einigem Überlegen): «Mit 13$\frac{1}{2}$ bin ich ins Internat gekommen.»

Die zweite Antwort: «Das war für mich entsetzlich! Ich hatte das Gefühl, man wollte mich zu Hause einfach los sein. Mein Vater hat mich einfach abgeschoben.»

Damit haben wir eine deutliche symbolische Darstellung davon, was ihn in drei Monaten erwartet und wie ihm zumute sein wird. «Erlebniszeit bestimmt Erwartungszeit.» Die Vergangenheit bestimmt die Zukunft.

Das ist ja fatal, sagt jetzt der Leser. Müssen wir ihm das etwa sagen? Ja, schon! Aber wir müssen ihm auch sagen, daß es noch die **Regel 2** gibt: «Erlebniszeit läßt sich im nachhinein verändern.» Bevor wir unserem fiktiven Klienten von der Regel 2 erzählen, müssen wir *uns* noch einen erweiterten Sachverhalt klarmachen, und diesen Sachverhalt nennen wir unsere

Regel 3: «Die Auslösung der «Erwartungszeit» (also des Ereignisses dieses Bankangestellten in drei Monaten) löst die *alten Gefühle* des gleichen Erlebnisses der «Erlebniszeit» (seine Gefühle mit 13$\frac{1}{2}$ Jahren) *noch einmal aus*!

Mit anderen Worten, das alte Entsetzen («…es war entsetzlich…») über das Abgeschobenwerden ins Internat mitsamt der väterlichen Zurückweisung wird noch einmal frei!

Aber nur der *alte Schmerz* wird frei, nicht das Wissen, daß es der Internats-Schmerz *ist*. Es mag sogar sein, daß der Klient in drei Monaten, nachdem ihn seine Firma entlassen hat, in seinem tiefen Schmerz und seiner ganzen Hilflosigkeit seiner Frau erzählt: So habe er nicht mehr gelitten, seit sein Vater ihn ins Internat *abgeschoben* hat. Und im nächsten Satz stammelt er: «Sie haben mich einfach *abgeschoben*...» Und jetzt meint er seine Bank!

In Wahrheit ist der 41jährige Bankangestellte jetzt in den nächsten Wochen und Monaten 13½ Jahre alt! Und keiner merkt es, am wenigsten er selbst.

Nun, auch die **Regel 3** dürfte unserem Klienten keine sonderliche Beruhigung bereiten. Er weiß jetzt nur: Es wird entsetzlich, aber er muß sich keine Sorgen machen, der Schmerz über seine Entlassung hat gar nichts mit der Entlassung heute zu tun, sondern dieser Schmerz reicht viel tiefer – ist ein alter Schmerz.

Aber das ist noch nicht alles. Es existiert noch eine Regel, die wir, die wir im Inneren der Zeit arbeiten wollen, kennen, beherzigen und anwenden müssen. Und die wir unserem Gegenüber auf die eine oder andere Weise auch vermitteln müssen. Es ist dies die wichtigste Regel einer Astrologie, die mit den Erkenntnisprozessen im Inneren der Seele zu arbeiten sich vornimmt.

Diese Regel (**Regel 4**) lautet: «Orte in der Zeit» existieren nie für sich allein, sondern tragen in ihrem Inneren *immer* die eine oder andere Person aus meinem Leben, *zu der ich ein nicht gelöstes Verhältnis habe.*

Um diese Regel zu verstehen, werden wir ein wenig um sie herumlaufen.

Im Beispiel unseres 41jährigen Bankangestellten blitzt diese Regel bereits durch: Er macht sich ja Sorgen, daß seine Bank ihn entlassen könnte, und sitzt aus diesem Grund in der Beratung unseres fiktiven Astrologen. (Nennen wir den Astrologen im Folgenden A und den Bankangestellten B).

A schaut ins Horoskop und findet nach der Methode der Rhythmen (siehe unser Kapitel 1) eine «Auslösung» des Planeten «Uranus» in drei Monaten. Noch hat A keine unserer Regeln angewendet, sondern sich nur einer astrologischen *Technik* aus der Rhythmenlehre bedient. A weiß, daß «Uranus» gleichsam vor der Tür steht, bereits leise anklopft und bei B Ängstlichkeit produziert. A wendet jetzt **Regel 1** an: («Erlebniszeit bestimmt Erwartungszeit») und fragt B, was denn bei der ersten «Auslösung» des Uranus mit 13½ Jahren geschehen ist. Er tut das, um herauszufinden, um welchen Affekt (also um welche seelische Befindlichkeiten) es sich *damals* gehandelt hat. Und er tut das gemäß der **Regel 3** («Der Affekt in drei Monaten wird die Gefühle des 13½jährigen wiedererwecken und noch einmal auslösen»). Die Antwort von B bestätigt, daß das damalige Ereignis nicht etwa befreiend oder krafterzeugend war, sondern entsetzlich, und jetzt weiß A auch, daß die Auslösung in drei Monaten ebenfalls als entsetzlich erlebt werden wird. Und es ist wichtig zu begreifen, daß das Erlebnis nicht in sich entsetzlich *ist*, sondern daß es deshalb als entsetzlich *erlebt wird*, weil der gesamte Affekt des 13½jährigen hier noch einmal ausgelöst wird.

Die Antwort von B enthält aber auch einen Hinweis auf die **Regel 4,** deren Kurzfassung lautet: «Gefühle tragen *in sich* immer ungelöste *Personen* meines Lebens.» B sagt nämlich: «... mein *Vater* hat mich einfach abgeschoben...». Damit weiß A jetzt, daß in der Angst B's vor der Zukunft eine Angst aus der Vergangenheit steckt und daß im Inneren der Angst das ungelöste Verhältnis von B zu seinem Vater sitzt.

Jetzt erst kann A die **Regel 2** anwenden und sich innerlich sagen: «Erwartungszeit» kann verändert werden, indem die «Erlebniszeit» geändert wird! Er sagt es deshalb nicht laut, weil B es so nicht verstehen würde. Laut sagt er zu B: «In Ihrer Angst vor der Zukunft steckt das ungelöste Verhältnis zu dem Vater Ihrer Kindheit. Bringen Sie dieses Verhältnis in Ordnung, und Ihre Angst vor der Zukunft verschwindet!»

Damit hat B jetzt ein Problem. Er ist doch zum Astrologen gegangen, damit der ihm sagt «Du wirst entlassen!» oder (hoffentlich) «Du wirst nicht entlassen!»

Also fragt B noch einmal nach: «Angenommen, ich bringe des Verhältnis zu meinem Vater in Ordnung (wie immer das auch gehen soll?), werde ich dann nicht entlassen?»

Darauf antwortet A: «Keine Ahnung!»

Da er Astrologe ist, sagt er hoffentlich nicht: «Das steht in den Sternen!», sondern er fügt hinzu: «Das kann keiner sagen, denn das Schicksal läßt sich nicht in seine Karten für die Zukunft schauen. Das Schicksal ist dafür zu groß, und wir Astrologen sind zu klein!»

«Aber», sagt A weiter, «haben Sie das Verhältnis zu Ihrem Vater geklärt, dann verliert das Ereignis mit $13\frac{1}{2}$ Jahren seinen Schrecken, und damit verliert auch das Ereignis in drei Monaten – wie immer es aussehen wird – ebenfalls seinen Schrecken und wird zu einer Herausforderung und zu einer Chance. Vielleicht wollten Sie ja schon immer etwas anderes machen in Ihrem Leben, und vielleicht bekommen Sie dafür jetzt eine Möglichkeit.»

Mit anderen Worten, aus einem *neuen* Schrecken, der nur aus ungelöstem *alten* Material (also aus *altem* Schrecken) besteht, wird eine neue Chance.

Lassen wir unsere beiden jetzt verschwinden und wenden uns noch einmal der **Regel 4** zu: Sie besagt ja, daß in jedem Problem, das in unserem Leben auftreten kann – gleichsam in dessen Hintergrund – eine Person steht, die von dort ihre Fäden zieht.

Hinter *jedem* Problem?

Ja!

Es gibt keine anderen Probleme!

Anders gesagt: Es gibt überhaupt keine Probleme, so als wären es Sachen (*das* Problem), sondern es gibt nur unerkannte und ungewürdigte *Personen* in meiner Seele, die sich in die Aufmerksamkeit schieben.

Wir haben diesen Gedanken bereits ausführlich in den vorherigen Texten «Drehbuch des Lebens» und «Der multiple Mensch» diskutiert und können uns deshalb hier auf die Formel beschränken: Es gibt in meiner Seele keine ungelösten Probleme, sondern es gibt nur unerkannte und ausgegrenzte Personen. Diese Personen agieren unbewußt in der Tiefe der Seele und produzieren in den höheren Etagen so etwas, das wie ein Konflikt oder ein Problem *aussieht*. Blickt man jedoch an diesem Problem entlang in die Tiefe (z. B. in einem therapeutischen Setting), so stößt man *immer* auf ein nicht gewürdigtes oder vergessenes Familienmitglied aus dem Ensemble der Familienmitglieder meiner Seele. Bei unserem vorherigen Beispiel könnte man einwenden, der Vater habe ja mit 13½ Jahren den Sohn «abgeschoben», also wer ist hier von wem abgeschoben worden? Nun, allein die wehklagende Formulierung des Sohnes deutet es schon an: Der Sohn hat den Vater «abgeschoben»! Und ausgegrenzt. Freilich, er glaubt, er habe das aus guten Gründen getan, hat ihn doch der Vater ins Internat gesteckt, und sicher gibt es noch einige hundert andere (fadenscheinige) Gründe mehr. Es bleibt jedoch die Tatsache bestehen: Der heute 41jährige hat seinen Vater *immer noch* abgeschoben. Und so will der Vater (der im Außen vielleicht schon 20 Jahre tot ist) bei diesem Ereignis, das in drei Monaten stattfinden wird, zurück an einen Platz, der einmal *sein* Platz war und den er sich verdient hat. Zurück an den Platz als «Vater».

Aha, denkt der versierte Leser, also ist der «Uranus» ein Symbol für den «Vater»? Denn der soll ja jetzt auf einen «nicht mehr abgeschobenen Platz» in die Seele von B zurückgeholt werden. Die Antwort lautet: Nein, so einfach ist es leider nicht!

Denn, wäre es so, der Astrologe hätte ja nicht nachfragen müssen, was mit 13½ Jahren geschehen sei, er hätte gleich sagen können:

«Uranus» = «Vater» also

«Uranus-Auslösung mit $41\frac{1}{2}$ » = «Hole den Vater zurück».
«Uranus» heißt jedoch: «Ein überraschendes Befreiungsereignis», und so muß der Astrologe nachfragen: «*Wer* soll befreit werden?»

Ich habe dieses Beispiel einer rhythmischen Auslösung hier deshalb so breit diskutiert, weil *alle* astrologischen Techniken der Zeit nach diesem Schema ablaufen. Ob es sich nun um Auslösungen, 7-Jahres-Rhythmen, Solare, Transite usw. handelt, der «Blick in die Zeit» hat immer dieselbe Mechanik:
Nach einem bestimmten zeitlichen Schlüssel (den ich lernen kann) klingelt es an der Tür zu meinem Leben und meiner Seele. *Jemand* klingelt! Und dieser Jemand hat die Erwartung, daß ich den Mut habe, zur Tür zu gehen und zu öffnen. Vor der Tür steht in jedem Fall ein aus meiner Seele ausgegrenztes Familienmitglied, das sich nichts sehnsüchtiger wünscht, als von mir wieder hereingelassen zu werden. Freilich: Ich habe große Angst davor, die Tür zu öffnen, denn ich glaube, daß mir dieses Familienmitglied *wieder* sehr weh tun wird. Und meistens unternehme ich alles, die Tür nicht zu öffnen. Ja, ich verbarrikadiere sie zusätzlich mit allerlei (geistigem) Gerümpel. Und darüber hinaus mache ich unglaublich viel Lärm (oder trinke ganz viel Alkohol), damit ich das Klingeln nicht hören muß. Das macht natürlich gar keinen Sinn, denn die Gestalt ist entschieden stärker als meine dünne Tür (und all mein geistiges Gerümpel). Bricht diese Gestalt jetzt durch die Tür in mein Inneres ein, so wird in der Tat die ganze (frühere) Angst und der ganze (frühere) Schmerz frei.
Und was ist in einem solchen Fall naheliegender als der Versuch, auf diese Angst mit den beiden großen menschlichen Vermeidungsinstrumenten zu reagieren: mit Flucht oder mit Kampf? Nur leider wird mit diesen beiden Impulsen das Problem nicht gelöst.
Ist dann die Woge des «Uranus» – der mit Macht durch die Tür gebrochen ist – mit Donnergrollen durch meine Seele hin-

durchgezogen und anschließend ein wenig verebbt, so kann es sein, daß jetzt (also drei oder vier Monate später) ein entlassener Bankangestellter vor dem Astrologen A sitzt und sich des dritten menschlichen – allzu menschlichen – Vermeidungsimpulses bedient: Er jammert! Er beklagt sich, er schwört Rache, er hat schon die Götter oder wenigstens die Gerichte angerufen und ist (die nächsten Jahre) zutiefst nachtragend und verletzt. Und: Er begreift immer noch nicht, daß seine Affekte heute – das Jammern und Wehklagen – ebenfalls zutiefst aufgeladen sind und gespeist werden aus den damaligen Affekten gegen seinen Vater.

Was wäre denn bei alledem die «wirkliche» Aufgabe des Astrologen gewesen?

Schauen wir als erstes auf eine Graphik, die die Zeit verbindet mit dem Leben dieses Menschen B. Die gerade Achse ist die Lebenszeit des Bankangestellten *B*, also seine Lebensachse:

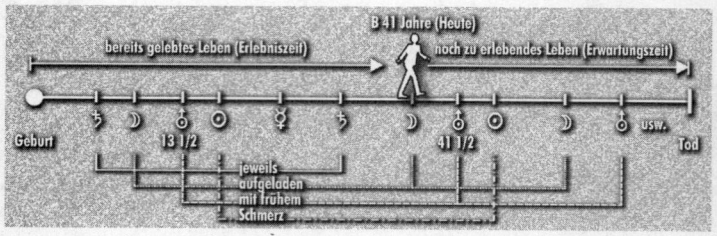

Die «Auslösungen» sind unterirdisch (also in der Seele von B) miteinander verbunden und werden jeweils in die aktuelle Zeit hineingetragen. Das gilt natürlich nicht nur für den «Uranus», sondern für Mond, Saturn, Sonne und alle anderen astrologisch relevanten Himmelkörper ebenfalls. Beim Uranus sehen wir, daß er bald (mit 41½) und später noch einmal (z. B. mit 62½ Jahren) ausgelöst wird.

Daraus würde mit zwingender Logik folgern, daß mit 62½

Jahren unser womöglich schon (zwangs-)pensionierter Bankangestellter in eine Situation hineinläuft, in der sowohl die Ängste des 13½jährigen (Internat) *als auch* die des 41½jährigen (Kündigung durch die Bank) frei werden.

Wenn nicht, ja, wenn nicht der Astrologe eine andere Lösung vorgeschlagen hätte: Seine ganze Aufgabe besteht nämlich darin, dem Gegenüber vorzuschlagen, die Tür nicht mit allen möglichen Schlössern zu versehen oder sie mit weiterem Gerümpel zu verstellen, sondern sie freiwillig (und am besten bereits vor der Zeit!) zu öffnen und dem «Uranus» ein Stück entgegenzugehen! Also jetzt etwas aus freien Stücken zu tun, wovor eine relativ große Angst besteht.

Nein, er soll jetzt nicht freiwillig kündigen! Das ist doch gar nicht seine Angst in der Tiefe. Seine Angst wird ausgelöst durch die unterirdische Verbindung des Uranus mit dem Ereignis im Alter von 13½, aber eigentlich mit der Unver*söhn*lichkeit gegenüber dem Vater.

Sich mit dem Vater zu versöhnen löst das Problem.

Es geht (bei diesem Beispiel) in der Tat um eine Ver-Söhnung. Das Wort wird leider oft mißverstanden. Es heißt nichts anderes: Der Sohn kehrt als *Sohn* wieder zum Vater zurück. Solange er noch jammert und anklagt und sich beschwert, steht er irgendwo oberhalb des Vaters – als dessen Ankläger und Richter. Und dann muß er in der Tat den «Uranus» mehr als fürchten.

Das also heißt: die Tür zu öffnen und dem Problem entgegenzugehen.

In der Regel kann der heutige Astrologe diese Arbeit der Versöhnung und an der Versöhnung nicht selbst leisten, also nicht anleiten. Und das ist sehr schade, denn es kann sein, daß der Bankangestellte B durch die Beratung Vertrauen zu A gefaßt hat. A muß ihn also zu einem Therapeuten C schicken, der mit B das Verhältnis zu seinem Vater aufarbeiten kann. Und ob B noch einmal den Mut aufbringt, sich einem zweiten

Seelenarbeiter anzuvertrauen, ist zumindest weniger wahrscheinlich.

Der Autor dieser Zeilen hat schon bei verschiedenen Gelegenheiten darauf hingewiesen, daß er einen Astrologen, der sich nicht – durch eigene Therapie-Erfahrungen – im Inneren der Seele auskennt, für einen Schwimmlehrer hält, der selbst nicht schwimmen kann. Mag sein, er kann einen wunderbaren theoretischen Unterricht abhalten, aber da er selbst nie im Wasser war, bleibt sein Enthusiasmus blaß. Eigentlich weiß er gar nicht, wovon er redet!

Heute möchte ich dieses Votum sogar noch ein wenig erweitern: Jeder Astrologe sollte die Grundkenntnisse der «Versöhnungen» beherrschen, so daß er bei den «vor der Tür stehenden Problemen» (sprich: Personen) selbst mit seinem Gegenüber die Tür zu öffnen vermag und diesen Personen entgegengehen kann. Es ist dies eine Arbeit, die in meinem Buch «Die Kraft, die aus der Herkunft stammt» (Kösel 1997) vorgezeichnet ist und deren Erlernung tatsächlich in kurzer Zeit Früchte trägt. Ich schätze, daß in etwa 70 % aller «Versöhnungsfälle» in der Tat keine umfangreiche «Therapie» nötig ist, sondern allerhöchstens zwei bis drei Versöhnungssitzungen.

Ein Wort noch zu den «Personen», die in bestimmten Abständen – als Probleme verkleidet – an die Tür zu meinem Leben klopfen und hineingebeten werden *wollen* und hereingebeten werden *sollten*. In unserem Beispiel des fiktiven Bankangestellten war es der Vater. Der Patient hatte ihn, mit guten Gründen – wie er glaubte – aus seinem Leben ausgegrenzt, und der Vater stand jetzt in der Seelenkammer der «Abgeschobenen». Von hier aus wollte er zurück in das «befreite Seelenland» von B. Als Bild: Er wollte zurück in jenes Land, in dem sich B ebenfalls gern aufhält.

Als Frage stellt sich: Wer von den inneren und äußeren Personen kann und darf überhaupt Einlaß erheischen?

Die Antwort ist einfach und kompliziert zugleich: Alle Personen, die eben im Außen zu meinem Leben gehören!

Bert Hellinger, der große Eingeweihte in die Mysterien der Seele, hat uns vor einigen Jahren die Frage so präzise beantwortet, daß wir nur staunen können, warum vor ihm keiner drauf gekommen ist.

Seine Antwort: Alle, die zu meiner *Familie* und *Sippe* gehören!

Familie, das sind alle Mitglieder meiner heutigen (von mir gegründeten) Familie mitsamt allen Liebes- und Ehepartnern, die ich in meinem Leben hatte, sowie den Kindern, die ich mit ihnen habe (den lebenden und den toten).

Sippe, das sind alle Mitglieder der Familie, aus der ich stamme, mitsamt allen lebenden und toten Angehörigen, deren Blut ich in mir trage, hinab bis zu den Großeltern und mitunter bis zu den Urgroßeltern.

Hat einer von denen, die dazugehören, keinen guten Platz in meiner Seele, so taucht er garantiert bei einer der nächsten Planetenauslösungen – als Problem verkleidet – in meinem Leben auf. Das Wort «Sippe» zeigt sein Gesicht besonders deutlich, wenn wir seinen etymologischen Ableitungen nachspüren.

Besonders im Altenglischen meint das Wort «sipp» «Verwandtschaft, Freundschaft, Liebe, Friede» (Duden, Wörterbuch Etymologie, Mannheim 1963, S. 646), und in dieser Übersetzung ist sehr genau enthalten, worum es bei der Arbeit des Astrologen geht: Es geht um die Versöhnung mit den Verwandten als eine Form des «Friedens in Liebe».

Wo es in unserem Beispiel des Bankangestellten also noch relativ einfach um das Thema der Versöhnung mit dem «Vater» geht, kann es sich – wenn die Sippe einbezogen werden muß – in anderen Fällen tatsächlich um Personen handeln, die der Mensch, der heute vor mir sitzt, noch nicht einmal gekannt hat! Vielleicht um eine früh gestorbene Schwester der Mutter oder um einen homosexuellen Onkel väterlicherseits.

Oder um eine nicht geachtete Großmutter, die ihre Spuren in *meiner* Seele hinterlassen hat, obwohl sie bei meiner Geburt schon dreißig Jahre tot war.

Es wäre dies gleichsam die **Regel 5** für unsere astrologische Seelenarbeit, die wir zu beherzigen haben: «Personen, die vernehmlich *zu einer bestimmten Zeit* an unsere Seelentür pochen, gehören immer zu unserer Familie und Sippe und können schon viele Jahrzehnte tot sein. Ihnen den angemessenen Platz zu geben ist trotzdem *unsere* Aufgabe. Die Seele sagt: «Einer muß es schließlich machen! Und heute bist es du!»

Es kann sein, daß dem Leser, der uns bis zu dieser Stelle gefolgt ist, ein wenig der Kopf raucht vor lauter «Formen der Zeit» und vor lauter unterstrichenen **Regeln**.

Bevor wir uns der ersten Technik (Zeit ins Horoskop zu tragen) zuwenden, wollen wir deshalb das bisher Gesagte noch einmal systematisieren. Wir werden das tun in Form von Fragen, die der Astrologe A an das vor ihm liegende Horoskop *und* an den vor ihm sitzenden Ratsuchenden B stellen sollte.

Diese Fragen werden relativ schnell in Fleisch und Blut übergehen, und dann kann man die **Regeln** auch getrost wieder vergessen.

1) Die *erste* Frage stellt der Astrologe an das *Horoskop*.

Sie lautet: «*In welcher inhaltlich aufgeladenen Zeit befindet sich mein Gegenüber?*»

Es ist dies eine Frage an die Technik, also nach welcher Methode, Zeit ins Horoskop zu tragen, arbeite ich gerade? Schaue ich mir Transite an oder das Solar oder Rhythmen oder Auslösungen? Wie diese Techniken funktionieren und wann man welche Technik anwendet, beschreiben die nächsten Kapitel unseres Buches.

Die «inhaltlich aufgeladene Zeit» hat immer einen *Namen*; sie heißt also etwa: «B ist in einer Steinbock-*Phase*» (das wäre eher ein *Zeitraum*), oder «B läuft auf seinen *Saturn* zu» (das wäre eher ein *punktuelles* Geschehen). Darüber später mehr.

2) Die *zweite* Frage stellt der Astrologe ebenfalls an das *Horoskop*.

Sie lautet: «*Wann gab es diese Art inhaltlich aufgeladener Zeit schon einmal?*»

Also wann war schon einmal eine Steinbock-Phase oder eine Saturn-Auslösung (bzw. ein Saturn-Transit)? Es ist dies ebenfalls eine Frage an die Technik, also an die Methode.

A stellt diese Frage, weil er die **Regel 1** verinnerlicht hat: «Erlebniszeit bestimmt die Erwartungszeit» (oder «Die ungelöste Vergangenheit bestimmt die Zukunft»).

3) Die *dritte* Frage stellt der Astrologe an sein *Gegenüber*, also an den Ratsuchenden B, der ihm aufmerksam gegenübersitzt.

Sie lautet: «*Sie hatten schon einmal eine Saturn-Auslösung, als sie vier Jahre alt waren. Was ist damals geschehen?*»

A ist mit dieser Frage immer noch bei unserer **Regel 1**, denn er will herausfinden, *was* geschehen ist, also auf welcher inhaltlichen Ebene dieses Geschehen sich abgespielt hat. Natürlich nur, um einen Fingerzeig dafür zu bekommen, mit was – gemäß unserer **Regel 1** – B in der Gegenwart zu rechnen hat.

4) Die *vierte* Frage stellt der Astrologe wieder an sein *Gegenüber*.

Sie lautet: «*Wie haben Sie die Periode oder das Ereignis damals erlebt?*»

Hier ist A bereits bei unserer **Regel 3** angelangt: «Die gleichen alten Gefühle werden in das neue Ereignis oder die neue Periode hineingetragen.»

5) Die *fünfte* Frage geht wieder an B und will die **Regel 4** erkunden. Nämlich: welche innere und äußere Person im Hin-

tergrund der aktuellen Periode oder des aktuellen Problems darauf wartet, aus dem Exil des Verstoßen- oder Vergessenseins zurückgeführt zu werden.

Sie lautet: «*Welche äußere Person Ihres Lebens war maßgeblich an dem Ereignis beteiligt?*»

In der Regel wird diese Frage bereits im Rahmen der vorherigen beantwortet. Mitunter beantwortet sie sich von selbst. Wenn auf die dritte Frage («Was ist geschehen, als Sie vier Jahre alt waren?») als Antwort kommt: «Da ist meine Mutter gestorben», brauche ich die Frage 5 natürlich nicht mehr zu stellen.

Hätte unser Bankangestellter uns jedoch damals nicht geantwortet: «Mein *Vater* hat mich ins Internat abgeschoben!», sondern «Da bin ich ins Internat gekommen», hätten wir die Frage 5 stellen müssen: «Wer war daran maßgeblich beteiligt?»

6) Mit diesen beschriebenen Fragen und den erfolgten Antworten hat der Astrologe jetzt ein Bild und ein Gefühl.

Er weiß jetzt, welches abgemähte und abgepackte Strohbündel aus der Vergangenheit in die jetzige Gegenwart (oder die nahe Zukunft) hinaufgezogen werden soll – und er weiß, welche Person sich im Inneren des Strohbündels verbirgt.

Hinweis: Es gibt immer wieder Astrologen, die dieses System noch nicht verstanden haben. Sie erzählen ihren Klienten, daß das *damalige Ereignis* sich (in dieser oder jener Form) noch einmal wiederholen wird, und ängstigen ihn damit auf das heftigste. Beispiel: «Als dein Saturn mit vier Jahren ausgelöst wurde, da starb deine Mutter. Du bist jetzt 37 Jahre alt, und mit 39 wird ein ähnliches Ereignis stattfinden!» Na dann gute Nacht! Die nächsten zwei Jahre sind für B eine Hölle aus Befürchtungen und Qualen.

Der Grund, warum das geschieht, warum also ein Gefühl von damals heute wieder aktualisiert werden soll, liegt darin, daß dieses alte Thema «Tod der Mutter» noch nicht verarbeitet worden ist. Es liegt als «ungelöstes Thema» in der Seele von B und wartet darauf, endlich zur Ruhe gebracht zu werden. Es war für den Vierjährigen (damals) unmöglich, damit fertig zu werden. Heute, als 37jähriger, ist das anders. Heute kann das Ereignis zu Ende angeschaut werden. Heute kann die *Person der Mutter* endlich von Trauer und Schmerz befreit werden.

Und jetzt verstehen wir auch die Wichtigkeit der **Regel 2**, die erst jetzt, gleichsam zum Abschluß der Techniken und Fragen des Astrologen, zum Einsatz kommen kann: *«Erwartungszeit kann verändert werden, wenn die Erlebniszeit verändert wird!»* Der Astrologe sagt also zum Abschluß der Beratung:

«Suchen Sie sich einen Therapeuten, der mit Ihnen den Tod Ihrer Mutter im Alter von vier Jahren bearbeitet.»

Aber vielleicht sagt er auch:

«Ihre Mutter hat noch keinen guten Platz. Die alten Gefühle des Vierjährigen (in Ihnen) müssen noch einmal hervorgebracht und endgültig verabschiedet werden. Ich schlage Ihnen drei Sitzungen vor. Nach meiner Erfahrung müßte das reichen.»

Das können die Worte eines größenwahnsinnigen oder eines sehr versierten Astrologen sein. Das aber wird der Klient erst wissen, wenn er sich auf ein derartiges Ereignis eingelassen hat.

Wir aber wollen uns jetzt als nächstes auf die Techniken einlassen, wie man die Themen und Inhalte der Zeit dingfest machen kann. Und welche *Inhalte der Zeit* es überhaupt gibt.

Kapitel 1

Rhythmen und Inhalte

«Ich muß den Zirkel, der sich in mir umdreht,
von guten und bösen Tagen, näher bemerken.
Leidenschaften, Anhänglichkeit, Trieb,
dieses oder jenes zu tun,
Erfindung, Ausführung, Ordnung, alles wechselt
und hält einen regelmäßigen Kreis.
Heiterkeit, Trübe, Stärke, Elastizität,
Schwäche, Gelassenheit, Begier ebenso.
Da ich sehr diät lebe, wird der Gang nicht gestört,
und ich muß herauskriegen,
in welcher Zeit und Ordnung
ich mich um mich selbst bewege.»
(Goethe: Tagebucheintragung vom 26.3.1780)

1. Rhythmen

Zeit ist immer eingeteilt und eingebettet in einen Rhythmus!

Wäre sie es nicht, sie könnte wohl gar nicht wahrgenommen werden. Der *erste* Rhythmus im Leben eines Menschen ist das Schlagen des mütterlichen Herzens, das die gleichförmig verlaufende Zeit bereits beim Embryo in kleine Portionen aufteilt und diesem so – wenn auch vollständig unbewußt – die Melodie des Lebens vorspielt und sie damit zur Wahrnehmung bringt.

Das heranreifende Menschenwesen antwortet auf dieses Lied des mütterlichen Herzschlags (etwa am 25. Embryonaltag) mit dem Beginn seines eigenen Herzschlags – es setzt also diesem ersten Rhythmus seinen eigenen Rhythmus entgegen.

Ab hier gibt es Rhythmus drinnen und draußen.

Der *zweite* Rhythmus ist das Ein und Aus des mütterlichen Atems, der ebenfalls bereits intrauterin an das Kind herangetragen wird und dessen Frequenz (pro Minute) geringer ist als die Abfolge der Systole und der Dyastole des Herzens. Auf diesen Rhythmus antwortet das Kind erst unmittelbar nach der Geburt mit seinem eigenen Atemrhythmus.

Der *dritte* Rhythmus dürfte der Tages-Rhythmus sein, der ebenfalls mit seinen Abfolgen Tag–Nacht lange intrauterin über den mütterlichen Aktionskreis (ihres besonderen Lebens) an das Kind herangetragen wird als eine aktive Phase und eine Ruhephase.

Der *vierte* Rhythmus ist ohne Zweifel der Jahres-Rhythmus mit seinem Werden und Vergehen.

All diese Rhythmen lassen sich ohne große Schwierigkeit als Sonderformen einer Sinus-Kurve darstellen:

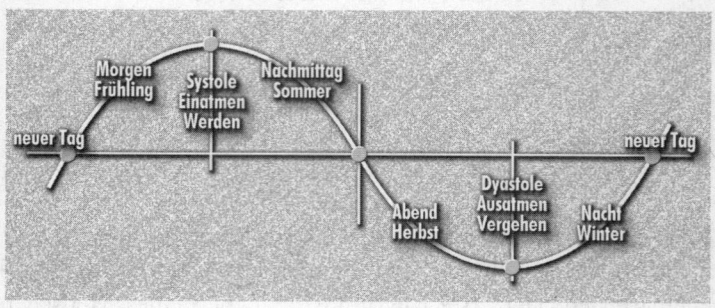

Und natürlich ist auch das ganze Leben – gleichsam der *fünfte* natürliche Rhythmus – ebenfalls ganz dieser Kurve unterworfen.

Es sind dies natürlich nur die offenkundigen Rhythmen, jene also, die gesehen, gefühlt und gemessen werden können und über die – eben weil sie so offenkundig sind – kaum noch jemand nachdenkt.

Parallel neben diesen Rhythmen laufen jedoch weitere, die

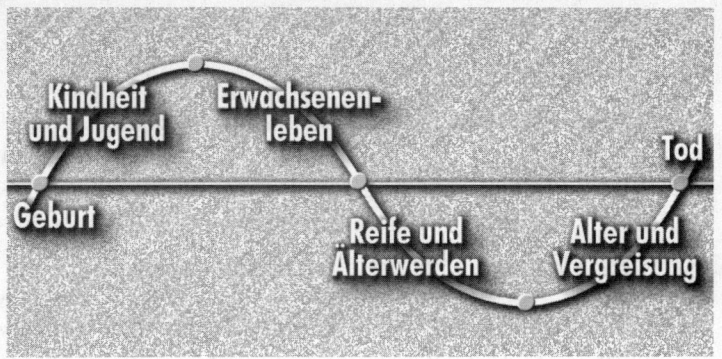

es uns leider nicht so einfach machen: Erinnert sei an das Lebenswerk von Prof. Wilhelm Fliess (1858–1928), ein enger Freund Sigmund Freuds, der als Ernte seines Lebens eine männliche Periodik (und damit einen Rhythmus) von 23 Tagen und eine weibliche von 28 Tagen herausfand. (W. Fliess: Der Ablauf des Lebens, 1906).

Erinnert sei auch (aus den Arbeiten von Fliess abgeleitet) an den Biorhythmus mit seinen drei Rhythmen, die bei der Geburt zu schwingen beginnen und die mit ihren Höhen und Tiefen in einem bestimmten Wechselverhältnis zur Befindlichkeit des Menschen stehen sollen.

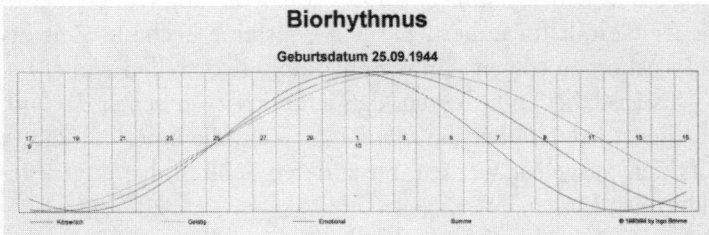

(Es gibt hier die «körperliche Kurve» mit einer Schwingungsdauer von 23 Tagen, die «emotionale Kurve» mit 28 Tagen und die »geistige Kurve« mit 33 Tagen.)

Wir könnten noch weitere Rhythmen erwähnen, wollen jedoch gleich auf jenen Rhythmus zu sprechen kommen, der uns im Fortgang dieses Buches noch lange beschäftigen soll. Der deutsche Wissenschaftler und Forscher W. Hellpach hat – ganz ebenso wie es Fliess bei den *kleinen* Rhythmen tat – sein Forscherleben der Erkundung der *großen* Rhythmen gewidmet und fand, inspiriert durch die Hippokratische Ärzteschule (die darauf schon vor über 2000 Jahren kam), die enorme Wirksamkeit des sogenannten Heptaden-Zyklus, der sieben Jahre dauert. (Hellpach: Das Wellengesetz unseres Lebens, Hamburg 1941). Hellpach verweist auf den Beginn der Schulpflicht beim Eintritt in das siebente Lebensjahr, auf das «Ende der Elementarschule und den Übertritt in den praktischen Beruf (in protestantischen Ländern), der kirchlichen Konfirmation am Ende des 14., der juristischen Volljährigkeit am Ende des 21. und darauf, daß vielerorts die Wählbarkeit in höhere Ehrenämter an die Vollendung des 35. Lebensjahres geknüpft wird, und auf den 70. Geburtstag, der als ein besonderer Lebensfeiertag begangen wird». (zitiert nach Paul R. Skawran: Seelische Kräfte und ihre Rhythmik, Freiburg 1965, S. 157f.)

Dieser Heptaden- oder Siebenjahres-Zyklus fand (über andere Wege) schon in den dreißiger Jahren Eingang in die Astrologie und wurde dann etwa 1953 von Wolfgang Döbereiner in jener Gestalt formuliert, die wir – als eine Technik, Zeit ins Horoskop zu tragen – in diesem Kapitel vorstellen wollen.

Es ist dabei zu beachten, daß ich mich zwar seiner *Technik* bediene, jedoch über die *Inhalte* der Zeit, die innerhalb dieser Zyklen ausgelöst werden, zu anderen Schlußfolgerungen gekommen bin.

Bevor ich also die Inhalte beschreibe, die nach einem bestimmten Schlüssel «in die Zeit gezogen werden», werde ich im Folgenden die Technik darlegen – obwohl der größte Teil schon im Kapitel 1 vorbereitet worden ist.

Der Leser möge sich also als erstes die vier Schaubilder auf den Seiten 18 und 19 anschauen: Hier wurde gezeigt, daß bei einem am Aszendenten aufgeschnittenen Kreis eines Horoskops (der jetzt eine Gerade bildet) die Planeten in den Häusern bestimmte Abstände zum Punkte 0 (Aszendent) aufweisen.

Ändern wir dieses Bild ein wenig, indem wir in das Bild 4 die Häuser des Bildes 3 einsetzen, so erhalten wir eine Zeichnung, an der eine technische Regel, nämlich unsere technische Regel Nr. 1, sofort verständlich wird. Die Regel lautet:

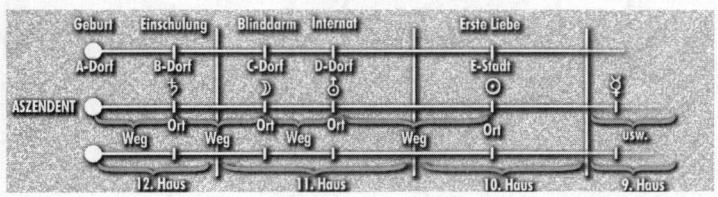

Technische Regel 1: *Das Leben eines Menschen verläuft entlang eines Heptaden-Zyklus von 7 Jahren pro Haus.*

Mit dieser technischen Regel kann exakt angegeben werden, an welcher Stelle seines Lebens sich der Leser in diesem Moment gerade befindet. Freilich sollten wir dem Leser noch zwei zusätzliche Regeln mit auf den Weg geben, deren Nichtbeachtungen immer wieder zu Mißverständnissen Anlaß geben.

Technische Regel 2: *Der Weg des Lebens durch die Häuser (im Heptaden-Rhythmus) verläuft vom Aszendenten im Uhrzeigersinn durch die Häuser 12, 11, 10, 9... usw.*

Also, der Mensch läuft in seinem Horoskop gleichsam «obenherum». Diese Regel ist deshalb wichtig, weil es andere astrologische Systeme und Schulen gibt, die mit einem Sechs-

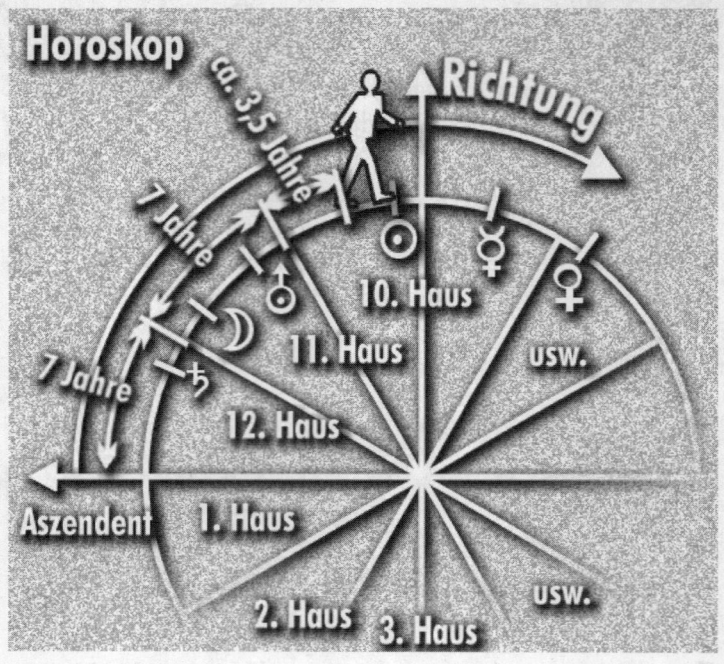

Jahres-Rhythmus «untenherum» arbeiten – die freilich ein anderes Häusersystem verwenden und zu anderen Inhalten gelangen. Um hier Klarheit zu erlangen, gilt deshalb unsere

Technische Regel Nr. 3: *Der Weg durch das Leben im Hepta-den-Rhythmus und im Uhrzeigersinn gelangt nur dann zu sinnvollen Aussagen, wenn das Häuser-System von Placidus verwendet wird.*

Es gibt nämlich Häusereinteilungen, die mit anderen Häusergrößen arbeiten (Koch, Regiomontus, equale Häuser usw.) bis hin zu astrologischen Systemen, die ganz auf «Häuser» verzichten. Mit diesen Systemen kann der «Lebenspunkt», an dem der Leser gerade steht, natürlich nicht ermittelt werden.

Ebenfalls ist es wichtig zu wissen, daß im Placidus-Häusersystem jedes Haus – gemessen am vorherigen – in der Regel eine andere Größe aufweist und daß diese unterschiedlichen Größen berücksichtigt werden müssen. Insofern gilt unsere

Technische Regel Nr. 4: *Jedes Haus hat seine eigene Größe und setzt damit seinen eigenen Maßstab. Jede Zeitperiode im Inneren eines Hauses muß der Größe des Hauses entsprechend umgerechnet werden – auch wenn jedes Haus als Ganzes 7 Jahre zählt.*

Geben wir für diese Regel ein Beispiel:

Angenommen, zwei Menschen hätten ein unterschiedlich großes 11. Haus. Der eine ein kleines, der andere ein großes. Angenommen, bei beiden Menschen würde der Saturn (im 11. Haus) in der Periode zwischen 7 und 14 Jahren ausgelöst, denn die ersten 7 Jahre hat dieser Mensch ja im 12. Haus schon durchlaufen.

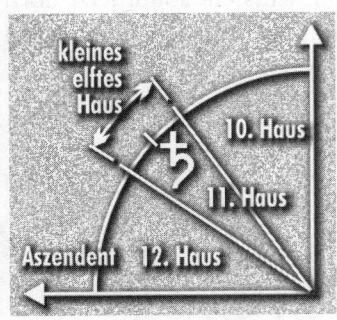
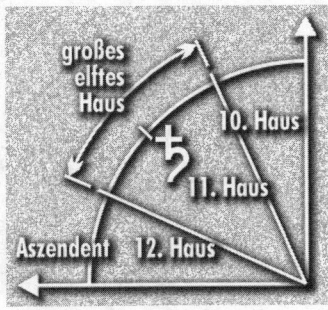

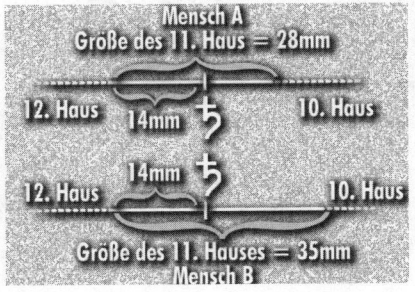

Mensch A durchläuft jetzt in einem Jahr 28 mm : 7 = 4 mm und trifft nach 14 mm, also nach 3½ Jahren auf seinen Saturn. Er wäre jetzt 7 Jahre (12. Haus) plus 3½ Jahre, also 10½ Jahre alt.

Mensch B durchläuft pro Jahr 35 mm : 7 = 5 mm und trifft ebenfalls nach 14 mm auf seinen Saturn.

Hier sind es aber nur 14 mm : 5 mm = ca. 2 Jahre und 10 Monate; also ist er erst 7 Jahre (12. Haus) plus 2 J. 10. M. = 9 Jahre und 10 Monate alt.

Es gilt somit für den Lauf des Menschen durch die Häuser nicht die absolute, sondern nur die relative Wegstrecke mit Bezug auf die Größe des jeweiligen Hauses.

Technische Regel Nr. 5: *Der Weg des Menschen durch sein Leben beträgt also archetypisch 12 (Zahl der Häuser) mal 7 (Zahl der Jahre pro Haus), also 84 Jahre.*

Ein Mensch, der heute 67 Jahre alt ist, steht somit jetzt dort, wo auf der untenstehenden Zeichnung unser Strichmännchen sich befindet.

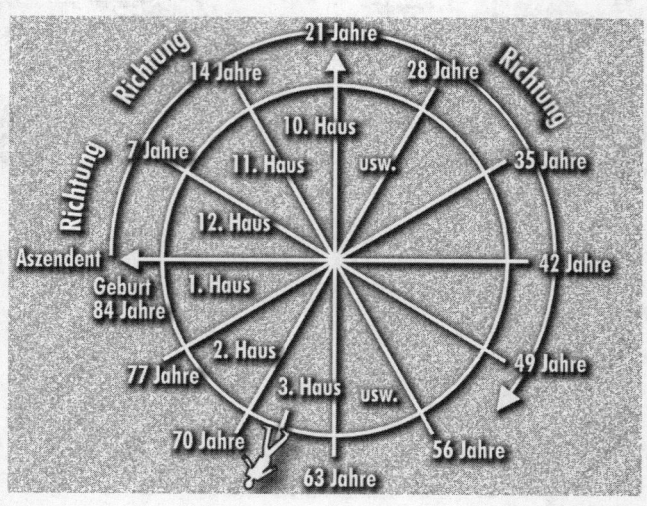

Soweit der erste Teil der technischen Seite!

Kommen wir jetzt zum inhaltlichen Teil. Einen ersten Ausflug in diesen Teil haben wir schon gemacht. Bei unserem Beispiel mit dem Saturn, der beim einen Menschen mit 10$\frac{1}{2}$ Jahren und beim anderen mit 9 Jahren und 10 Monaten «ausgelöst» wird, besagt diese Aussage ja, daß der Inhalt des Saturns (was immer das für ein Inhalt sei) im einen Fall früher, im anderen Fall etwas später in das Leben dieses Menschen hinein «entlassen» wird. Es ist dies der einfachste Fall einer «Zeit-Inhalts-Auslösung», und wer sich jetzt sein eigenes Horoskop vor Augen führt, kann ohne große Schwierigkeiten seine 10 eingezeichneten Himmelskörper (Sonne, Mond, Merkur, Venus, Mars, Jupiter, Saturn, Uranus, Neptun und Pluto) in irgendeinem Haus identifizieren und sich in kürzester Zeit ausrechnen, wann er jeweils in die Zeit gezogen worden ist – oder noch gezogen werden wird.

Erfreulicherweise hat heute fast jedes bessere Computer-Horoskop-Programm diese Zeitperioden für jeden Planeten bereits auf Jahre und Monate angegeben, etwa in folgender Form:

☉	01°08'25"	♋	4J 03M	⚷	02°01'16"	♎	3J 00M
☽	25°24'18"	♋	6J 04M	⊕	13°09'32"	♍R	6J 01M
♅	10°43'08"	♊	1J 01M	☋	09°48'24"	♎	0J 02M
♀	12°45'11"	♊	0J 09M	♌	20°27'03"	♋	0J 04M
♂	10°30'04"	♎	6J 10M	Ac	21°14'05"	♌	
♃	16°03'09"	♑	4J 07M	♏	07°59'39"	♉	
♇	22°47'35"	♒R	6J 04M				

Schauen wir uns einmal einen Ausschnitt des zu dieser Tabelle gehörigen Horoskops an:

Bei diesem Horoskop werden in der Zeitperiode zwischen 0 und 21 Jahren (also in den Häusern 12 bis 10) die *Inhalte* Mond, Sonne, Merkur und Venus ausgelöst, denn diese vier Himmelskörper befinden sich in den Häusern 12 bis 10.

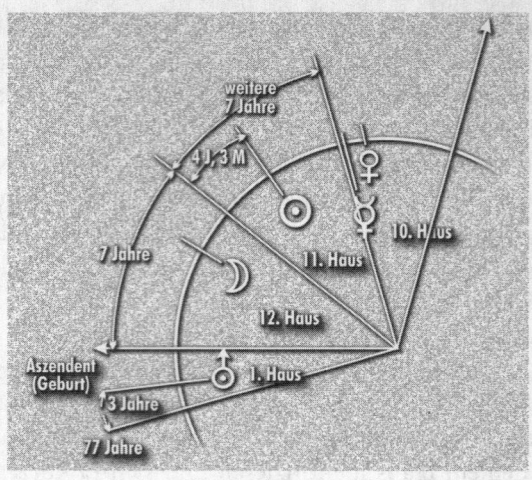

Beginnen wir mit der Sonne.

Sie steht im 11. Haus, und zwar etwa in der Mitte dieses Hauses. Da die Sonne das 12. Haus bereits durchquert hat, sind die ersten sieben Jahre schon vergangen, und der *Inhalt des Themas Sonne* wird in die Phase zwischen 7 und 14 Jahren hineingezogen. Würden wir das Ganze von Hand ausrechnen, so müßten wir als erstes (technische Regel 4) die gesamte Größe des Hauses 11 bestimmen. Das 11. Haus beginnt bei 16 Grad 52 Minuten im Zeichen Krebs und endet bei 22 Grad und 41 Minuten im Zeichen Löwe. Wer hier richtig rechnet, kommt auf eine Gesamtgröße von 35° 49′ (35 Grad und 49 Minuten). Das sind freilich keine Zentimeter (auf einer imaginären Geraden) mehr, sondern Winkelgrade des Kreises, die in der Maßeinheit Grad, Minuten und Sekunden gerechnet werden, da das Horoskop ja ein Kreisgebilde ist. So viele Grad und Minuten legt also das Leben dieses Menschen zwischen dem 7. und dem 14. Lebensjahr zurück. Damit wir mit Grad und Minuten überhaupt rechnen können, verwandeln wir auch die 35 Grad in Minuten (35 mal 60) und erhalten 2100 Minuten plus 49 Minuten gleich 2149 Winkelminuten. Teilen wir diese Summe durch 7 Jahre, so erhalten wir einen Wert von 307 Winkelminuten. D. h. der betreffende Mensch legt in einem Jahr (aber nur zwischen seinem 7. und seinem 14. Geburtstag) eine Wegstrecke von 307 Winkelminuten (oder auf Grad umgerechnet: 5 Grad 7 Minuten) zurück.

Auf seinem Weg durch das 11. Haus trifft der betreffende Mensch aber nach 21 Grad und 32 Minuten auf seine Sonne – denn so weit ist die Sonne von der Spitze des 12. Hauses aus entfernt.

Es gilt jetzt der einfache Dreisatz: Wenn in einem Jahr der Weg von 5 Grad und 7 Minuten zurückgelegt wird, wie viele Jahre (und Monate) benötigt man, um die Strecke von 21 Grad und 32 Minuten zurückzulegen? (Also 21°32′ geteilt durch 5°07«.)

Der Leser sieht, daß es etwas mehr als vier Jahre sind. Wir könnten diese Zahl jetzt genau ausrechnen, aber da weder der Verfasser noch – wie ich vermute – der Leser dazu große Lust verspüren, reicht uns der Näherungswert von 4 Jahren und 2 Monaten.

Diesen Wert hätten wir jedoch bereits der Tabelle auf Seite 38 entnehmen können, denn hinter der «Sonne», also hinter der Zahl 01° 08' 25» im Zeichen «Krebs» steht der Zahlenwert «4J 3M» (4 Jahre, 3 Monate). Addieren wir zu diesem Wert die ersten 7 Jahre hinzu (denn das 12. Haus ist ja schon durchlaufen), so erhalten wir 7 Jahre plus 4 Jahre plus 3 Monate und bekommen damit den zeitlichen Auslösepunkt für den Inhalt des Symbols «Sonne» von 11 Jahren und 3 Monaten nach der Geburt dieses Menschen. Er ist also 11 Jahre und 3 Monate alt, als seine Sonne ihm ihren Inhalt präsentiert.

Für die Jungfrauen unter den Lesern:
Warum macht es keinen Sinn, diesen Wert auf Wochen, Tage und Stunden auszurechnen, was ja – rein mathematisch – ohne weiteres möglich wäre?

Nun, die Genauigkeit einer solchen Rechnung hängt ab von der Genauigkeit, mit der die Häuserspitzen identifiziert werden können. Die Genauigkeit der Häuserspitzen wiederum errechnet sich aus der Genauigkeit, mit der die Geburtszeit festgehalten worden ist. Habe ich bei der Geburtszeit nur einen Fehler von einer (Zeit!) Minute (und wir Astrologen wären *sehr* froh, wenn wir Geburtszeiten bekämen, die nur um eine Minute falsch sind!), so verschieben sich der Aszendent (und mit ihm alle anderen Häuserspitzen) bereits um ca. 15 Gradminuten, und das kann bei den Auslösungen – auf das betreffende Lebensjahr bezogen – bereits an die 14 Tage Abweichungen produzieren!

Ist die Geburtszeit um 6 Minuten falsch (was ich persönlich für den Durchschnitt halte), so beträgt die Zeitabweichung in den Auslösungen bereits zwei bis drei Monate!

Wir sehen, wir können die Auslösungszeiten zwar mathematisch genau errechnen, aber durch einen (unvermeidbaren) Fehler bei der Geburtszeit kommen normalerweise Abweichungen von zwei bis drei Monaten (nach oben oder nach unten) vor. Der Leser mag sich selbst ausrechnen, was geschieht, wenn die Geburtszeit um eine viertel Stunde auf- oder abgerundet worden ist.

Aus diesem Grund muß natürlich auch die Zeit 4J 3M aus der Tabelle mit Vorsicht behandelt und ggf. durch Nachfragen noch einmal überprüft werden.

Aber wir sind noch nicht fertig mit dem Ausschnitt unseres Beispielshoroskops. In gleicher Weise können wir jetzt die Zeiten für die Auslösungen der anderen Himmelskörper durch einen Blick auf die abgedruckte Tabelle (S. 47) wiedergeben:

Mond: Steht im 12. Haus, wird also zwischen 0 und 7 Jahren angetroffen. Die Tabelle sagt: 6 Jahre, 4 Monate.

Merkur: Steht im 10. Haus, wird also zwischen 14 und 21 Jahren angetroffen. Die Tabelle sagt: 1 Jahr, 1 Monat. Er wird also im Alter von 15 Jahren und 1 Monat erreicht.

Venus: Steht im 10. Haus, wird also ebenfalls zwischen 14 und 21 Jahren angetroffen. Die Tabelle sagt: 0 Jahre, 9 Monate. Er wird also im Alter von 14 Jahren und 9 Monaten erreicht.

Zu guter Letzt werfen wir noch einen Blick auf den **Uranus** (⛢), der sich bei unserem Beispielhoroskop im 1. Haus befindet und damit in der Zeitperiode zwischen 77 und 84 Jahren ausgelöst wird. Es gilt hier natürlich dasselbe Prinzip, wenn uns nur klar ist, daß ich *nicht* die Entfernung vom Aszendenten nach unten ausmessen darf, sondern die Entfernung des Uranus von der Spitze des 2. Hauses nach oben (in Richtung zum Aszendenten) zu den schon durchlaufenen 77 Jahren dazu addieren muß.

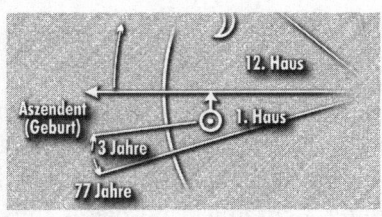

In der Tabelle steht beim Uranus «3J 0M» und gilt damit. Der Auslösepunkt steht bei 77 plus 3 Jahre, also im Alter von 80 Jahren.

So weit der erste Teil der inhaltlichen Regeln. Fassen wir diese Regel einmal zusammen, so lautet sie:

Inhaltliche Regel 1: *Nach einem bestimmten Schlüssel (jedes Haus entspricht sieben Jahren) werden die symbolischen Inhalte der Himmelskörper, die auf direktem Wege angetroffen werden, ausgelöst, und d. h., sie entlassen ihre jeweiligen Inhalte in das Leben des betreffenden Menschen hinein.*

Der Leser sieht, daß wir in dieser Regel bereits eine Einschränkung machen, indem wir das Wort des «direkten Weges» einführen. Und er argwöhnt, daß es noch einen «indirekten Weg» gibt. Damit hat der Leser vollkommen recht, denn nach dem bisher Gesagten wäre es ja so, daß der Mensch, dem unser Beispielshoroskop gehört, nur einmal eine Uranusauslösung in seinem Leben hätte – und das auch erst im 80. Lebensjahr, denn erst nach 80 Jahren wird der Uranus ein erstes Mal *direkt* angetroffen! Und so müssen wir dem Leser, der bereits aufgeatmet und gesagt hat: «So einfach ist das!» noch ein paar Erschwernisse in den Weg legen.

Inhaltliche Regel 2: *Nach einem bestimmten Schlüssel (jedes Haus entspricht sieben Jahren) werden die symbolischen Inhalte der Himmelskörper, die auf indirektem Wege angetroffen werden, ebenfalls ausgelöst (und entlassen ihre jeweiligen Inhalte in das Leben des betreffenden Menschen hinein), und zwar jeweils die Himmelskörper, die zum Herrscher der betreffenden Zeitperiode werden.*

Diese Regel will gut verstanden werden, denn sie umfaßt gleich zwei *inhaltliche* Aussagen. Sie sagt erstens: Jede Siebenjahres-Periode ist nicht nur ein Zeitraum, sondern ist ein *inhaltlich bestimmter Zeitraum*. Und dieser Inhalt, der für die gesamte Periode gilt, kann im Horoskop angegeben werden. Und zweitens: Innerhalb dieses inhaltlichen Zeitraumes (der die ganzen sieben Jahre wirkt) gibt es einen Höhepunkt, bei dem der zu dieser Periode gehörige Planet (egal, wo er im Horoskop auch immer stehen mag) indirekt zu einem bestimmten Termin in die Periode hineingezogen wird.

Wir wollen diese beiden Aussagen – und zwar jede für sich – noch einmal genau erläutern.

Beginnen wir mit dem *Inhalt der Zeitperiode*.

Bisher hatten wir unsere Horoskop-Bildchen so gemalt, daß wir auf die Tierkreiszeichen verzichtet haben. Wir haben uns nur um die Häuser und um die Planeten gekümmert (denn damit kamen wir in unserer Diskussion schon relativ weit). Diese Einschränkung reicht uns jetzt nicht mehr. Jetzt müssen wir zu unserer Zeichnung von S. 44 den Tierkreis, das heißt die einzelnen Tierkreiszeichen, hinzufügen und erhalten damit eine neue inhaltliche Dimension.

Inhalt der Periode heißt: Das Tierkreiszeichen, das an der *Häuserspitze* steht, in der die Periode beginnt, bestimmt den Inhalt der Periode, also den Inhalt der folgenden sieben Jahre. Diese Regel ist relativ einfach, wenn wir im Bewußtsein halten, daß die Zeitperiode (deren Inhalt wir bestimmen wollen) ebenfalls *im Uhrzeigersinn* verläuft.

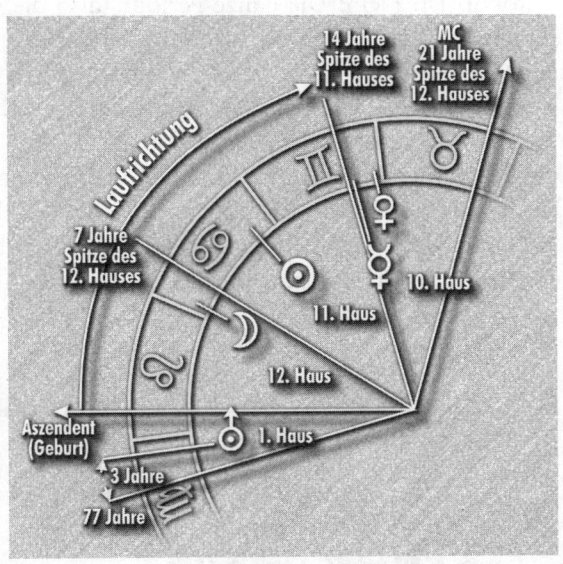

Also: Die erste Zeitperiode unseres Beispielhoroskops (die Jahre 0 bis 7) beginnt am Aszendenten, und da der Aszendent Löwe (♌) ist, trägt der gesamte Zeitraum die Signatur des Löwe-Inhalts.

Die zweite Zeitperiode (also die Jahre vom 7ten bis zum 14ten Geburtstag) beginnt an der Spitze des 12. Hauses und läuft bis zur Spitze des 11. Hauses. Die Spitze des 12. Hauses steht im Zeichen Krebs (♋), und d. h., daß der gesamte Zeitraum unter der Signatur dieses Zeichens steht. *Diese* sieben Jahre *dieses* Menschen tragen also die Inhalte des Zeichens «Krebs» in sich.

Der Leser könnte jetzt einwenden: Ja, aber etwa nach $11^1/_2$ Jahren tritt dieser durch die Zeit wandernde Mensch in seiner zweiten Siebenjahres-Periode in das Zeichen «Zwillinge» (oder in seiner ersten Periode tritt er nach etwa 5 Jahren bereits in das Zeichen «Krebs») – ändert sich da nicht der Inhalt?

Die Antwort ist: Nein! Die ganze Periode (also die ganzen 7 Jahre), wird beherrscht von der Signatur, mit der sie begann.

Erst die Jahre von 14 bis 21 sind zwillingegeprägt, da die Spitze des 11. Hauses durch das Zeichen Zwillinge geht.

Soweit die erste inhaltliche Ausprägung der Regel 2, die durch ein Hinzufügen der Tierkreiszeichen ins Spiel gebracht wird. Die zweite inhaltliche Ausprägung der Regel 2 besagt, daß der Planet, der zu dem – die Periode beherrschenden – Tierkreiszeichen gehört, *indirekt* in die Periode hineingezogen wird.

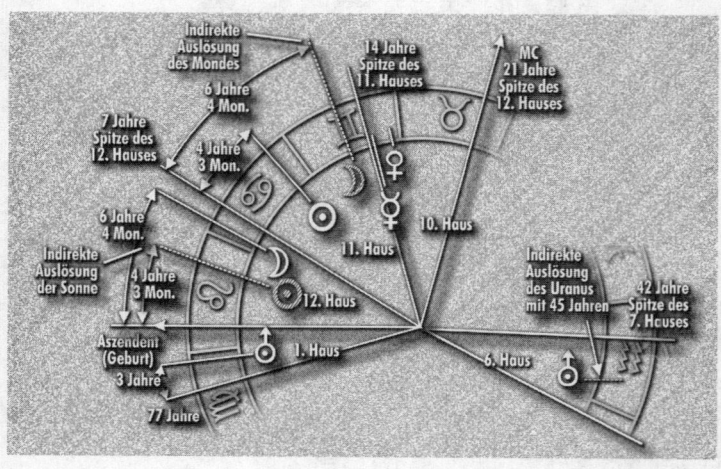

Um zu verstehen, was damit gemeint ist, blicken wir noch einmal in unseren Horoskopausschnitt. Die ersten sieben Jahre sind inhaltlich (durch den Löwe-Aszendenten) löwegeprägt: die Zeit von 0 bis zum 7. Lebensjahr steht unter dem Signum des Tierkreiszeichens Löwe. Der zum Tierkreiszeichen Löwe gehörige Planet (Stern!) ist die Sonne. Sie aber wird erst in der nächsten Periode *direkt* angetroffen, und zwar 4 Jahre und 3 Monate nach Beginn der Periode, also mit 11 Jahren und 3 Monaten.

Unsere inhaltliche Regel 2 besagt nun, daß die Sonne, da sie der Herrscher des Zeichens «Löwe» ist, *indirekt* auch in die Periode von 0 bis 7 hinabgezogen wird. Und zwar im gleichen Zeitabstand, den sie auch in der *direkten* Auslösung hat, also mit 4 Jahren und 3 Monaten. Weil also das Tierkreiszeichen «Löwe» die Periode von 0 bis 7 beherrscht, wird die Sonne jetzt *indirekt* bereits im Alter von 4 Jahren und 3 Monaten (ein erstes Mal) ausgelöst.

Der betreffende Mensch hat jetzt also in frühen Jahren bereits *zwei* Sonnenauslösungen, eine mit 4 Jahren und 3 Monaten (indirekt) und eine mit 11 Jahren und 3 Monaten (direkt).

Dasselbe Spiel gilt auch für den Mond (und für alle anderen Planeten), jetzt allerdings umgekehrt. Er wird ja mit 6 Jahren und 4 Monaten (in der ersten Periode) *direkt* angetroffen. Er herrscht über das Tierkreiszeichen «Krebs». Das Tierkreiszeichen Krebs ist jedoch in diesem Horoskop der Herrscher der zweiten Zeitperiode von 7 bis 14, denn es steht an der Spitze des 12. Hauses. Somit wird der Mond im gleichen Abstand, wie er in der ersten Periode stand (6J 4M), noch einmal in die zweite Periode hinaufgezogen und mit 7 Jahren plus 6 Jahre und 4 Monate (= 13 Jahre 4 Monate) angetroffen.

Nur in der dritten Periode (14 bis 21), die vom Tierkreiszeichen «Zwillinge» beherrscht wird, sind die *direkte* und die *in-*

direkte Auslösung identisch. In der *direkten* finden wir den Merkur in der dritten Periode ausgelöst mit 15 Jahren und 1 Monat (14 plus 1J 1M – siehe Tabelle auf S. 47), und in der *indirekten* finden wir die dritte Periode beherrscht vom Zeichen Zwillinge, dessen Herrscher wird ausgelöst 1 Jahr und 1 Monat nach Beginn der Periode, und es erscheint derselbe Zeitpunkt.

Nehmen wir auch hier – damit das Prinzip ganz deutlich wird – noch einmal den Uranus in unsere Betrachtung hinein, der ja *direkt* erst mit 80 Jahren ausgelöst wird. Wann wird er *indirekt* angetroffen?

Nun, bei einem Löwe-Aszendenten finden wir das Zeichen «Wassermann» (die Heimat des Uranus) immer auf der gegenüberliegenden Seite, am Deszendenten – siehe das Bild auf S. 54. Dieses Zeichen beherrscht die Periode von 42 bis 49 Jahren. Der Uranus wird drei Jahre nach Beginn der Periode ausgelöst, also 42 plus 3 Jahre.

Im 45. Lebensjahr des betreffenden Menschen wird der Uranus somit *indirekt* angetroffen.

Und noch immer sind wir nicht am Ende unserer inhaltlichen Bestimmung von Zeitperioden oder von Zeithöhepunkten, aber das bisher erstellte Grundgerüst trägt schon. Das heißt, die Hauptarbeit ist geleistet, jetzt kommen noch zwei Verzierungen.

Die erste betrifft das Häusersystem, die zweite die Aspekte.

Wir beginnen mit dem Häusersystem:

Inhaltliche Regel 3: *Wird ein Tierkreiszeichen von einem Haus vollständig eingeschlossen, so hat dieses Haus zwei Zeitinhalte und ebenso zwei Herrscher, die in dieser Periode wirksam werden. Ein Hauptthema (mit einem Hauptherrscher), das von dem Tierkreiszeichen bestimmt wird, welches von der Häuserspitze durchschnitten wird (also wie gehabt!), und ein*

Nebenthema (mit einem Nebenherrscher), das von dem Tier-
kreiszeichen bestimmt wird, das in dem betreffenden Haus ein-
geschlossen ist.

Diese Regel kommt bei fast jedem dritten Horoskop zur Anwendung, denn etwa jedes dritte Horoskop weist zwei besonders
ders große Häuser auf. (Es müssen immer *zwei* Häuser sein,
die besonders groß sind – das erklärt sich aus der Symmetrie
der Häuser. Ist beispielsweise das dritte Haus sehr groß, so ist
auch das neunte Haus ebenso groß, da es dem dritten direkt
gegenüberliegt.)

Nehmen wir ein Beispiel: Im folgenden Horoskopausschnitt finden wir ein besonders großes achtes Haus, und in
ihm eingeschlossen finden wir das Tierkreiszeichen «Krebs».
Der Hauptherrscher der Periode zwischen 28 und 35 Jahren
ist das Zeichen Löwe, denn die Spitze des neunten Hauses
(Achtung: Uhrzeigersinn!) steht in diesem Zeichen. Somit ist
die ganze Periode löwegeprägt, und der Herrscher der Periode
(der Hauptherrscher!) ist die Sonne. Im achten Haus einge-

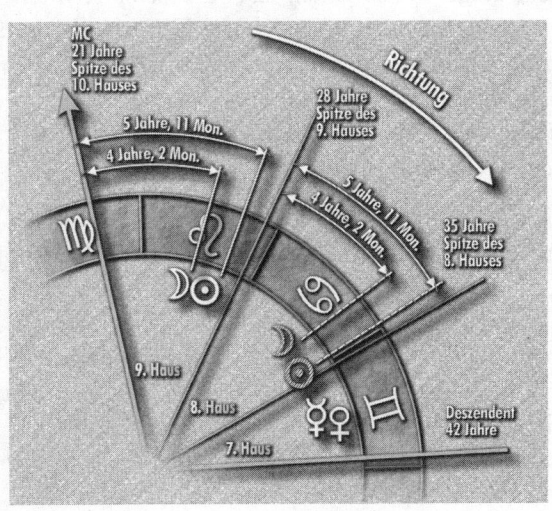

schlossen ist das Zeichen Krebs, und damit wird dieses Zeichen zum Nebenthema der Periode, und der Mond (Herrscher des Zeichens Krebs) wird zum Nebenherrscher. Beide Planeten werden, da sie über die Periode herrschen, indirekt zwischen 28 und 35 in die Zeit hineingezogen, und zwar nach einem Schlüssel, den wir schon kennen.

Angenommen, die Sonne wird im neunten Haus *direkt* nach 5 Jahren und 11 Monaten angetroffen (also mit 26 Jahren, 11 Monaten), so wird sie jetzt als Hauptherrscher der nächsten Periode *indirekt* mit 28 Jahren plus 5J 11M, also mit 33 Jahren und 11 Monaten, ebenfalls freigesetzt.

Angenommen , der Mond wird *direkt* ebenfalls im neunten Haus nach 4 Jahren und 2 Monaten (also mit 25 Jahren und 2 Monaten) ausgelöst, so wird er jetzt als Nebenherrscher der nächsten Periode *indirekt* mit 28 Jahren plus 4J 2M, also mit 32 Jahren und 2 Monate ebenfalls freigesetzt.

Das ist die erste Verzierung des Häusersystems. Die zweite lautet:

Inhaltliche Regel 4: *Schneiden zwei Häuserspitzen das gleiche Tierkreiszeichen, so erstreckt sich die Zeitperiode, in der dieses Tierkreiszeichen herrscht, nicht über 7, sondern über 14 Jahre, und der gleiche Planet ist der Herrscher über die ersten 7 wie über die zweiten 7 Jahre. Er wird jeweils im gleichen zeitlichen Abstand ausgelöst.*

Diese Regel kommt ebenfalls bei etwa jedem dritten Horoskop zur Anwendung, da etwa jedes dritte Horoskop über zwei besonders kleine Häuser verfügt.

Schauen wir uns auch hier ein Beispiel an: In nebenstehendem Horoskopausschnitt finden wir ein besonders kleines 8. Haus. Sowohl die Häuserachse des 9. Hauses geht durch das Zeichen Krebs als auch die Häuserachse des 8. Hauses. Das heißt, das Zeichen Krebs herrscht mit seinem Inhalt sowohl über die Zeitperiode, die von der Spitze des 9. Hauses

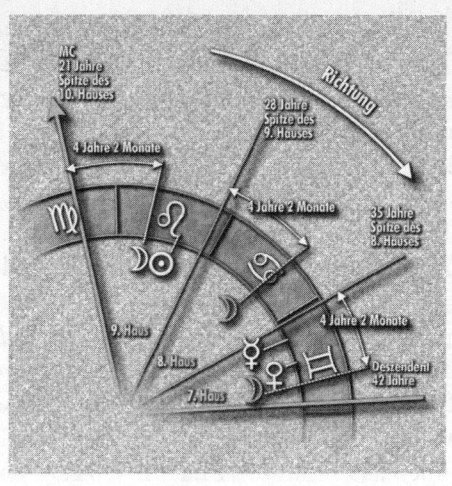

(vom 28. bis zum 35. Lebensjahr), als auch über die Periode,
die von der Spitze des 8. Hauses (vom 35. bis zum 42. Lebensjahr) gebildet wird. Somit wird auch der Herrscher des
Zeichens Krebs, also der Mond, zum Periodenherrscher beider Perioden und bildet zweimal einen herausragenden Inhalt.
Direkt steht er im 9. Haus und wird nach 21 Jahren plus 4
Jahre und 2 Monate, also mit 25 Jahren und 2 Monaten, ausgelöst. *Indirekt* wird er *sowohl* mit (28 plus 4J 2M) 32 Jahren und 2 Monaten *als auch* mit (35 plus 4J 2M) 39 Jahren
und 2 Monaten ausgelöst.

Ein Wort noch zu den Unterschieden zwischen den *direkten* und den *indirekten* Auslösungen. Auf unseren Abbildungen ist er eigentlich schon sichtbar: Wir haben den direkten
Mond sichtbar eingezeichnet und den indirekten als eine ge-
strichelte Linie. Denn eigentlich ist er – obwohl vorhanden –
nicht sichtbar, da er ja an dieser Stelle gar nicht steht! Die
Erfahrung lehrt uns, daß ein *direkter* Mond – da an dieser
Stelle vorhanden – sich bereits länger vorher ankündigt, so als
ob man sich schon ein wenig auf sein Eintreffen vorbereiten

kann. Ein *indirekter* Mond (oder jeder andere Planet) ist dann in der Tat ein eher überraschendes Ereignis (oder Erleben), das sich eben vorher nicht ankündigt und nicht vorher*gesehen* werden kann. Um es noch einmal in einem abgegriffenen Bild zu verdeutlichen: Angenommen, der Inhalt eines Planeten hieße: «Aus dem Arbeitsleben freigestellt werden», dann wäre eine *direkte* Auslösung so etwas wie ein Pensionierungsdatum (oder das Auslaufen eines Arbeitsvertrages), das sich lange vorher ankündigt und auf das ich sichtbar hinleben kann, bis der Termin dann schließlich erreicht ist. Ein *indirekter* Planet käme so, daß der Chef mich morgens – völlig unvermutet – ins Büro bittet und mir meine Entlassung zum nächsten Ersten mitteilt. In beiden Fällen weist das Ergebnis den gleichen Inhalt auf, aber das indirekte Ereignis *wirkt* stärker und oft schmerzhafter. Es ist nicht stärker – aber es wirkt so!

Kommen wir jetzt zum letzten Punkt unseres inhaltlichen Konstrukts.

Inhaltliche Regel 5: *Jeder Planet, der in einem Haus entweder direkt oder indirekt angetroffen und damit wirksam wird, zieht alle mit ihm – über Aspekte – verbundenen anderen Planeten ebenfalls in die vorherrschende Zeitperiode hinein. Diese anderen Planeten werden zu jenem Zeitpunkt in die Periode gezogen, an dem sie auch in der Periode wirksam werden, in der sie stehen.*

Wir wollen auch für dieses Prinzip ein Beispiel aufmalen.
Angenommen, die Sonne (in unserem nächsten Abbild) hätte ein Sextil (also ein 60°-Aspekt) zum Uranus, der im ersten Haus steht. Die Regel 5 besagt nun, daß dieser Uranus über das Sextil zur Sonne in jene Löwe-Periode gezogen wird, in der die Sonne herrscht (also indirekt), *und* ebenfalls in jene Periode, in der die Sonne steht (also direkt).
Da der Uranus im 1. Haus steht und drei Jahre nach Beginn der Periode (zwischen 77 und 84 Jahren) angetroffen wird

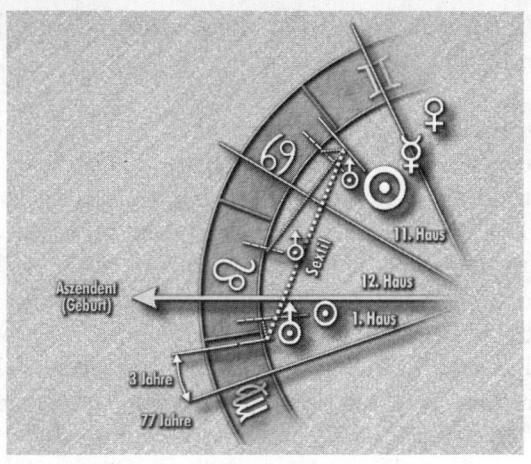

(mit 80), wird er jetzt – über das Sextil zur Sonne – sowohl direkt von der Sonne in die zweite Periode (7 bis 14) hineingezogen und also mit (7 plus 3 =) 10 Jahren ausgelöst. Er wird außerdem indirekt in die erste Periode (0 bis 7) deshalb hineingezogen, weil diese Periode durch den Löwe-Aszendenten die Sonne als Herrscher hat, und wird also im Alter von (0 plus 3) 3 Jahren von der indirekten Sonne ausgelöst.

Anzumerken ist hier noch, daß die Sonne selbst sowohl in der ersten Periode als auch in der zweiten erst nach 4 Jahren und 3 Monaten angetroffen wird, der Uranus also bereits *vor* der Sonne (die ihn doch erst hochzieht) auslöst. D. h., derjenige, der von der Sonne herbeigeholt wird (der Uranus), wird *vor ihr* wirksam. Er wird virulent, obwohl von der Sonne länger noch nichts in Sicht ist. In einem solchen Fall eilt also der Herbeigezogene dem Herbeizieher voraus.

Es versteht sich von selbst, daß auch wenn der Uranus ausgelöst wird (*direkt* zwischen 77 und 84 und *indirekt* zwischen 42 und 49 – siehe S. 40), die Sonne über das Sextil zum Uranus in diesen Perioden ebenfalls wirksam wird (mit 42 plus 4J

3M = 45 Jahre und 3 Monate sowie mit 77 plus 4J 3M = 81 Jahre und 3 Monate).

Erst jetzt hat der Leser eine Möglichkeit, den von uns erwähnten Unterschied zwischen «Wegezeit» und «Ortezeit», den wir abstrakt auf den Seiten 16ff. erklärt haben, deutlicher zu verstehen: Die «Wegezeit» sind jene Perioden, in diesem Fall Sieben-Jahres-Perioden, die von einem oder zwei Inhalten während der ganzen sieben Jahre durchtränkt sind: «Krebs-Zeit» oder «Löwe-Zeit» oder «Wassermann-Zeit» usw. «Orte-zeit», das sind jene herausragenden Orte in der Zeit, da geschieht etwas Punktuelles: «Sonnen-Auslösung» oder «Mond-Auslösung» oder «Uranus-Auslösung» usw.

Was auf diesen Wegen bzw. an diesen Orten geschieht, also *welche Inhalte* freigesetzt werden, das weiß der Leser noch nicht. Und so müssen wir jetzt versuchen, ihm dafür einige Bilder zu liefern.

2. Die Inhalte

Wir werden also im Folgenden den Leser mit zwei verschiedenen Inhalten der Zeit konfrontieren: «Wegezeit» und «Ortezeit». Da die «Wegezeit» eine bestimmte Dauer in sich trägt und wir uns im Moment innerhalb der Heptaden, also der Sieben-Jahres-Perioden, aufhalten, beschreibt die Wegezeit eben im Folgenden die Dauer von sieben Jahren. Im dritten Kapitel wird das «Solar» beschrieben; hier haben wir es mit der Dauer von einem Jahr zu tun, und auch in dieser Hinsicht kann die Wegezeit gelesen werden: Sie beträgt dann eben nur ein Jahr.

Wir dürfen uns diese Perioden vorstellen als würden sie unser *seelisches* Wetter bestimmen. Aus der Bibel haben wir noch in Erinnerung, daß es einmal sieben «fette» und anschließend sieben «magere» Jahre gegeben hat und daß in den fetten Jahren das seelische Wetter bunt, üppig und schön war, während es in den sieben mageren Jahren nur sehr kalte oder sehr heiße und verzehrende Wetter mit öden und dürren Perioden gab. Solche Wetterperioden gibt es nicht nur draußen in der Welt, es gibt sie auch im Inneren der Seele, und von derartigen inneren Wetterzeiträumen handelt die Beschreibung der «Wegezeit».

Der zweite Teil der Beschreibung (direkt anschließend) bezieht sich auf die «Ortezeit». Hier geht es nicht so sehr um langfristige Wetterstände, sondern mehr um kurzfristige, gleichsam punktuelle Höhepunkte dieser inhaltlichen Themen im Inneren der Zeit.

Wählen wir – der Anschauung halber – für die Inhalte der Zeit einmal das Bild einer Landschaft, und denken wir uns den Leser wieder einmal als Strichmännchen, das die Landschaft im Heptaden-Rhythmus zu durchqueren hat, so könnten wir folgendes Bild malen:

Angenommen, es handele sich um eine Steinbock-Heptade, d. h., die Oberfläche der Zeit trägt in sich (sieben Jahre lang) das inhaltliche Thema «Steinbock» und der durch diese Zeit wandernde Leser befände sich in einem gebirgigen Landstrich mit Gipfeln und Tälern in einer sehr kargen Umgebung. Die Wege sind steinig und anstrengend. Das Auge erblickt keine üppige Natur, sondern nur eine kalte und blaue Ferne mit hohen Massiven, mit Geröll und mit manchmal unpassierbaren Wegen. Mehr als einmal muß der Leser umkehren, denn der Weg endet vor einer Schlucht, vor einem Abgrund. Er muß mühsam einen neuen Weg suchen, der genausowenig anheimelnd und genauso mühsam ist. Manchmal muß er eine Bergkette überqueren, und das ist dann besonders anstrengend und kräftezehrend. Und in diesem Moment befände sich der Leser an einem «Ort in der Zeit», den er «heute» nennt. (22.5.1998). So etwa sieht seine Steinbock-*Wegezeit* aus.

In der Mitte unserer Landschaft befände sich eine *sehr hohe* Gebirgskette, die der Leser freilich erst am 22.5.2001 erreichen wird und für deren Übersteigung (Aufstieg und Abstieg) er etwa drei Monate benötigen wird und deren Gipfel er am 16.7.2001 erreicht. Von da ab geht es an den Abstieg, und wie jeder Bergsteiger weiß, ist auch der nicht etwa einfach. Mitunter ist er gefährlicher als der Aufstieg.

Diese Zeitperiode, beginnend am 22.5. mit dem Höhepunkt am 16.7. und dem Ende des Abstiegs am 14.8. des Jahres 2001, ist die «Ortezeit». Wobei der eigentliche Höhepunkt, um den es bei dieser Ortezeit geht, am 16. Juli erreicht ist, d. h. ausgelöst wird.

Hier hat der Herrscher der gesamten Steinbock-Periode, der Saturn, seine Gipfelhöhe gleichsam punktuell erzielt.

Wenn an diesem Beispiel das Prinzip von «Wegezeit» und «Ortezeit» einmal verstanden ist, sehen wir auch, daß unser Bild ziemlich eindimensional ist (so, daß es in dieser Form gar nicht existieren kann), und wir können noch einen Schritt weitergehen und das Bild um einige Elemente erweitern.

Wir müssen nämlich wissen, daß nur die *Oberfläche* eine Steinbock-Landschaft aufweist. Unter der Oberfläche, gleichsam als geologische Zeit-Schichten, laufen alle anderen Tierkreis-Landschaften (mitsam ihren verschiedenartigen Zeit-Inhalten) mit. Und können – unter Vorliegen bestimmter Zeit-Bedingungen – für kurze Zeit ebenfalls die Oberfläche erreichen und die Steinbock-Landschaft mit neuen Inhalten imprägnieren. Natürlich können sie das nur so tun, wie die Steinbock-Oberflächenlandschaft es ihnen gestattet. Im Bild würde es etwa so aussehen.

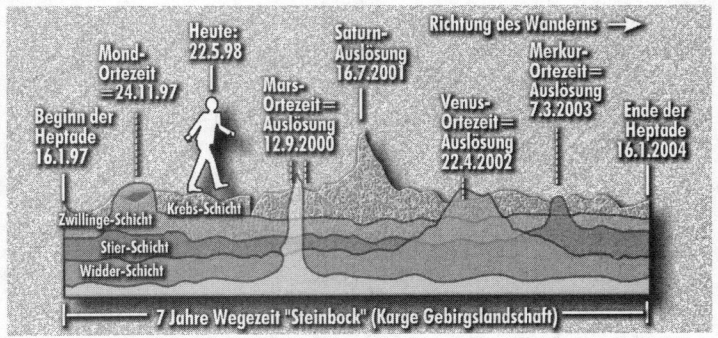

Wir haben in unser Bild nur vier verschiedene Unter-Schichten (oder Strömungen) eingemalt (um es nicht zu überfrachten), aber der Leser sieht, daß jetzt neue Inhalte auf ihn (auf seinem Steinbock-Wandern) einströmen und ihm eine gewisse Abwechslung bescheren. Daß diese Ereignisse und Unterbrechungen nicht nur schön sind, geht bereits aus der zugrundeliegenden Steinbock-Landschaft hervor, denn wie gesagt: Die anderen Themen können sich nur so verhalten, wie die jeweilige Heptaden-Umgebung es zuläßt.

Geben wir auch dafür ein Beispiel: Stellen wir uns vor, unserem Wanderer begegnet am 22.4. des Jahres 2002 auf seinem Weg durch das Steinbock-Land ein zweiter Wanderer anderen Geschlechts. Auf unserer Zeichnung sehen wir, daß an diesem Tag das Stier-Venus-Thema an die Oberfläche tritt und es somit in die Seele des Wanderers hinein entläßt. Wenn er also ein männlicher Wanderer ist, begegnet ihm eine sehr sympathische weibliche Wandersfrau. (Ist er ein weiblicher Wanderer, so trifft sie auf einen ebenso sympathischen männlichen Wandersmann.) Wir, die wir die gesamte Sieben-Jahres-Landschaft (im Schnitt) bereits überblicken, sehen, daß die Begegnung mit dem Stier-Thema sehr schnell wieder abflacht und versickert. Unsere beiden Wandersleute aber haben diesen Überblick nicht, und so kann es sein, daß jeder der beiden (oder auch nur einer) sich jetzt sehr euphorisch (oder verliebt oder sexuell angezogen usw.) fühlt und daß einer (oder auch beide) in langfristigen Hoffnungen sich ergeht. Aber diese Hoffnungen auf Nähe oder Wärme oder auf ein langfristiges sexuelles Angezogensein erfüllen sich nicht – die Landschaft läßt das gar nicht zu.

> Bildlich gesprochen: Ein Mann und eine Frau, die sich auf dem Gipfel des Mount Everest ein erstes Mal begegnen, können sich noch so sehr – animalisch – zueinander hingezogen fühlen. Die Erfüllung ihrer Wünsche scheitert bereits an den sieben Pullovern, drei Wind- und zwei Daunenjacken, die sie hier gezwungen sind zu tragen. Und der Abstieg, der 14 Tage dauert, hat so manches Mütchen bereits abgekühlt, ganz abgesehen davon, daß im Basislager, das sie schließlich erreichen, schon die Verlobte des Mannes sehnsüchtig auf seine Rückkehr wartet.

Genug der Vorrede. Jetzt folgt die Beschreibung der Zeit-Landschaften.

Die Widder-Wegezeit

In dieser Zeit-Periode geht es – bleiben wir noch einen Moment im Bild der Landschaften – um die *Eroberung von Neuland.*

Aus welchem Grund auch immer, das Alte in mir ist zu klein geworden und zu eng, und so ist jetzt ein guter Zeitpunkt, ein neues Areal, ein neues Lebensterrain zu betreten und dieses neue Feld meinem Leben einzuverleiben. In der Regel ist es allerdings so, daß dieses neue Land bereits einen Besitzer hat, und so fordert diese Wegezeit mich heraus, in einen Wettkampf oder gar in einen richtigen Kampf einzutreten, um den alten Besitzer aus seiner Landschaft zu vertreiben. Dieses Phänomen kann ich in der Widder-Wegezeit aktiv oder passiv erleben. Aber es ist immer eine Herausforderung: Entweder werde ich herausgefordert von jemandem, der sich mein Land (meine Arbeitsstelle, meine Frau, meinen Mann, mein Eigentum etc.) einverleiben möchte – dann erlebe ich es passiv; oder ich fordere jemanden heraus, indem ich mir sein Land (seine Arbeitsstelle... usw.) erobern und einverleiben möchte – dann erlebe ich es aktiv.

Wie auch immer, ob aktiv oder passiv, diese Zeit fordert mich auf, meine Zimperlichkeit und meine Feigheit zu überwinden und einzutreten in ein aktives Geschehen. Der Sinn der Übung, der Sinn dieser Zeit besteht darin, daß ich mir darüber klarwerde: Ich habe einen Täter in mir, und die augenblickliche Wegezeit fordert ihn heraus, indem sie seine Taten sehen will.

Manchmal muß diese Wegezeit mich erst einmal bis aufs Messer reizen, bevor ich bereit bin, zum Täter zu werden; aber sie versucht auf jeden Fall, die innere Gestalt des Täters aus meinem Inneren herauszukitzeln. Manchmal bin ich zu feige, manchmal bin ich mir aber auch zu fein für ein derart «primitives Geschehen» – aber das nützt alles nichts.

Dabei ist es beileibe nicht so, daß ich in dieser Zeit zum Sieger werden muß. Derartiges ist der Wegezeit vollständig gleichgültig. Sie will nur, daß ich die Herausforderung annehme und eintrete in den Kampf, eintrete in die Eroberung von Neuland. Ich darf in dieser Zeit noch nicht einmal die Ausrede verwenden, daß ich mich ja nur verteidige, da ich ja angegriffen worden sei. Wenn ich aus dieser Verteidigung nicht mit einer Neuerwerbung hervorgegangen bin, ist die Wegezeit nicht zufrieden.

Ob ich am Ende als Sieger oder als Verlierer dastehe, kann der Astrologe der Zeitperiode von außen nicht ansehen, und – wie gesagt – darum geht es auch nicht. Er geht nur darum, daß ich bereit bin, den Fehdehandschuh zu werfen oder den – mir vor die Füße geworfenen – Fehdehandschuh aufzunehmen. Das allein ist der Sinn der Widder-Wegezeit.

Damit keine Mißverständnisse entstehen: Es geht nicht allein darum, etwas Neues zu tun. Das reicht noch nicht. Ich muß darüber hinaus bereit sein, einen Kampf – *gegen* jemand oder etwas – zu riskieren, bei dem ich mir nie sicher sein kann, ob ich ihn gewinnen oder verlieren werde. Und selbstverständlich ist das Risiko, ihn zu verlieren, sehr groß und liegt bei exakt fünfzig Prozent.

Nur im vollen Bewußtsein dessen entspreche ich den Forderungen der vorliegenden Wegezeit.

Ob der Kampf mit körperlichen, seelischen oder geistigen Mitteln geführt wird, richtet sich nach meinen sonstigen Horoskopfaktoren, denn natürlich wird aus einem Kaninchen nicht über Nacht (bloß weil die Widder-Heptade angebrochen ist) ein Säbelzahntiger.

Entscheidend in diesem Zeitspiel ist das wachsende Bewußtsein darüber, daß der innere Täter und der Kampf (als solches) mit seinen Risiken, seinen Gewinnen und seinen Verlusten zum Menschsein gehört.

Die Widder-Ortezeit

In diesen kurzen Zeitstrecken findet die Widder-Wegezeit gleichsam ihre Höhepunkte. Bei den Auslösungen des Mars (des zu Widder gehörenden Planeten) geht es um Sieg oder Niederlage, im Extrem: Lorbeerkranz oder Unfallstation. Die Widder-Ortezeit verwickelt mich direkt in eine Aus-Einander-Setzung. Zwei Parteien stehen sich unversöhnlich gegenüber, und der Spannungsbogen, der sie beide trennt, ist an seinem höchsten Punkt angelangt. Das aber heißt: Der Kampf steht bevor! Und er soll (und sollte) gekämpft werden. Die Trompeter blasen zur Attacke!

Nein, nicht jedes Mal wird der Angriff auch tatsächlich ausgeführt. Wie gesagt, ich könnte zu feige oder mir zu fein für ein derartig primitives Geschehen sein. Doch wohin dann mit der aufgesammelten Spannung?

Nun, es gibt *zwei* Möglichkeiten: *Entweder* sie entlädt sich blind in den Raum hinein (trifft also nicht den, mit dem sich die Spannungen aufgebaut haben), sei es

- in der Form eines äußeren Unfalls; jemand kommt von außen (mit seinem Auto etc.) auf mich zu,
- sie arbeitet an meinem Körper; ich falle von der Leiter, breche mir den Arm oder erlebe die Spannung als Kopfschmerz, Hexenschuß usw.,
- ich verletze jemand Dritten (oder gar mich selbst) unbeabsichtigt und total unbewußt.

Oder (das ist die zweite Möglichkeit) die Spannungen werden von jemandem aus meinem nächsten Lebensumfeld *übernommen*, sei es

- von meinem Ehemann (meiner Ehefrau), dessen (deren) Seele die Spannung spürt,
- von meinen Untergebenen (selten),
- von meinen Kindern (ein Phänomen, das sehr häufig vorkommt),

indem diese sich vollständig unbewußt – gleichsam als Blitzableiter – anbieten und jetzt *stellvertretend* entweder vollständig unmotiviert einen Kampf mit einem Dritten vom Zaun brechen oder selbst das Opfer einer Attacke werden.

In beiden Fällen freilich bleibt etwas Ungelöstes zurück, das mein Leben belastet und das bei der nächsten Mars-Auslösung – eben weil es ungelöst ist – wieder auf die Tagesordnung zurückgelangt.

Und so sehen wir, einen Kampf nicht zu kämpfen ist keine Lösung.

Die Stier-Wegezeit

In dieser Zeitperiode – wieder bleiben wir einen Moment bei unserem Landschaftsbild – soll jenes Land, das im Widder erobert und einverleibt worden ist, jetzt zu einem festen Bestandteil meiner Lebenswelt gemacht werden. Ich versuche also jetzt, daraus ein eigenes *An-Wesen* zu machen. Bert Hellinger hat einmal sinngemäß gesagt: Manch eine Mutter liebt ihr adoptiertes Kind wie ein Dieb seine Taler. Und in diesem Satz ist die gesamte Stier-Thematik enthalten. Es geht bei der Stier-Wegezeit um eine Erarbeitung der Wertsteigerung meiner Person, das heißt, meinem *Wesen* soll etwas angefügt werden, eben ein An-Wesen, das mein eigentliches Wesen steigert. In dieser Zeit geht es also um ein Etablieren, um ein neues Dazugehören, mitsamt den Ängsten und Unsicherheiten, die damit einhergehen. Weil ein Teil von mir um den Diebstahl weiß, auch wenn ein anderer Teil mir signalisiert, daß alles ganz legal zugegangen ist, macht sich tief im Inneren die Befürchtung breit, daß das, was dazugekommen ist, mir auch wieder genommen werden kann. Wie auch immer ich versuche, meine Wertschätzung in den Augen der anderen (und in meinen eigenen) zu steigern, es bleibt immer der Verdacht der Unrechtmäßigkeit zurück; also tief im Inneren das Wissen, daß das eroberte Land mir nicht wirklich gehört. Ob ich in diesen Phasen meinen Wert durch Aktienspekulationen verzehnfache oder durch eine Schönheitsoperation meiner Nase (meines Busens) im Spiegel beachtlich steigere: Das tiefe Wissen, daß beides eigentlich nicht meins ist, bleibt. Oscar Wilde hat diese Stier-Wegezeit mit seinem Helden Dorian Grey in der Literatur verewigt, und eine noch frühere Version dazu finden wir im Märchen vom «Fischer und sin Fru». Immer geht es um ein «Mehr», weil tief dahinter der Verdacht des «Zu Wenig» steht. Worauf will die Stier-Wegezeit also hinaus? Sie möchte, daß ich mich mit den Attributen des «Mehr» umgebe. Sie möchte, daß ich meinen Wert, sei es materiell, sei es seelisch, sei es geistig, in dieser Zeit steigere. Gegebenenfalls auch um den Preis, daß ich am Ende erkennen muß: Es gibt keinen Ausweg aus dem Pißpott.

Es ist, als flüstere mir die Wegezeit zu: In dir gibt es ein «Zu Wenig» (zuwenig Schönheit, zuwenig Reichtum, zuwenig Sicherheit, zuwenig Ansehen usw., kurz: zuwenig «Wesen»), jetzt ist die Zeit gekommen für ein «Mehr». Also akkumuliere!

Die Batterien des Lebens erscheinen als zu schwach, also will die Stier-Wegezeit, daß sie aufgeladen werden. Erich Fromm hat dieses Ziel und sein Manko im Titel eines seiner Bücher ausgedrückt als Widerspruch zwischen «Sein und Haben». Und so will die betreffende Wegezeit diesen Widerspruch lösen zugunsten des «Habens». Eine operativ veränderte Nase (oder ein Busen oder ein Bankkonto) wird niemals Teil meines Seins, Teil meines Wesens, sondern bleibt für alle Zeit Teil meines Habens. Die alte Nase gehört zu meinem Sein, die neue ist nur eine Investition, die sich «auszahlen» soll. Und so lautet die Maxime der Stier-Zeit auch: Investiere! (Das alte Gewand, lat. «vestis», ist nicht feierlich genug, also muß ein neues, wertvolleres Kleid her – das ist die Übersetzung dieses Wortes!)

Für mehr «Wert», für mehr «Wesen» muß ich jedoch – wenn ich darin investiere – früher oder später meinen Preis bezahlen. Und dieser Preis besteht nicht allein aus den DM 12 000,– für den chirurgischen Eingriff. Nein, die Bezahlung erfolgt erst sehr viel später, wenn ich bemerke, daß meine neue Nase beginnt, sich meinem «Wesen» zu widersetzen. Oder, anders gesagt, wenn mein altes Wesen wieder zum Vorschein kommt und das, was nur angesetzt war (was nur An-Wesen war) überwindet.

Kann ich in der Stier-Wegezeit diesem Ansinnen widerstehen?

Natürlich kann ich das, aber es ist die Frage, ob ich es sollte. Denn die Zeit will ja, daß ich durch ihren Lernweg hindurchgehe und ihren Herausforderungen begegne. So wie ich in der Widderzeit den Fehdehandschuh aufnehmen sollte, so soll ich in der Stier-Wegezeit den Brokat-Handschuh überstreifen und mich an seinem edlen Wert erfreuen.

Wie soll ich denn je an meiner Erlösung arbeiten, wenn ich mich noch nicht einmal schuldig gemacht habe?

Die Stier-Ortezeit

In diesen kurzen Zeitstrecken findet die Stier-Wegezeit gleichsam ihre Höhepunkte. Die Auslösungen der Venus (als Herrscherin des Zeichens Stier) bringen mich in Kontakt mit etwas, was mich aufwertet – oder (in selteren Fällen) mit etwas, was mir die geborgte oder gar geraubte Aufwertung wieder nimmt. Mit anderen Worten, hier bekommt der Dieb seine Taler, oder (seltener) es werden ihm jene, die ihm nicht gehören, wieder genommen. Dabei sollte das Wort «Taler» nicht wörtlich genommen werden: Einer jungen Frau begegnet in der Stier-Ortezeit ein älteren Mann, der sehr viel Einfluß hat, und sie «verliebt» sich in ihn. Später – zwei Jahre nach der Eheschließung – muß sie erkennen, daß sie eigentlich nicht ihn, sondern nur seinen Einfluß geheiratet hat. Und daß von der Liebe weit und breit nichts mehr in Sicht ist, ja daß von ihr – bei Licht betrachtet – nie die Rede war. Sein Einfluß, das waren ihre Taler, und sie hat diese, ohne daß sie es wußte, geraubt. Drei Jahre später, jetzt weiß sie es, steht sie vor der Frage: Behalte ich die Taler und bleibe mit einem ungeliebten Mann verheiratet, oder gebe ich sie zurück um den Preis, daß ich den Einfluß, der Teil meines An-Wesens geworden ist, wieder verliere?

In der Stier-Wegezeit selbst, als sie die für sie schmeichelhafte Begegnung mit dem einflußreichen Mann hatte, war sie nicht in einem Problem! Im Gegenteil, sie war in einer Euphorie: «Dieser tolle Mann, der so bekannt ist und so viel Einfluß hat, interessiert sich für mich!» Und selbstverständlich geht sie in dieser Zeit nicht zum Astrologen. Warum sollte sie? (Und täte sie es, sie würde seine Beschreibung als geschmacklos oder beleidigend abtun. Sie doch nicht! Sie ließe sich doch nicht kaufen!)

Das Problem mit der Stier-Wegezeit entsteht (fast immer) erst einige Zeit später. Wenn man begreift, welchen Preis man zu bezahlen hat. Und darum geht es ja auch in dieser Zeit: Um die Erkenntnis, daß jeder Mensch – mehr oder weniger – käuflich ist. Daß er bereit ist, für ein «Haben» sein «Sein» für lange Zeit zu verkaufen. Diese Wahrheit kann erst dann in der Seele Platz finden, wenn der Akt vollzogen worden ist. Erst dann kann ich, wenn es mir auch sehr schwerfällt, den Akt rückgängig machen und zu einem an Einsicht gereiften «Wesen» zurückkehren.

Freilich, manche kehren nie zu ihrem Wesen zurück. Es erscheint ihnen zu klein, und so bleiben sie lieber in ihrem An-Wesen, das sich allerdings bald als ein «goldenes Gefängnis» erweist.

Die Zwillinge-Wegezeit

In dieser Zeitperiode kann das im Widder eroberte und im Stier konsolidierte und zum eigenen An-Wesen gemachte Land in Kontakt treten mit anderen An-Wesen ringsumher. Es ist dies gleichsam eine Art ruhender Zeit, denn die dringenden und drängenden Dinge sind erledigt. Die Kriegs- und Eigentumsverhältnisse sind geklärt, jetzt tauscht man Botschaften und Botschafter aus. Das neue Land kann kartographiert, vermessen und erforscht werden. Neue Straßen werden angelegt, der Handel kommt in Gang, und erste Bildungseinrichtungen werden etabliert.

Im Leben des Menschen ist diese Zeit in hohem Maße eine

neutrale Zeit, in der das bewegende Auf und Ab der vorherigen beiden Zeiten ausklingen darf. Waren es vorher – bildlich gesprochen – wilde Bergmassive und ein gefährliches oder mühevolles Wandern, so verändert sich das Land jetzt zur Lüneburger Heide. Es ist eine Zeit des Sprechens, des Lernens und der Ansammlung von intellektuellen Werkzeugen, die ich vielleicht später einmal benötigen werde – vielleicht aber auch nicht. Unsere Lehrer wollten uns diese ereignisarme Zeit schmackhaft machen mit dem Wort: «Nicht für die Schule, sondern für das Leben lernen wir» (sie sagten es in Latein), aber das konnte uns damals höchstens theoretisch einleuchten. Eine praktische Auswirkung hatte dieser Satz nicht. Und so lernten wir in dieser Zeit vor allem eins: Daß die Welt von uns verlangt, bestimmte Rollen zu spielen und bestimmte Masken aufzusetzen. Und zwar für jede Gruppe, der wir uns zugehörig fühlten, eine andere Maske. Wir lernten, dem Kaiser zu geben, was des Kaisers ist, der Kirche zu geben ... usw. Wir wurden Schauspieler. Manchmal sogar vor uns selbst. Mitunter standen wir ein wenig neben uns und wunderten uns darüber, welches Spiel wir gerade jetzt spielten. Aber auch das nahmen wir nicht sonderlich ernst, noch nahmen die anderen es und uns sonderlich ernst.

Die Zeit hat weder Höhen noch Tiefen, sie plätschert so dahin wie der Nebenfluß eines Nebenflusses, und das ist für manche Menschen Grund zu einer leisen Befürchtung: Lebe ich wirklich in einem so ereignislosen Land, fragen sie sich insgeheim. Bin ich so farblos, und ist mein Leben tatsächlich so mittelmäßig und durchschnittlich? Jeden Tag der gleiche Trott? Nicht, daß das Wetter schlecht wäre, es ändert sich nur nie. Manchmal sitzt eine Frau in einer astrologischen Beratung, spricht über ihren Mann und sagt (indem sie verächtlich ihre Mundwinkel verzieht): «Er ist immer sooo lieb!» und meint damit tagaus, tagein. (Und man hat das Gefühl, sie wäre froh, wenn er sie mal so richtig verprügelte. Nur damit eine Unterbrechung der Langeweile im Spiel wäre.)

Diese Zeit ist jedoch nicht etwa die Ruhe vor dem Sturm, sondern nur die Ruhe ohne Sturm. Langeweile! Mitunter dauert diese Zeit tatsächlich 14 Jahre, und dann geht sie einem ziemlich aufs Gemüt.

Was man machen kann? Man spielt seine Rollen – alle, die erforderlich sind –, man wird zum Schauspieler und lernt fürs Leben. Wann auch immer das beginnen mag.

Die Zwillinge-Ortezeit

Merkur-Ortezeiten haben – in sich – keine Höhe-Punkte und keine Tiefe-Punkte. Sie sind so, wie der westliche Nachbar von uns Deutschen: Holland. Holland heißt übersetzt das «hohe Land». Aber damit man es nicht falsch versteht, heißt das Land außerdem noch Niederland, also das «niedrige Land». Ja, was denn nun, «hohes» Land oder «niedriges» Land. Nun, beides meint in Wahrheit dasselbe, so wie «altus» im Lateinischen ebenfalls «hoch» und «tief» heißt. Und von Holland weiß man, daß schon eine überwachsene Müllkippe von 30 Metern Höhe ein «Berg» ist. So sind auch die Höhepunkte der Zwillinge-Ortezeit. Man geht zur Schule, macht sein Abitur – ja, das ist schon irgendwie etwas –, aber drei Tage später ist es vergessen. Und eigentlich hat man sich vorgestellt, man wäre jetzt etwas Besonderes. Aber dann geht man zur Uni und sieht, es gibt Tausende von Abiturienten, die hier die Hörsäle bevölkern – und das Besondere ist dahin. Und man lernt jetzt weiter, als wäre nichts gewesen. Natürlich, für die anderen, die von außen schauen, mag es etwas Besonderes sein, denn sie träumen nur davon, zur Uni zu gehen. Aber von innen betrachtet macht sich schnell die gleiche Gleich-Gültigkeit breit.

Das einzige, was es zu verstehen gibt, ist, daß man sich in einer neutralen Zeit befindet und daß sogar noch die Höhepunkte einer neutralen Zeit neutral sind. Man kommt sich sogar bei den Höhepunkten immer ein wenig betrogen vor. Man hat sich mehr versprochen. In einer Ehe beginnt diese Zeit gern nach sieben Jahren. Und das zugrundeliegende schlimmste Gefühl besteht darin, daß man sich für absolut belanglos hält.

Aber noch nicht einmal das bringt das Leben in Wallung.

Die Krebs-Wegezeit

In dieser Zeitperiode lernen wir, unser inneres Wesen wahrzunehmen. Im Gegensatz zu den drei vorher beschriebenen Wege-Zeiten (die sich auf die äußere Welt konzentrieren) betritt der Mensch in der Krebs-Periode unvermutet und unvermittelt das Seelen-Land und bemerkt, daß es auch hier eine Art «Wetter» gibt – mit allen Höhen und Tiefen, die vorstellbar sind. Und das Barometer, das Anzeigeinstrument für das innere Wetter, sind unsere Gefühle.

Der Mensch, der in diese Gefühlswelt eintaucht (die ihm die Krebs-Zeit beschert), reagiert darauf – unabhängig davon, ob sein *äußerer* Körper männlich oder weiblich ist – mit seiner weiblichen und mit seiner kindlichen Binnenstruktur. Anders gesagt: In dieser Zeit wird das Weiblich-Kindliche in ihm angesprochen, gleichsam gerufen, und es reagiert darauf, indem es immer mehr an die Oberfläche tritt.

Es ist dies – wenn alles gutgeht – eine Zeit des *Nehmens*!

Und das ist es auch, was diese Zeit verlangt. Sie sagt zu mir: Was immer ich dir gebe, du tust gut daran, es anzunehmen, es zu nehmen! Denn das, was dir gegeben wird, gehört dir, und mehr gibt es nicht. Da aber der Mensch in den weitaus meisten Fällen glaubt, das, was er bekommt, sei entweder zu wenig oder nicht gut genug, antwortet er (mit sehr wenigen Ausnahmen) auf die Krebs-Wegezeit erst einmal mit einem überdimensional großen NEIN! Und er merkt viele Jahre lang nicht, daß es nicht etwa das Wetter seines Seelen-Landes ist, das ihm so zusetzt, das ihn so leiden läßt und so viele Gefühle des Schmerzes, der Kraftlosigkeit oder der Verzweiflung hervorbringt, sondern daß es sein eigenes NEIN ist, das ihn so quält. *Er nimmt nicht!*

Er ist dann wie ein Kind im Schneesturm, das sich weigert, eine warme Jacke anzuziehen, und das glaubt, allein seine Weigerung würde die Sonne hervorbringen. Oder gar: Es habe ein Recht auf die Sonne!

In dieser Zeit, die von mir fordert, zu nehmen, die von mir fordert, ein JA in mir zu finden, und die doch erst einmal ein NEIN in mir heraufbeschwört, in dieser Zeit werden ebenfalls alle vorherigen NEINs meines Leben angeklingelt und heraufbeschworen. Und der tiefe Sinn dieser Zeit liegt darin, auch die vorherigen NEINs noch einmal zu überprüfen und sie gegebenenfalls zu korrigieren. (Wir wissen schon: Es ist nie zu spät für eine glückliche Kindheit!)

Wählen wir ein Beispiel: Eine Frau in der Krebs-Periode wird schwanger. D. h., sie *nimmt* (ob sie es will oder nicht, ist gar nicht entscheidend) das Leben eines Kindes in Form des Spermas ihres Partners in sich auf. Sie *nimmt* damit ebenfalls eine neue Rolle (ob sie es will oder nicht), nämlich die Rolle einer werdenden Mutter in sich auf. Diese Rolle bildet sich – unbemerkt – aus ihrem Inneren herauf aus. Als sie sechs Wochen nach diesem Geschehen *bemerkt*, daß sie schwanger ist, findet sie dem NEHMEN gegenüber in sich ein tiefes und gravierendes NEIN. Die Zeitperiode verlangt von ihr, zu nehmen, aber sie weigert sich, dieser Periode ihren Tribut zu zahlen. Ihre Schwangerschaft und ihre heranwachsende Mutterrolle nämlich trägt sofort alle vorherigen NEINs ihres Lebens an die Oberfläche. Insbesondere das NEIN gegenüber ihrer eigenen Mutter und das NEIN gegenüber ihrem eigenen inneren Kind, das vielleicht im Alter von vier Jahren verletzt irgendwo in ihrer Seele herumsteht und schon dreißig Jahre darauf wartet, daß die Frau sich ihm zuwendet.

Da diese Zuwendung aber mit dem Schmerz verbunden wäre, auf ein verletztes Kind zu stoßen und den Schmerz des Kindes zu fühlen, tut die Frau das, was in dieser Situation «normal» ist: Um den eigenen Schmerz nicht zu fühlen, treibt sie das real heranwachsende Kind ab! Damit scheint die unangenehme Sache aus der Welt geräumt zu sein.

Die Konsequenz aus dieser Handlung: Nicht nur ist der alte Schmerz nicht gelöst; es ist ihm noch ein neuer Schmerz hinzugefügt worden – der sich jetzt der nächsten Mond-Auslösung noch (erschwerend) hinzuaddiert! Jetzt hat sie nicht ein verletztes Kind in ihrer Seele (das vierjährige innere Kind), sondern zusätzlich noch ein zweites: das abgetriebene zwei Monate alte Kind!

Die Krebs-Ortezeit

Mond-Auslösungen, als Höhepunkte der Krebs-Wegezeit, konfrontieren mich auf die eine oder andere Weise immer mit dem Kind in mir. Das kann wörtlich und wirklich so geschehen: Sei es, daß ich selbst schwanger werde, sei es, daß das Thema über meine Mutter, meine Ehefrau oder über mein eigenes Mutter-Sein an mich herangetragen wird.

Es kann aber auch ohne diese äußeren Anknüpfungen geschehen. Dann wird mein inneres Kind gleichsam aus «heiterem Himmel» angesprochen, kommt näher an die Oberfläche, und Gefühle von Kleinheit und Hilflosigkeit machen sich breit. Manchmal lassen sich diese Gefühle dadurch abfedern, daß ich mich jetzt *auf noch kleinere Wesen* stürze, um diese zu behüten, um diesen eine beschützende Mutter zu sein. Denn wenn jemand (vermeintlich) noch schwächer ist als ich, kann ich mein Gefühl der Schwäche dadurch kompensieren, daß ich (diesem Menschen gegenüber) eine Mutterrolle einnehme.

Alles in allem aber geht es in diesen Auslösungen darum, näher zu meinen Gefühlen zu stehen, mich ihnen zu stellen und sie dadurch zu lösen.

Und die Heilung von seelischen Schmerzen geschieht immer nach dem gleichen Muster: Ich muß ganz hinein in den Schmerz, denn nur dann komme ich – *nach kurzer Zeit* – am anderen Ende wieder heraus. Endlos werden diese Gefühle erst, wenn ich mich weigere hineinzugehen. Dann hänge ich! Als Bild:

Der Wanderer in einer steinigen und hohen Landschaft kommt auf einem steilen Geröllfeld ins Rutschen und gleitet auf eine Klippe zu. Eine Klippe, von der er sieht, daß sie viele Meter tief nach unten führt. Er krallt sich mit Händen und Füßen ins Geröll, aber das hält ihn nicht. Es ist schon zu steil. Die Klippe ist da, sein Unterkörper hängt schon über, da bekommt er einen Strauch zu fassen und klammert sich an ihm fest. Bis zu den Hüften ist er schon im Leeren. Nur die Arme und der Kopf sind noch auf festem Boden, und der Strauch hält ihn. Aber es ist sehr mühsam, unbequem, und Sich-zu-Halten wird immer schwerer. Er hängt! Aber er gibt nicht auf.

Und es ist sehr verständlich, daß er sich weigert loszulassen. Täte er es allerdings, so käme ein kurzer Sturz (und Todesangst) und dann – nach etwa 5 Metern – ein Plumps ins Wasser! Denn unterhalb der Klippe ist ein See, der seinen Todessturz bremsen und von dem aus er das sichere Ufer erreichen kann.

Immer!

Manche Menschen, besonders Krebs-Aszendenten, machen aus diesem Bild einen Beruf. Sie siedeln an den Rändern von Klippen und warten darauf, daß andere ins Rutschen kommen.

Die sie dann, als wären sie ein Strauch am Abgrund, festhalten können.

Die Löwe-Wegezeit

In dieser Zeit-Landschaft befindet sich die hohe Zeit des Ego. Und diese Gestalt will gut verstanden sein. Das Ego ist die Hauptquelle der Kraft im Inneren meiner Seele. Es ist ein strömender Fluß: eine Art Nil für das innere Ägypten meines Lebens. Und dieser Nil, dieser Fluß ist die hohe Instanz des *Gebens*. So, wie der Nil dem ganzen Land Ägypten Kraft und Fruchtbarkeit *gibt*, so *gibt* das Ego im Inneren des Menschen seinem ganzen Leben jene Fülle, derer er für seinen Weg durch das Außen seiner Welt bedarf.

Und es gibt Phasen, da gab der Nil seinem Land und seinem Volk eine würdevolle Hochkultur, da war Ägypten der Mittelpunkt der ganzen Welt, und es gab Phasen, da versiegte der Fluß zu einem Rinnsal, und das Land verarmte und hungerte.

Ganz genauso müssen wir uns das Ego des Menschen denken: Der ganze Mensch (das ganze Land) wünscht sich nichts sehnsüchtiger, als daß der strömende Fluß seines Lebens seine ganze Welt (das ganze Land) belebt und begrünt und zu strahlender Pracht erweckt.

Ein kurzer Hinweis für jene, denen buddhistische oder sonstige Ideologien zu einer Abschaffung dieses Flusses raten, und die vermuten, daß Vollkommenheit (Erleuchtung) nur erlangt werden könne, indem das Ego ausgelöscht wird. Dieser Buddha-Status, dem man hier offen oder heimlich nacheifert, ist in Wahrheit eine wunderschöne *Idee* – des Ego.

Die Urquelle des Nils (pardon, des Ego), also jener Punkt, an dem der große Fluß des Lebens an der Oberfläche meines Lebens zum Vorschein kommt, liegt in den Lenden meines Vaters!

Immer!

Seinem *gegebenen* Samen entspringt meine Kraft. (Die Eizelle meiner Mutter, die den Samen *nimmt*, ist Symbol für die nehmende Kraft der vorherigen Krebs-Zeitperiode.) Insofern trägt mein Ego tief in seinem Inneren das Bild des Vaters. Sogar dann noch, wenn mein Vater vor meiner Geburt nach Australien ausgewandert oder gestorben ist. Und erst, wenn ich meinen Vater genommen habe als das, was er war und ist (und für mein Leben immer bleiben wird), nämlich als *Quelle für meine Kraft*, kann dieser Born fließen.

Wenn ich ihn jedoch unterschätze (und mich überschätze und über ihn stelle) oder ihn überschätze (und mich unterschätze und ihn an die erste Stelle für mein ganzes Lebens setze), dann versiegt der Fluß der Kraft, oder er tritt über die Ufer und überschwemmt das Land meines Lebens. Beide Phänomene, sowohl das *Zuwenig* als auch das *Zuviel*, sind für meine Kraft kontraproduktiv. Im ersten Fall wächst kaum etwas, und die Kraft versiegt, im zweiten Fall wird fruchtbares Land zerstört, und die Kraft nimmt den Menschen meiner Welt die Chance, zu mir zu kommen. Es geht – hier wie überall – um das richtige Maß: Zuwenig Ego macht mich kraftlos, zuviel Ego überheblich und (für andere) unerreichbar.

Die Löwe-Periode ist also die hohe Zeit der Väter, die Zeit zu zeugen als auch zu überzeugen. Es ist die hohe Zeit des Gebens, denn wer aus der Kraft seines Herzens, aus der Kraft seines Lebens gibt, der bekommt zurückgegeben. Und eine Störung dieser Kraft verweist zurück auf den Quell: auf den Vater.

Wem diese Rechnung zu einfach ist, der hat recht. So einfach ist es tatsächlich nicht. Da der Quell meines Vaters bereits bei seinen Vätern (also meinen Großvätern und Urgroßvätern) entspringt und von ihnen gespeist wird, kommt mitunter eine Störung der Kraft von weiter her. Dennoch: Ansetzen sollte die Arbeit in einer Löwe-Periode immer bei jenem Menschen, durch dessen Lenden die Kraft in mein Leben floß. Bei meinem Vater.

Die Löwe-Ortezeit

Sonnen-Auslösungen, als Höhepunkte der Löwe-Wegezeit, zeugen etwas – das geht nicht anders. Als der Autor seine Sonnen-Auslösung (im Alter von 21 Jahren) hatte, zeugte er seinen Sohn. Wenn es auch nicht unbedingt absichtlich geschah: Diese Zeugung und die damit einhergehenden Aufgaben und Fragestellungen (über das Verhalten der kindlichen Seele usw.) bestimmten jedoch – das weiß ich heute – mein gesamtes Leben und meinen gesamten beruflichen Werdegang. Und so wirkt dieser Zeugungsakt fort – bis zum heutigen Tag. Es ist wie mit jenem Wurf des Steins. Hat man ihn einmal ins Wasser geworfen (ob mit Absicht oder nicht, spielt keine Rolle), hat man also gegeben, wirken die Kreise im Wasser nach und verklingen nie. Aber natürlich wird nicht immer ein Kind gezeugt. Manchmal wird – wie der Volksmund uns berichtet – ein Baum gepflanzt oder ein Haus gebaut. Manchmal wird etwas Seelisches gezeugt, manchmal etwas Geistiges. Manchmal wird nur ein Same eingepflanzt, und es dauert Jahre, bis er keimt, Wurzeln bildet und erste Triebe aus der Erde ragen. Aber bei der Sonnen-Auslösung wird der Keim gelegt!

Mitunter aber wird der Keim in einen besonders harten Boden gebracht, und dann stehen sich zwei Kräfte gegenüber: Die eine Kraft, die zeugt, zeugen will, zeugen muß und es auch tut. Die zweite Kraft, die Kraft der Ideen (eine skorpionisch-plutonische Kraft), die eine ganz *eigene Vorstellung* davon hat, wo die Kraft hingehen sollte (eine solche Kraft wirkt immer im Konjunktiv: ich müßte, ich sollte, ich könnte...) und was sie *eigentlich zeugen sollte*. Kämpfen diese Kräfte miteinander, so gewinnt trotzdem immer das Leben, und der Same sprießt, aber die zweite Kraft macht ihn dergestalt zunichte, daß sie das zarte Pflänzchen für falsch, ja, für Unkraut hält (spanisch: mala herba = das böse Kraut) und dieser Kraft mit Unkrautvertilgungsmitteln zuleibe rückt.

Ja, da der Mensch das einzige beseelte Wesen auf dieser Erdkugel ist, der mit der Kraft der Unterscheidung zwischen «gut» und «böse» ausgestattet ist, setzt er seinem Pflänzchen (also seinem eigenen Willen zur Zeugung) auf vielerlei Arten zu. Er schaut sich seine Zeugung an und sagt: Das will ich nicht, die Pflanze ist zu rot, zu grün, zu groß (selten), zu klein (meistens), zu hell, zu dunkel, kurz, es ist nicht meine Zeugung oder: Es ist nicht das, was ich zeugen wollte.

Der Mensch ist dann wie ein Vater, der sein Kind – seine Zeugung – nicht legitimiert. Er weigert sich, die Vaterschaft zu akzeptieren, und klagt dagegen. Nun, er mag klagen oder sich beklagen: Seine Zeugung wächst trotzdem heran und ist – das ist der Nachteil dieser Art ungewollter Zeugung – ein Leben lang auf der Suche nach ihrem Vater (oder wenigstens ihrem Vater näher zu kommen). Dieser Akt meines Kindes aber verweist zurück auf seinen Erzeuger, auf mich. Auch ich bin auf der gleichen Suche. Und die Spur meines Kindes führt mich zurück zu meinem eigenen Vater.

Die Frage bei einer Sonnen-Auslösung lautet also immer: Was wurde gezeugt? Und: Ist die Zeugung akzeptiert worden?

Und: Wenn nein, du kannst diese Zeugung erst zu *deiner* Zeugung machen, wenn du deine eigene Zeugung durch deinen Vater angenommen hast. Du mußt zurück!

Für all diejenigen, die ihre Sonnen-Auslösungen im zweiten oder gar erst im ersten Quadranten haben und sich jetzt darüber sorgen, daß ihre Sonne erst im Alter von 73 Jahren (direkt oder indirekt) ausgelöst wird, und die also ihre heutige Zeugungskraft bezweifeln: Keine Angst, die Sonne wird über Aspekte immer bereits weit vorher in die Zeit gezogen. In der Regel in jeder Sieben-Jahres-Periode einmal.

Die Jungfrau-Wegezeit

In dieser Zeitperiode geht es immer noch – wie in den beiden vorherigen Zeiten – um die Innenräume der Seele. Aber im Gegensatz zu dem aktiven (männlichen) Geschehen der Löwe-Zeit und dem passiven (weiblichen) Geschehen der Krebs-Zeit ist die Jungfrau-Wegezeit geprägt von einem hohen Maß an

Neutralität. Das heißt, diese Zeit ist enthaltsam, was das Geben und das Nehmen anbelangt; ihr Gebaren ist geschlechtslos. Was aber bleibt *zu tun*, wenn man weder beeindruckt (Löwe) noch sich beeindrucken läßt (Krebs)? Wenn man weder Sender noch Empfänger ist?

Blicken wir – um es zu verstehen – auf eine sehr einfache Ebene des Prinzips: Zwei Freunde schreiben sich Briefe.

Man weiß nicht mehr, wann es begann, aber heute ist es so: A schreibt B (Löwe-aktiv). B empfängt den Brief von A (Krebs-passiv). Jetzt dreht es sich um. B schreibt A zurück (Löwe-aktiv). A empfängt von B (Krebs-passiv). Drei Wochen vergehen. A hat im Moment keine Zeit oder keine Lust, den Brief von B zu erwidern. Das Geben, denn A wäre ja mit dem Schreiben dran, stockt. Aber dennoch empfindet A – je mehr die Zeit fortschreitet – einen Druck, ein Schuldgefühl, die Briefschuld gegenüber B auszugleichen. Was ist geschehen? Es ist eine Person in A aufgetaucht – nennen wir sie C –, die dafür zu sorgen hat, daß die Schuld gegenüber B ausgeglichen wird. Dieselbe Person ist im Inneren von B schon lange am Werk, aber hier trägt sie keine Schuld, sondern einen moralischen Anspruch, der sich immer lauter zu Wort meldet und B (gegenüber A) verstimmt. Also: A hat von B genommen, und jetzt muß er wieder geben (also einen neuen Brief schreiben), und das Jungfrau-Prinzip C (in ihm) hat dafür zu sorgen, daß der Ausgleich erfolgt. Damit das Spiel der Freundschaft weitergehen kann.

> (So ist es dieses Prinzip, das die ersten Zeilen des neuen Briefes diktiert: «Lieber Freund, es tut mir leid, daß ich mich erst jetzt melde, aber …»)

Es ist jedoch wichtig, zu verstehen, daß C, der den Ausgleich herstellen *muß*, am sonstigen Inhalt der Briefe vollständig uninteressiert ist; C geht es nur darum *auszugleichen*. Weder freut er sich am Inhalt des Briefes, den A erhält, noch ist er – außer mit einer Entschuldigung – beteiligt am neuen Schreiben an B.

C muß nur dafür sorgen, daß keine Schuld entsteht, und wenn doch eine entsteht, dafür sorgen, daß sie wieder vergeht. Das eigentlich Undankbare daran ist: Obwohl C die Schuld nicht hergestellt hat, muß er sie zum Verschwinden bringen.

Wir sehen, es ist dies eine mühsame Zeitperiode, in der ich weder mit Freude etwas geben kann noch mit Freuden etwas empfange, sondern mit meiner ganzen Kraft damit beschäftigt bin, die Konten von Soll und Haben auszugleichen und damit das Spiel am Laufen zu halten.

> Es ist wie beim Pingpong: A schlägt (gibt), B pariert (nimmt) und schlägt zurück (gibt), A pariert (nimmt) und schlägt zurück (gibt erneut). Jetzt springt der Ball vom Tisch und fliegt 20 Meter weit ins Aus. Wer muß ihn holen? C! Damit das Spiel von Geben und Nehmen weitergehen kann. Eine ziemlich undankbare Aufgabe.

Es ist dies also eine Zeit der Nacharbeit: Notwendigkeiten müssen erfüllt werden. Schulden sammeln sich an und müssen abgetragen werden. Es ist die Zeit der Steuer-Nachzahlungen. Es muß getan werden, aber niemand hat daran irgendeine Freude oder eine Belohnung. Der einzige Lohn besteht darin, daß beim Erfüllen des Ausgleichs der Druck der Schuldgefühle nachläßt. In der Buchhaltung der Seele entsteht ein Manko, und jetzt muß der Buchhalter der Seele, der Jungfrau-Merkur, den Fehler suchen und korrigieren, sonst drohen ein schlechtes Gewissen und schlaflose Nachtarbeit. Und es ist wichtig zu verstehen: Der Buchhalter gerät nicht nur in große Sorge, wenn DM 50,– zuwenig in der Kasse sind, nein, hat er DM 50,– zuviel, ist der Druck ganz genauso groß!

Der Leser merkt es an meiner Beschreibung: Puh, wird er denken, wie öde oder wie langweilig. Und technokratisch! Ja, tatsächlich, wir finden hier das Prinzip der seelischen Technokraten, die abwägen und kalkulieren, die mit Verstand und Vernunft aufzählen und die Kosten einander gegenüberstellen. Genau darum geht in dieser Zeit.

Die Beispiele, die ich gerade im kleinen beschrieben habe, lassen sich natürlich auch auf die großen Themen im Inneren der Seele übersetzen: Zwischen Sonne und Mond (als symbolischer Darstellung von Vater und Mutter) muß ebenfalls ein Ausgleich hergestellt werden. Steht der eine in meinem Inneren als zu groß und der andere als zu klein da, so sind die Konten von Soll und Haben ebenfalls nicht ausgeglichen. Und hier muß ebenfalls ein Ausgleich in Form einer Umgewichtung stattfinden.

Die Jungfrau-Ortezeit

Der Planet, der diese Umgewichtung vorzunehmen hat, ist der Merkur. Und zwar der Jungfrau-Merkur.

Und die Frage, die sich dem Leser hier stellen mag, ist folgende: Bei der Zwillinge-Ortezeit hatten wir schon einmal die Merkur-Auslösungen betrachtet. Wenn jetzt unter dem Stichwort «Jungfrau-Ortezeit» ebenfalls ein Merkur-Text steht, und zwar ein anderer Text, woher weiß ich dann, welcher Text für meinen Merkur steht, denn ich kann ihm von außen nicht ansehen, ob er ein Zwillinge- oder ein Jungfrau-Merkur ist. (Dieses Phänomen kehrt im Zeichen der Waage noch einmal wieder, denn die Waage-Ortezeit beschreibt Venus-Auslösungen, und diese hatten wir im Zeichen Stier schon einmal.)

Generell ist dazu zu sagen (bleiben wir bei der Jungfrau): In einer Jungfrau-Wegezeitperiode (also wenn die Hausspitze der Periode vom Zeichen Jungfrau bestimmt wird) zählt die Merkur-Ortezeit allein als Jungfrau-Ortezeit, und es gilt deren Text. In gleicher Weise gilt natürlich: Wenn die Wegezeit eine Zwillinge-Wegezeit ist, dann zählt die ausgelöste Merkur-Ortezeit als Zwillinge-Ortezeit, und dann gilt deren Text. Immer aber wenn der Merkur direkt angetroffen wird (egal, in welchem Zeichen er sich befindet), gelten *sowohl* die Beschreibungen für die Zwillinge- *als auch* die für die Jungfrau-Ortezeit.

Jetzt zur Jungfrau-Ortezeit.

Wann immer der Merkur hier angetroffen wird, geht es darum, etwas wiedergutzumachen. Das Zauberwort heißt tatsächlich: Wiedergutmachung! Und jede Wiedergutmachung hat eine Mechanik, die folgendermaßen aussieht: Entweder ich habe des Guten zuwenig, oder ich habe des Guten zuviel getan. In beiden Fällen ist Ungutes (oder gar Schlimmes) entstanden. Auf jeden Fall jedoch nichts Ausgeglichenes. Das gilt von der kleinsten Ebene, wo ich jemandem DM 5,– geliehen habe (und mein Merkur auf den Ausgleich wartet), bis hin zu den großen Gestalten meines Lebens, daß meine Mutter für mich nur gut war (und mein Vater nur schlecht) usw. In all diesen Fällen schreit mein Merkur und drängt auf der seelischen Ebene nach einem Ausgleich der Konten. Oft aber gibt es andere Kräfte, die diesen Ausgleich verhindern wollen und die glauben, die Angelegenheit müsse noch viel mehr ins Ungleichgewicht gebracht werden, entweder weil ein Recht auf Ungleichgewicht auf meiner Seite bestünde oder weil sie es gar nicht erst als ein Ungleichgewicht ansehen.

So ist denn die Jungfrau-Merkur-Ortezeit auch die hohe Zeit für Schuldzuweisungen: Ich mache mich dann daran schuldig, daß ich einem anderen Schuld gebe. Daß ist sozusagen einer der Tricks des Merkurs: Erst indem ich mich schuldig mache, kann ich die Schuld wieder ausgleichen. Es ist dies die Geschichte des «verlorenen Sohnes»: Ich muß erst mit gutem Gewissen (und dem sicheren Bewußtsein der Schuld meiner Eltern) das Elternhaus fliehen und die Eltern verdammen, damit mir dann eines Tages das Gewissen schlagen und ich nach Hause zurückkehren kann.

Die Waage-Wegezeit

In dieser Zeitperiode betritt der Mensch eine Landschaft, die sich von den vorherigen dadurch unterscheidet, daß in ihr der von außen kommende *andere Mensch* Eingang in meine Welt findet. Es ist dies also eine Zeit der Begegnung.

Wir wollen versuchen, das in einer größeren Perspektive zu verstehen: In den vorherigen drei Perioden betrat der Mensch den Boden der Auseinandersetzung mit seiner Mutter (Krebs-Mond), seinem Vater (Löwe-Sonne) und dem Ausgleich und der Aussöhnung zwischen den beiden.

An diesen Elternvorbildern erwarb der Mensch seine Identität und insbesondere seine Geschlechtsrolle. Aber in diesen drei Zeit-Themenkreisen war er entweder eine Art Kind und reagierte auf die anderen wie ein Kind auf seine Eltern, oder er war Eltern und reagierte auf die anderen, als wären sie ein Kind.

Erst im Zeichen Waage stehe ich als Mensch einem anderen Menschen gleichberechtigt und gleich groß gegenüber. Es ist somit die Zeit der Begegnung zwischen mir (als Erwachsenem) mit dem anderen ebenfalls Erwachsenen. Wir nennen es die Zeit der *Partnerschaft*, wenn wir auch dieses Wort nicht einseitig nur im Hinblick auf eine Liebesbeziehung mißverstehen dürfen. Es gibt ja nicht nur Beziehungspartner, sondern auch Geschäftspartner, Tennispartner, Briefmarkentauschpartner etc. (Aber natürlich liegt der Schwerpunkt dieser Zeit schon auf jenen Menschen, die von außen kommen und mich stark berühren. Sei es körperlich, sei es seelisch oder geistig.) Ein anderer Mensch tritt in mein Leben und konfrontiert mich – mit mir. Da diese Konfrontation (mit mir), die der andere heraufbeschwört, für mich nicht nur angenehm ist, denn er zeigt mir Seiten von mir, die ich weder kenne noch kennenlernen will, tritt ein Mechanismus auf den Plan, den die Psychologen «Projektion» nennen: Wann immer ich in der Beziehung etwas Unangenehmes in mir finde, projiziere ich es zur Gegenseite hinüber, denn dort kann ich es – als vermeintlich von mir getrennt und dem anderen zugehörig – besser betrachten.

Leider bleibt es jedoch nicht beim Betrachten!

Weil das, was ich – von mir – beim anderen sehe, mir nicht gefällt, beginnt jetzt eine Zeit der Ablehnung. Ich lehne mich nicht mehr an den anderen an, sondern ich «lehne» mich von ihm ab (von ihm weg). Gott sei Dank, so denke ich, bin ich nicht so wie er. Das aber ist der Irrtum.

Und so hat jede Beziehung die Ablehnung bereits in sich eingebaut. Wenn in esoterischen Kreisen behauptet wird, der andere sei nur mein Spiegel, so darf das durchaus wörtlich genommen werden. Und insofern ist die Waage-Zeit die große Zeit der «Spiegelungen».

Betrachten wir einmal folgende beiden Bilder: Zwei Menschen stehen sich gegenüber und schauen sich in die Augen. Sie fühlen sich (1. Bild) partnerschaftlich (und oft auch in

tiefer Liebe) verbunden. Sie haben sich gesucht und gefunden und sind in Vertrauen und Liebe (jedenfalls mehr oder weniger) füreinander entbrannt. Je länger sie sich gegenüberstehen, je länger die Beziehung dauert und je länger sie sich anschauen, desto mehr nimmt der andere die jeweils eigenen Konturen und Charakterzüge an. Und ich die seinen. Er wird wie ich. Und ich werde wie er. Der andere zeigt mir jene Seite an mir, die ich nicht sehen kann und – wie schon gesagt – auch nicht sehen will. Warum das geschieht? Damit ich (an ihm und durch ihn) diese Seiten von mir kennenlernen und als zu mir gehörig annehmen lernen kann.

Weil ich das jedoch sehr lange Zeit nicht sehen kann und will, rücke ich (mehr oder weniger) von ihm weg, und ein Riß (2. Bild) geht durch unsere Beziehung. Die gleichen Menschen, die vorher nur Geigen im Hintergrund hatten, haben jetzt ein Schwert im Vordergrund ihrer Beziehung, und ein Abgrund des Mißtrauens tut sich vor ihnen auf.

In sehr vielen Fällen wird an dieser Stelle die Beziehung beendet. Beide gehen auf ihrer Seite davon. Beide wissen: Der andere war unerträglich. Beide sind – mehr oder weniger – verletzt. Und beide haben den Punkt verfehlt, der da lautet: Du hast in den Spiegel geschaut und dich selbst gesehen. Und davor – nur davor – bist du weggelaufen. Und beide hoffen jetzt darauf: Es wird ein neuer Partner kommen, und mit ihm wird es dann anders sein. Und beide wissen nicht, daß das, was sie gerade erlebt haben, die einzige Form der Beziehung ist, die es überhaupt gibt.

Was also verlangt die Waage-Wegezeit?

Nun, natürlich nicht, daß man nie mehr auseinandergehen darf und daß man in jeder Beziehung bleiben muß – auf Biegen oder Brechen.

Nein. Sie verlangt, daß ich mich dem anderen stelle. Daß ich mich mit dem anderen auseinandersetze und in der Konfrontation mit ihm ein Stück von mir finde. Und daß ich die

Mechanik verstehe, die da lautet: Auf die erste Annäherung (Verliebtheit) folgt immer eine Auseinandersetzung (Ablehnung), und erst wenn ich mich ihr stelle (und bleibe), folgt eine zweite Annäherung und damit (zwar der Verlust der Verliebtheit, aber) ein Gewinn von mehr Nähe.

Die Waage-Ortezeit

Die Auslösungen der Venus als die Höhepunkte der Waage-Wegezeit haben wir schon einmal im Zeichen Stier vorgefunden, und insofern gilt unser Passus über Doppelplaneten, den der Leser (als Kleingedrucktes) noch einmal bei der Jungfrau-Ortezeit nachlesen kann.

In der Waage-Periode markiert die Venus-Auslösung jene Stellen, in denen die Begegnungen stattfinden: jene Begegnungen also, mit denen ich in eine Auseinandersetzung treten soll. Ein Partner (Liebes-, Geschäfts-, Sport-, Sammlerpartner etc.) taucht auf, der mich äußerlich oder innerlich ein großes Stück des Weges begleitet und an dem ich viele Figuren meines Lebens kennenlernen kann und soll. Damit der Leser sich nicht allzu große Pappkameraden für seine nächste Venus-Auslösung ins Wohnzimmer stellt, sei folgendes angemerkt: Diese Beziehung, die die Venus heraufbeschwört, muß nicht sehr lange dauern. Ich habe – in Beratungen – schon von Begegnungen gehört, die waren *im* Außen nach drei Wochen beendet, aber im Inneren wirkten sie weiter. Sie waren zwar beendet – aber nicht gelöst! Mit anderen Worten, wir finden hier oft *Beziehungen*, die lange beendet sind, die aber in *Bindungen* eingemündet sind, die noch viele Jahre (im Guten wie im Bösen) weiterliefen und das Leben mit Energien versorgten.

Und Binde-Energien haben (tief in sich) immer eine doppelte Kraft. Wie ein Fluß, in den ich hineinversetzt worden bin, können mich die Energien (auch lange nach Beendigung der Beziehung) tragen – wenn ich mich dem Fluß anvertraue.

Oder sie können mich hindern, wenn ich mit aller Kraft (flußaufwärts) in eine andere Richtung will – oder gar, wenn ich ihn verlassen möchte.

Insofern müssen wir bei der Waage-Ortezeit sehr genau prüfen, wie verhält sich der betreffende Mensch in seinen Beziehungen? (Man prüft das am besten an bereits vergangenen Beziehungen.) Kämpft er noch immer gegen den Strom, und trägt er seiner alten Beziehung noch etwas nach (oder hat er noch ein Schuldgefühl dieser Beziehung gegenüber), oder ist er schon bereit, den Strom der früheren Beziehung als einen Kraftstrom zu nehmen und mit ihm zu fließen?

Die Skorpion-Wegezeit

In dieser Zeitperiode befindet sich der Mensch im Banne einer geistigen Wesenheit, die ihm etwas vorgaukelt, was er unbedingt verwirklichen sollte. Er ist gebannt von einer Idee, von einer Vorstellung davon, wie sein Leben, seine Partnerschaften, seine Kinder usw. eigentlich sein sollten, und er ist bereit, sehr viel dafür zu tun, dieser geistigen Wesenheit alle Kraft (für die Verwirklichung dieser Idee) zur Verfügung zu stellen; ihr also freiwillig sehr viel Lebenskraft zu überlassen.

Es ist also eine Zeit für eigenartige Tauschgeschäfte: Ich *gebe* sehr viel – Lebenskraft –, und es besteht nicht die geringste Chance, etwas zurückzubekommen.

Warum? Weil das, was ich bekommen möchte, gar nicht existiert! Anders gesagt: Ich investiere in dieser Zeit gern in etwas Totes. Denn eine Idee, eine Vorstellung, ist nichts anderes als eine *geistige* Wesenheit, die nicht lebt und niemals leben wird! (Und auch noch nie in der Vergangenheit von irgendeinem Menschen zum Leben erweckt worden ist!)

So ist es bisher mit allen Utopien gewesen – mit den großen wie den kleinen: Der Mensch hat bisher deshalb noch nie eine aufgeschriebene und anvisierte Utopie (bis hin zum Kommunismus) verwirklichen können, weil Utopien ebenfalls nur etwas Ausgedachtes (und nichts Lebendiges) in sich tragen. Es läuft immer auf den Versuch hinaus, einer Figur aus Menschenhand (oder Menschengeist) Leben einzuhauchen.

Das aber ist uns Menschen nicht gegeben!

Nehmen wir ein einfaches Beispiel: Eine Frau sitzt mit ihrem Mann in einer Partnerschaftsberatung, weil sie gern möchte, daß ihr Mann sich «seelisch entwickelt» (damit meinte sie, so wie sie): daß er Seminare, Workshops und Therapien mache, so wie sie. Aber irgendwie will er das nicht. Er ist ein herzensguter Mensch, ein einfacher Handwerker und treusorgender Familienvater. Aber seine Frau ist unglücklich mit ihm, weil er ihr in die höheren geistigen Regionen nicht zu folgen vermag. Nachdem ich ihr klarmache, daß es sich um ihre Probleme, um ihre Unzufriedenheit, um ihre Vorstellungen handelt, die sich vom Leben (auch vom Familienleben) entfernt haben, und daß nicht etwa er sich zu ändern hätte, sondern daß sie sich im Banne einer Skorpion-Wegezeit befände, verläßt sie empört den Tisch mit den Worten: «Eine Beratung bei Ihnen habe ich mir anders vorgestellt!»

Und so ist es immer: Man stellt sich etwas anderes vor als das, was das Leben einem jetzt gerade präsentiert. Und man investiert nicht etwa in das Leben, sondern nur in seine «Vorstellung vom Leben».

Es ist dies eine schleichende Form des Selbstmordes, der das Leben nur nicht abrupt zu einem Ende bringt, sondern der Stück für Stück das Leben eintauscht gegen etwas sehr Blutarmes und Lebloses. Wenn auch diese Blutarmut unter den schönsten äußeren Namen firmiert:

Vor einigen Jahren gab es auf Straßenfesten und Flohmärkten merkwürdig graue Menschen mit einem hölzernen Bauchladen. Aus ihm heraus verkauften sie grautrübe Teigklumpen, die aus absolut ökologisch-biodynamisch wertvollen Getreidearten (ohne Zucker, Konservierungstoffe und andere gefährliche Substanzen) gebacken waren und grauslig schmeckten. Von ihren Verkäufern wurden sie «Glücksbällchen» oder «Kraftbällchen» genannt. Und jeder, der gerade seine Currywurst aß und diese Bällchen nicht kaufte, hatte noch Stunden danach ein schlechtes Gewissen.

Was also erwartet diese Zeitperiode von mir?

Sie möchte, daß ich mich an eine Idee binde, daß ich bereit bin, für eine *Vorstellung* (von was auch immer) einen großen Teil der Fülle meines Lebens zu opfern. In dieser Zeit wird immer «Fülle des Lebens» eingetauscht gegen «Vorstellung von einem noch besseren Leben» – aber das zweite realisiert sich nie. Das aber kann ich erst im nachhinein wahrnehmen und erkennen – und auch den Preis, den ich dafür bezahlt habe.

Am Ende dieses Höhenfluges steht – wenn ich offen genug bin – eine Erkenntnis und eine neue Bescheidenheit. Und dann hat es sich gelohnt. Denn ich kann jetzt das Leben besser wahrnehmen als das, was es ist: ein Geschenk, das zu *nehmen* sich lohnt.

Die Skorpion-Ortezeit

Die Auslösungen des Pluto als Höhepunkte der Skorpion-Wegezeit werden in der astrologischen Literatur gründlich mißverstanden: Hier scheint der Pluto immer umgeben von einer Aura des Gewaltförmigen, und in seinen Beschreibungen wimmelt es geradezu von Blut, Gewalt und Macht. Zugegeben, dieser Eindruck könnte in seltenen Fällen entstehen, aber auch wenn Gewalt im Spiel ist, so ist das niemals eine Handlungsweise des Pluto – denn er kann nicht handeln! Er ist eine rein geistige Potenz, er ist, wenn man so will, ein geistiger Unruhestifter.

Er ist der Karl Marx des Lebens, der den anderen (Innen-)

Personen zuflüstert: «Du mußt das Leben nicht nur verstehen, sondern du mußt es verändern! Und ich sage dir auch, wie!» So spricht er, und dann zieht er sich zurück in seine innere Bibliothek und läßt die anderen machen.

Nehmen wir ein ganz normales Beispiel: Eine Frau wird schwanger, d. h. in ihr entsteht und regt sich neues (lebendiges) Leben. Ihr Mond, also ihre innere Mutter, wird angesprochen und will gebären. Aber angenommen, die Frau hat einen Mond-Pluto-Aspekt, dann könnte der Pluto ihr zuraunen: «Es paßt gerade überhaupt nicht!» oder: «Mit diesem Mann willst du doch kein Kind haben?» oder (als sehr beliebtes Motiv): «In diese Welt, die bereits so zerstört ist, noch ein Kind hineinzusetzen ist im höchsten Maße (auch für das Kind) verantwortungslos!»

Hat er diese Bilder einmal in die Seele hineingesenkt und verankert, so kann er den Rest getrost den anderen inneren Personen überlassen. Sie wissen jetzt schon, was zu tun ist. Und diese anderen vollführen eine Abtreibung, üben also eine tödliche Gewalt über das Ungeborene aus.

Pluto hat nur – wie weiland Mephisto – die Worte: «Drum besser wär's, daß nichts entstünde» eingepflanzt.

Es ist also wichtig, daß wir verstehen: Er tut nie etwas, er kann nicht handeln, er kann nur einflüstern, und er senkt Ideen in die Köpfe der Menschen, die der Mensch dann ganz eigenständig versucht zu erfüllen.

Die Skorpion-Ortezeit trägt also immer die *Geburt einer Idee* in sich, zusammen mit dem Impuls, die Idee auch zu verwirklichen. Plutos liebste Idee ist die Idee der «Verbesserung» (auch der «Veränderung»), und damit packt er uns alle. Denn was – um alles in der Welt – kann wichtiger (und harmloser) sein, als sich zu verändern oder zu verbessern? Wie sagt Bert Hellinger: «Man kann manche Menschen nicht davon abhalten, die Brandfackel des Guten in die Heuhaufen der Welt zu werfen.»

Was also kann man tun, wenn eine Pluto-Ortezeit sich nähert?

Kann man dem Impuls der Idee widerstehen? Sollte man ihm widerstehen?

Die Antwort ist in beiden Fällen: Nein.

Die Schütze-Wegezeit

In dieser Zeitperiode findet der Mensch in seinem Inneren ein geistiges Ringen und ein geistiges Suchen vor. In der Tiefe der Seele geht dieses Suchen auf den «Sinn» des Lebens, wenn es sich auch auf der Oberfläche um ein ganz anderes Suchen handeln mag. Immer ist diese Suche begleitet von einem Wunsch nach Weite, nach Glück, nach Fülle und nach «Erfüllung». Wieder, wie schon in der Skorpion-Wegezeit, steht im Zentrum des Prinzips etwas Geistiges. (So nennen sich manche Menschen, die sich ihr ganzes Leben lang in diesem Prinzip aufhalten, eben auch «Geistliche».) Doch im Gegensatz zum Skorpion-Thema ist das Geistige (oder die Idee) hier nicht das *Ziel* des Weges, sondern nur das *Werkzeug* des Wanderns.

So wünscht sich dieses Periode, daß man geistig tätig wird, und sie achtet darauf, daß man geistig-suchend wandert. Und die jeweiligen Ziele sind hier keine Endpunkte (die realisiert werden müßten, und dann wäre alles gut), sondern nur Kilometersteine auf einem *weiten* Weg. Wir finden in dieser geistigen Periode eine gewisse Ruhelosigkeit, denn jeder erreichte Wegabschnitt ist nicht ein Anlaß zum Ausruhen, sondern Ansporn zum Weitergehen.

Das große Mißverständnis, das sich in dieser Zeit mit Regelmäßigkeit einstellt, besteht darin, daß man in dieser Periode glaubt, es ginge um Äußeres und man müsse Ziele im Außen erreichen. Ebenso findet immer eine Verwechslung zwischen Subjekt und Objekt statt.

Damit ist folgender Sachverhalt gemeint: Ein Mensch, der in dieser Periode ist, glaubt, er müsse *im Außen* etwas erreichen.

Zum Beispiel Glück, Fülle, Erkenntnisse und Einsichten über andere Menschen oder die äußere Welt. In Wahrheit aber geht es um etwas Inneres, nämlich um die «Befiederung der Seele» (wie Platon es ausdrückte). Des weiteren glauben Menschen, die auf diesem Weg sind, es ginge darum, die Seele *des Anderen* zu erreichen und sie zu läutern oder sie zu erlösen. Das aber ist ein vollständig aberwitziges Unterfangen, das entweder in das eigene Versagen hinab oder in den eigenen Größenwahn hinauf führt. Es geht in dieser Zeit immer um eine «Befiederung der *eigenen* Seele». Anders gesagt: Das Objekt des Weges bin immer ich selbst.

Somit geht es in dieser Periode also um das Thema der Erinnerung, und dieses Wort meint: die Rückkehr in das eigene Innere. So gesehen ist es auch eine therapeutische Periode, denn «Therapie» ist nur ein anderer Name für: dem Außen für eine gewisse Zeit den Rücken zuzukehren und in das Innere (woher ich komme) zurückzukehren.

Sinn, Glück und Fülle stellen sich erst dann ein, wenn ich meinem eigenen Inneren einen festen Platz in der Anschauung einräume und wenn alles, was ich dort im Inneren finde, einen *guten Platz* in mir hat. Die Suche nach dem «Sinn des Lebens» kommt also nie ans Ziel, obwohl die Suchenden das immer wieder glauben möchten (mal wieder eine Idee des vorherigen Zeichens).

Schütze-Zeitperioden geben mir immer die große Chance, etwas über mich zu begreifen und mich mehr – in mir – zu finden. Freilich ist auch hier die Gefahr des Stolperns groß, wenn ich auch diese Gefahr selten bemerke. Sie besteht nämlich darin, daß ich das *Begriffene* nicht bei mir lasse und als *meine* Wahrheit betrachte und hüte, sondern daß ich mit dieser Wahrheit jetzt als geistiger Verkünder durch die Welt laufe und sie – die Wahrheit – anderen predigen möchte.

Und zwar meist, ohne daß ich von ihnen darum gebeten würde.

Die Schütze-Ortezeit

Jupiter-Auslösungen als Höhepunkte der Schütze-Wegezeit geben mir einen wichtigen geistigen Impuls in Richtung auf das «Erkenne dich selbst». Manche Menschen finden hier eine Sinnperspektive für den Rest ihres Lebens.

In den weitaus meisten Fällen merkt man diese Auslösungen gar nicht und hat also kaum Anlaß, darüber nachzudenken oder sich Sorgen zu machen. So wie der Mensch durch das Gute und Positive nur sehr selten zu der Frage verführt wird: Warum ausgerechnet geschieht das Gute gerade mir?

Manchmal aber, besonders wenn Jupiter zwischen dem 35. und dem 49. Lebensjahr angetroffen wird, stellt er eine Frage, auf die der Mensch noch nicht vorbereitet ist. Nämlich: Du hast jetzt einen Beruf gelernt, hast eine Ehe (oder gar drei) geschlossen, mehrere Kinder gezeugt usw., aber war es das jetzt? War es das, was du dir für dein Leben erträumt hattest? Und jetzt schickt Jupiter dich auf die Suche nach dem Sinn. Wichtig ist, zu begreifen, daß er dich nicht in die Lebenskrise (midlife-crisis) hineinträgt – das besorgt der Uranus –, sondern daß Jupiter, wenn die Lebenskrise herannaht, für die neue Sinnsuche Kräfte bereitstellt. Und daß er die Stimme der Verzweiflung zu übertönen vermag, indem er dir einen geistigen Rettungsanker zuwirft. Er stellt also neuen Mut zur Verfügung, mit der Suche zu beginnen.

Jupiter-Auslösungen erweisen sich somit als Kraftquellen, die entweder unmerklich sind, (da man sich über sie keine Gedanken machen muß) oder sie geben den Triebwerken der Seele in den Momenten, in denen sie vom Absturz bedroht ist, einen neuen Schub. Sie sind das, was man in der Fliegerei einen Nachbrenner nennt. Hat man allerdings bereits genügend Schub, so kann eine Jupiter-Auslösung dafür sorgen, daß der Mensch – mit diesem zusätzlichen Schub – in die Höhen des Größenwahns hinaufgeschossen wird. Er wird dann für alle, die auf der Erde geblieben sind, unerträglich.

Die Steinbock-Wegezeit

In dieser Zeitperiode finden wir die *Gesetze des Schicksals* vor, und zwar ganz im Gegensatz zu dem vorherigen Zeichen (Schütze) sind hier erst einmal die sieben mageren Jahre beheimatet. Es ist die schon vorher beschriebene *karge* Landschaft, in der es nichts zu lachen gibt. In diesem Land geht es um die Ordnung des Lebens. So wie Moses vom Berge Sinai herabstieg und dem jüdischen Volk die zehn Gebote brachte, die mehr oder weniger aus einem «Du darfst nicht...» bestanden, so präsentiert die Steinbock-Wegezeit dem Menschen jene ordnenden Gesetze, die der Mensch bereits lange vorher übertreten hat und deren Übertretung für ihn zum Normalen geworden ist.

Denn heute, so will es scheinen, darf ein jeder begehren seines Nächsten Weib, und auch das Ehren der Eltern scheint einer ziemlich antiquierten Epoche entsprungen zu sein. Anything goes, so sagt man heute gern oder «Gib Gas, ich will Spaß», und man ist nicht bereit, die Konsequenzen für die daraus resultierenden Handlungen zu übernehmen.

Nun, wir müssen das ja auch nicht (freiwillig) tun, denn in die Steinbock-Periode ist ein derartiges Regelwerk in das Innere der Zeit bereits eingebaut: Sie kommt nämlich dann daher und hat das Amt, all jene Dinge, die von mir in eine Unordnung gebracht worden sind, in die Ordnung zurückzuregeln. Daß das fast nie ohne ein Wehklagen auf meiner Seite geschieht, liegt daran, daß ich die Unordnung bereits für die Ordnung halte.

Da ich das Wort «Gesetz» nur aus einem Kriminalroman von Mickey Spillane («Das Gesetz bin ich») kannte und den «Prozeß» für einen Roman Kafkas hielt, weiß ich gar nicht, was das Schicksal – das mir gerade den «Prozeß» macht – eigentlich von mir will.

Aber in der Steinbock-Zeit wird mir tatsächlich der «Prozeß» gemacht (von *procedere* – voranschreiten), und die Hauptregel dieses Prozesses lautet: Auge um Auge!

Eine Frau beklagt sich in einer Beratung bitterlich darüber, daß ihr Mann sie gerade verlassen habe und zu einer anderen gegangen sei. Und sie ist außer sich vor Kummer und Schmerz. Auf mein Nachfragen, wie denn die Beziehung zu ihrem Ehemann begonnen habe, erklärt sie mit großer Selbstverständlichkeit, daß sie – damals verheiratet – sich in ihn verliebt und daraufhin ihren ersten Ehemann verlassen habe. Auf meinen Einwand, jetzt würde ihr der Prozeß gemacht (sie sei in einer Steinbock-Periode), denn er habe sie damals gar nicht nehmen dürfen, da sie gar nicht frei war, schaut sie mich verständnislos an. Zu ihrer «Beruhigung» sage ich ihr, daß er mit der neuen Frau auch nicht glücklich würde, denn er sei ja gar nicht frei gewesen. Da freut sie sich. Manche Menschen freuen sich über jede Verstrickung.

Es geht also in dieser Zeit um den Prozeß, die alten Verstrickungen zu lösen und damit wieder in das Gesetz (in die Ordnung) zurückzufallen. Die «Schicksalsschläge», die mit dieser Zeit einhergehen, sind gleichsam Regularien, also notwendige Korrekturschritte, die deshalb erforderlich sind, weil so gut wie niemand freiwillig in das Gesetz zurückgeht. Und es ist in der Tat jedes Mal ein Rückschritt erforderlich, weil wir uns (sei es nach vorn, sei es nach hinten) aus der Ordnung entfernt haben.

Die Worte «Ordnung» oder «Gesetz» enthalten ja für uns Heutige immer etwas Altbackenes, etwas, über das wir uns ja schon lange erhaben fühlen. Deshalb muß man für unsere Zeit wissen: Gesetz und Ordnung haben nichts zu tun mit gesellschaftlicher Moral, dem bürgerlichen Gesetzbuch oder anderen kulturellen Ausformungen, sondern sie haben zu tun mit der Tiefe der Seele. Die Seele nämlich wird von diesen Gesetzen regiert, und in der Seele hat sich seit der Zeit Moses' nicht ein Jota verändert.

Insofern ist die Steinbock-Zeit nur dem Inneren der Seele

verpflichtet. Ihr den Frieden zurückzugeben bedarf es mitunter drastischer Korrekturen. Weigert sich der Mensch, der in seinem Kopf und in seinem Bauch andere Bilder und Vorstellungen von «Ordnung» vorfindet, so wird es in dieser Zeit für ihn schwer, denn er hat schwer an den äußeren Ausdrucksformen dieser Korrektur-Zeit zu leiden. Begreift der Mensch jedoch, daß dieses Zurückregeln zum Besten seiner Seele geschieht, so wird ihm ein wenig leichter. Und er steht am Ende dieser Zeit da als einer, der reifer geworden ist, und als einer, der mehr die Verantwortung und die Konsequenzen seines Tun zu überschauen vermag.

Die Steinbock-Ortezeit

Die Auslösungen des Saturn als Höhepunkte der Steinbock-Wegezeit sind jene Orte in der Zeit, da bekomme ich – als Ergebnis eines «Prozesses» – das Urteil präsentiert.

Man darf sich das ein bißchen vorstellen wie damals in der Schule: Anstatt sich mit Mathematik zu beschäftigen (oder jenem Fach, in dem man sehr schwach war), ist man lieber ins Schwimmbad gegangen oder hat andere, erfreulichere Dinge getan. Als es dann – sehr viel später – die Zeugnisse gab, wurde das Urteil verkündet: «Mangelhaft». (Sic!) So manch einer wurde dann nicht versetzt und mußte (eine Klasse) zurück.

In der «Schule des Lebens» ist es ganz ähnlich, mit dem Unterschied, daß wir das «Klassenziel» einer Zeitperiode nicht kennen, da uns die Kenntnis über die «Ordnungen des Lebens» abhanden gekommen ist und wir zusätzlich über das Lernfach «Schicksal» so unsere eigenen Ansichten haben. Wir glauben nämlich meist, daß wir dieses Fach (wie in der Schule) «abgewählt» haben, und tun dann so, als ob es eine derartige Gestalt in unserem Leben nicht gäbe. Das aber ist ein Irrtum, wie sich an den «Urteilen» dieser Gestalt leicht zeigen läßt.

Leider gibt es – im Leben – keinen *direkten* Bezug vom «Urteil», das ich erleide, zur «Verwicklung», die das Urteil erst heraufbeschworen hat. Und das «Auge um Auge» darf auch nicht allzu wörtlich genommen werden, denn es ist nur *symbolisch* gemeint. So wie alle Urteile nur symbolisch ergehen.

Saturn-Auslösungen sind somit Rückzahlungen, gemäß dem Ratenzahlungsabkommen: Buy now – pay later.

Ich habe immer etwas gekauft, was mir nicht zustand, weil ich es mir zum Zeitpunkt des Kaufes gar nicht leisten konnte. Ich hätte es also nicht kaufen dürfen. («Aber, mein Gott! Die anderen machen's doch auch?») Saturn-Auslösungen präsentieren mir jetzt den Zwang, zurückzahlen zu müssen: körperlich, seelisch oder geistig.

Insofern sind sie keine Strafen, wie der Mensch es bei Schicksalsschlägen gern glaubt, keine «Strafen des Schicksals» (etwas Derartiges gibt es nicht), sondern nur der Versuch, die ausstehenden Raten einzutreiben – mitunter alle auf einmal.

Das tut weh! Es bemißt sich aber immer an der Größe des unrechtmäßig Angemaßten. Derartige «Rückzahlungen» sind deshalb heilsam, weil jetzt die Seele ein Gefühl dafür entwickelt, daß sie in Zukunft vorsichtiger mit Ratenzahlungsgeschäften umgehen sollte. Oder wie ein Satz aus dem Talmud es ausdrückt: Weise ist der Mensch, der die Konsequenzen einer Handlung vorher überblickt. Nur so wird man allmählich durch Schaden klug.

Anmerkung am Rande: Noch nie ist ein Mensch ohne Schaden klug geworden.

Noch eine Anmerkung: Die Höhe der Rückzahlung entspricht selbstverständlich immer der Höhe der Schulden.

Die Wassermann-Wegezeit

In dieser Zeitperiode finden wir uns ebenfalls (wie schon in der Steinbock-Zeit) eingebunden in das Gewebe des Schicksals, und auch diese Periode ist von uns Menschen weder vorhersehbar noch steuerbar: Es geschieht einfach!

Es ist dies eine Periode des *Herausgestelltseins*: In die ehedem sicheren Gefüge, in die wir uns eingebunden glaubten (Ehe, Beruf, Wohnen, Meinungen, Theorien etc.) und in denen wir auch den Rest unseres Lebens zubringen wollten, mischt sich eine – erst einmal fremde – Kraft und lockert dieses alte Gefüge bis zu jener Stelle, an der wir in ihm keinen Halt mehr finden. Das lange Jahre sichere Gespinst, in dem wir zu Hause waren, löst sich auf, und jetzt versuchen wir händeringend, doch noch einen Halt zu finden. Aber die fremde Kraft (des Schicksals) ist unerbittlich: Alles gerät ins Wanken und ins Rutschen.

Und das Herausgehobenwerden geschieht!

Manchmal langsam, es deutet sich dann schon Wochen vorher an, wie das Beispiel unseres Bankangestellten auf der Seite 23 zeigt, der schon drei Monate vorher wußte, daß etwas im Busch ist, und den die Ängste bereits gepackt hatten. Manchmal schnell, von heute auf morgen, wie bei der amerikanischen Methode der Entlassungen: Morgens war noch alles in Ordnung – Schnitt – Mittags ist mein Schreibtisch bereits leer, und ich stehe mit einem Karton vor der Tür.

Da Wassermann-Uranus in sich das Symbol des Vogelfluges trägt, erzähle ich meiner Frau beim Heimkommen resigniert: Heute bin ich geflogen!

Eigenartiges «Herausgehobensein», denkt jetzt der Leser, der es garantiert anders nennen würde.

Dahinter liegt folgendes Bild: Der Mensch, der sich der

Wassermann-Wegezeit nähert, befindet sich auf einer Geraden, in einer ebenen Landschaft seines Lebens. Sein Leben ist geordnet, überschaubar und einigermaßen sicher, und er schreitet durch die Lebenszeit weiter nach vorn. Mit Beginn der Wassermann-Wegezeit geht es auf einmal leicht bergab. Und dann geht es noch mehr bergab.

Und jetzt ängstigt sich der Mensch schon sehr, weil er merkt, er bewegt sich auf einen Abgrund zu. Abgrund aber heißt hier: Eine Sicherheit, die er für sein Leben für unverzichtbar hielt, zerbröckelt. Körperlich, seelisch oder geistig! Und je nachdem, wie groß die Angst des Menschen vor dem Verlust dieser Sicherheit ist, desto mehr bedroht ihn das tiefe Loch, auf das er sich unaufhaltsam zu bewegt. Und in dem er zu verschwinden droht.

Für den Rest, der jetzt folgt, gibt es zwei mögliche Szenarien:

Das erste (und häufigste): Der Mensch versucht sich umzuwenden und beginnt – panisch – die steilen Wände wieder emporzukraxeln. Aber wie sehr er sich auch anstrengt, es gibt (natürlich) kein Zurück. Im Gegenteil, mit dem Rücken zum Abgrund rutscht er mehr und mehr ab, und seine Panik nimmt zu. Und irgendwann fällt er trotzdem in den Schlund hinein. (Er wird entlassen. Seine Frau trennt sich von ihm. Sein Sohn verschwindet im Fixer-Milieu. Seine gesamten Ersparnisse sausen mitsamt seinen Aktien in den Keller. Die Kripo steht vor der Tür usw.)

Aber, o Wunder: Er zerschellt nirgends. Er fliegt einfach ins Ungewisse. Er fliegt! Und irgendwann landet er auch wieder.

Das zweite (und sehr viel seltenere) Szenarium: Man sieht den Abgrund. Man weiß, daß sich eine Uranus-Auslösung nähert, und man sagt sich: Na gut! Dann fliege ich halt. Man geht sehenden Auges auf den Abgrund zu und breitet seine Arme aus. Man fliegt! Und man weiß, man wird auch wieder landen.

Freilich, einen derartigen Mut und eine derartige Gewißheit bringt man erst auf, wenn man schon einige Male geflogen ist und schon einigen anderen Menschen beim Fliegen (sprich: bei einer Uranus-Auslösung) zugeschaut hat.

«Herausgehoben» bin ich im Moment des Fliegens.

Als der Autor dieser Zeilen seine direkte Uranus-Auslösung hatte, schrieb er gerade ein Astrologie-Buch (sein erstes). Da der Uranus bei mir im dritten Quadranten steht, war es also ein geistiges Herausgehobensein. Wo wurde ich herausgehoben? Nun, aus der Sicherheit der Universität und einer universitären Karriere. Denn damit war es jetzt ein für allemal aus. Aber das wußte ich. Ich ging also sehenden Auges in diesen Abgrund. Ein (akademischer) Rezensent schrieb meinen universitären Abgesang: «Peter Orban hat einmal ein sehr spannendes Buch geschrieben (damit meinte er mein erstes Buch: „Sozialisation«, 1973), jetzt aber, nach der Lektüre seines neuesten Buches, sieht man: Der Autor ist vollkommen auf den Hund gekommen.» Der Mann hatte recht!

Derartige Zeiten haben einen tiefen Hintergrund: Sie wollen mich lösen (herausheben) aus Abhängigkeiten, die schon lange alt und überkommen gewesen sind. Sie wollen mich zu mehr Eigenständigkeit, mehr Unabhängigkeit und mehr Freiheit führen – allerdings meist um den Preis, daß es vorher sehr weh tut.

Die Wassermann-Ortezeit

Die Auslösungen des Uranus als Höhepunkte der Wassermann-Wegezeit sind jene «Löcher», jene «Abgründe» im Gewebe des Lebens, die unser Bild auf S. 103 zeigt.

Man stürzt hinein – und wird (nachdem das Jammern beendet ist) ein wenig erwachsener.

Der Schmerz und das Jammern können allerdings einige Monate (auch Jahre) anhalten, je nachdem, wie sehr der Mensch an seinen vorherigen Sicherheiten festgehalten hat.

Es gibt darüber hinaus einige (wenige) Menschen, die machen jetzt aus ihrem Kummer eine neue Sicherheit. Das heißt, sie halten lieber an dem Verlust fest und verbittern dem Leben gegenüber. Es ist dies eine weitere Möglichkeit, dem Erwachsenwerden zu entgehen.

Blickt man den Uranus-Auslösungen tief genug ins Antlitz, so wird man schnell merken, daß in ihrem Hintergrund immer eine Lösung (eine Ablösung) aus den elterlichen Verstrickungen wartet: eine Lösung vom Vater, eine Lösung von der Mutter – und zwar in Respekt und Liebe.

Die Fische-Wegezeit

In dieser Zeitperiode geht es um eine Hinwendung zu einer *anderen Welt*. Einer Welt, die neben unserer realen Welt existiert. Es ist dies die Welt des Traums, des Schlafes, die Welt der Illusionen, die Welt der Engel und die Welt der Täuschungen. All diese Namen treffen freilich das Phänomen, um das es in dieser Zeit geht, nur an der Peripherie – und nicht im Zentrum. Denn wieder ist es eine Zeit, in der die großen Schicksalsgestalten das Sagen haben und in der der (kleine) Mensch nur ehrfürchtig zu lauschen, aber nicht einzugreifen vermag. In dieser Zeit ist die Verfügbarkeit der realen Welt (und sind die Arbeitsmöglichkeiten an ihr) auf ein Minimum reduziert. Und der beste Rat, den man hier – als Astrologe – erteilen darf, ist der: nichts zu tun. Aber da der Mensch dieses Nichtstun auch nur sehr eingeschränkt zu tun in der Lage ist (denn es handelt sich ja um ein Paradoxon), muß man wissen, daß das eigene Tun in dieser Zeit keinen Einfluß auf das Ergebnis einer Handlung hat. Keinen!

Natürlich ist das frustrierend. Der Mensch, der es gewohnt ist, die Dinge der Welt mit seinen Händen oder mit seinem Geist zu bearbeiten, steht auf einmal da, und nichts funktioniert mehr so, wie es vorher noch funktioniert hat. Manchmal entsteht das Gefühl, was immer man anfaßt, löst sich unter der Hand zu Nebel auf. Nur noch das Nicht-Beabsichtigte findet statt.

Es ist wie mit diesen alten Schloßgespenstern. Legt man sich auf die Lauer, um sie zu ertappen (oder sie seinen Freunden zu zeigen), so erscheinen sie nicht. Erst wenn man sich resigniert abwendet und noch das Lachen der Freunde im Ohr hat, sind sie alle wieder da.

Die «Welt hinter der Welt» verläuft eben nach ganz eigenen Gesetzen, die sich von denen der Menschenwelt gravierend unterscheiden. Genau wie die beiden vorherigen Zeiten (Steinbock und Wassermann) steht auch die Fische-Wegezeit unter der Regentschaft des Schicksals, und dieses geht so sehr seine eigenen Wege, daß der Mensch demgegenüber eine tiefe Ohnmacht verspürt. Das menschliche Ego wird nämlich hier an die Ränder der eigenen Nichtigkeit herangeführt und merkt sehr schnell, wer hier eigentlich die Fäden zieht: eine höhere Macht.

Es ist dies nämlich in der Tiefe der Seele auch eine *Zeit der Engel*. Aber bevor der Leser jetzt in irgendwelche esoterischen Gemischtwarenläden abdriftet («Engel» im Regal nach «Aura Soma» und links von «Reiki»): Die Engel, die hier gemeint sind, sind die in der *eigenen Seele*. Und diese Engel haben einmal gelebt! Es sind jene Verstorbenen aus der eigenen Familie und Sippe, die in unserer Seele noch keinen guten Platz und damit keinen Frieden gefunden haben.

Und weil es auch hier immer wieder Mißverständnisse gibt, sei noch eine Anmerkung erlaubt. Diese «Engel» haben nichts zu tun mit den Seelen der Verstorbenen *draußen*. Ob mein (verstorbener) Großvater seinen Frieden gefunden hat – draußen –, darüber weiß ich nichts, und das geht mich nichts an. Ob er *in meiner Seele* Frieden gefunden hat, ist die alles entscheidende Frage. Findet er nämlich diesen Frieden in meiner Seele, dann hat meine Seele Ruh'. Insofern geht es immer um mich und nie um ihn.

Meinem Großvater draußen Frieden geben zu wollen ist dieselbe Form der Anmaßung und des Größenwahns, die Menschen dazu führt, ihnen vollständig unbekannten «erdgebundenen Seelen» den Weg «ins Licht» zu ebnen. Derartiger Mummenschanz schadet allerdings niemandem; er zeigt nur, daß meine eigene Seele mit einem «kosmischen» Helfer-Syndrom zu tun hat.

Und so geht es in diesen Perioden auch darum, sich noch einmal die Verstorbenen in meiner Seele anzuschauen. Das aber kann ich nicht im Außen (indem ich furchtbar viel tue), sondern zu diesem Zweck muß ich nach innen schauen und also die äußeren Augen für einige Zeit schließen.

«Handeln durch Nicht-Handeln» heißt nämlich eigentlich: Besinne dich auf das Innere und bearbeite dort – in der eigenen Seele – jene ungelösten Geschäfte, die deine Lebenskraft gefangenhalten. Gebe auch den Toten deiner Sippe den ihnen gebührenden Platz. Und löse die Gespenster, die in deinem Inneren herumspuken, endlich auf.

Was sind «Gespenster»?

Die Antwort ist sehr einfach: Es sind Lügen, Lebenslügen, Lügen, die du deiner Frau, deinen Kindern, deinem Chef, deinen Freunden und zuallererst dir selbst erzählt hast.

Lügen, die du beim vierundzwanzigsten Erzählen selbst für bare Münze nimmst (und also glaubst) und ihnen damit immer mehr Leben einhauchst. Irgendwann gewinnen sie eine eigene Gestalt und leben. Dann sind sie Gespenster.

Statt «Gespenst» kannst du auch sagen: Illusion, Täuschung, Schwärmerei usw.

Insofern ist die Fische-Wegezeit eben auch die Zeit, diesen Gespenstern eine Menge Kraft zu geben – aber auch, ihnen diese Kraft wieder zu entziehen.

Die Fische-Ortezeit

Neptun-Auslösungen als Höhepunkte der Fische-Wegezeit sind jene Orte in der Zeit, in denen entweder ein Geheimnis (ein Gespenst, eine Illusion, eine Täuschung usw.) *entsteht* oder in denen ein Geheimnis *vergeht*. Hier ist also der große Ort für die Lüge *oder* für die Wahrheit. Man muß sich also entscheiden, und eine Entscheidung für die Wahrheit tut immer weh – sehr weh.

Ich werde deshalb an einem Beispiel erzählen, welchen Preis es kostet, eine Lüge, ein Gespenst aufzulösen: Ein Mann kommt in eine Horoskopberatung, weil seine Frau gerade leicht psychotisch geworden ist (und freiwillig in die Psychiatrie ging) und er das Gefühl hat, er habe irgendwie damit zu tun, wisse aber nicht was. Er befindet sich in einer Neptun-Wegezeit.

Auf meine Frage, welches Gespenst in seinem Leben seine Ehe gefährde, weiß er gar nicht, was ich damit gemeint haben könne. Als ich ihn nach einer heimlichen Geliebten frage (bei verheirateten Männern häufig die erste Wahl für eine Lüge), verneint er leicht empört: Er habe seine Frau noch nie betrogen. Also suchen wir weiter. Erst nachdem ich ihm einige Beispiele für «Gespenster» gegeben habe, erzählt er mir folgende Geschichte: Da seine Ehe – nach 15 Jahren und drei Kindern – sexuell nicht mehr den rechten Reiz für ihn habe, kauft er sich einmal pro Woche ein Porno-Magazin und wählt aus den Abbildungen jene Frau für sich aus, die ihm am reizvollsten erscheint. Am Samstag dann, wenn er mit seiner Frau schläft, stellt er sich vor, es wäre nicht seine Frau, mit der er jetzt verkehrt, sondern jene Frau aus dem Porno-Magazin. Mit anderen Worten, er schläft zwar körperlich mit seiner Frau, seelisch und geistig jedoch betrügt er sie gleichzeitig mit jemand anderem.

Als ich ihn bat, sich einmal in seine Frau hineinzuversetzen und zu prüfen, wie sich das wohl anfühlen müsse: Ihr Mann schlafe mit ihr, aber sie kann deutlich spüren, daß irgend etwas faul ist, ja, daß sie eigentlich gar nicht gemeint ist, antwortete er: «Da muß man ja verrückt werden!»

Schwierig wurde es erst bei der Frage, wie man denn dieses Gespenst, dieses Phantom auflösen könne.

Meine Antwort: «Gespenster sind wie Luftballons. Man nimmt eine Nadel und sticht in sie hinein. Und bei ziemlich großen Luftballons fliegen einem die Fetzen ziemlich heftig um die Ohren.»

Er wußte sofort Bescheid. «Das kann ich nicht machen», sagte er. «Wenn ich ihr die Wahrheit erzähle, verläßt sie mich sofort.»

«Das kann sein», erwiderte ich ihm. «Es kann aber auch etwas ganz anderes sein. Man weiß es eben nie. Andererseits hat sie dich längst verlassen und ist in der Psychiatrie. Die Wahrheit könnte sie zumindest wieder gesund machen.»

Ich weiß nicht, wie der Mann sich entschieden hat, denn nach der Horoskopberatung sah ich ihn nie wieder. Aber der Leser sieht, welcher Preis manchmal gezahlt werden muß, um ein Gespenst aufzulösen. Je mehr Lebenskraft man hineingesteckt hat, desto mehr knallt es, wenn die Wahrheit ans Licht kommt. Und die *Angst vor dem Knall* bewirkt es, daß wir unsere Lügen am liebsten aufrechterhalten wollen. Noch etwas muß man wissen bei der Produktion eines Gespenstes. *Gespenster* (Lügen, Illusionen usw.) *trennen*. Jede Lüge zwischen zwei Menschen trennt die beiden.

Stellen wir uns vor, zwei Menschen sitzen auf einer Couch nebeneinander, und der eine erzählt dem anderen eine Lüge. Er erzeugt damit ein Gespenst. Jetzt sitzen drei Gestalten auf der Couch. Die beiden und das Gespenst *zwischen* ihnen. Je mehr Kraft ich dem Gespenst gebe (eine Lüge führt zur nächsten), desto dicker und größer wird die zwischen uns sitzende gespenstische Gestalt. Sie ist zwar unsichtbar, aber dennoch treibt sie uns durch ihre (seelische) Masse auseinander. Irgendwann ist sie so groß, daß sie den anderen von der Couch verdrängt. Damit ist die Beziehung beendet – aber das Gespenst bleibt! Es wartet bereits im Hintergrund und lauert darauf, daß sich wieder jemand zu mir auf die Couch setzt.

Und: Jeder Mensch hat in seinem Inneren bereits das eine oder andere Gespenst hergestellt. Ob er es weiß oder nicht.

Neptun-Zeiten stellen uns somit immer wieder vor die Frage: Aufrechterhalten oder die Nadel.

Wenn der Leser jetzt verunsichert ist und sich fragt: Ja, aber wo ist denn meine Lüge?, dann lautet die Antwort:

Das ist eine gute Frage!

Die Auslösungen

Wir haben jetzt die Zeitperioden (Wegezeit) und die Zeitpunkte (Ortezeit) mit einem Text versehen, der erst einmal relativ abstrakt ist und gleichsam in die Tiefe der Zeit schaut.

Was aus dieser Tiefe der Zeit dann als Ereignisblume nach oben wächst und tatsächlich Ereignis wird, kann kein Astrologe vorhersagen, so gern er das mit seinem Ego auch täte. Manche Astrologen tun es dennoch, und dann wird es leichtsinnig und oft auch sehr verantwortungslos.

Als der Autor 1983 mit seiner damaligen Partnerin bei einem der bedeutendsten Astrologen Deutschlands war, prognostizierte dieser (indem er zur Sicherheit noch einmal in beide Horoskope schaute) ungefragt, daß wir 1986 ein Kind bekämen. Als wir beide das Band 1990 noch einmal anhörten – mittlerweile wußten wir natürlich von der Brüchigkeit derartiger Aussagen –, schauten wir uns an und schmunzelten. Weder wollten wir damals ein Kind, noch bekamen wir eins, noch gab es eine Schwangerschaft. Dennoch war die Aussage – irgendwie – auch richtig, denn 1986 erschien unser erstes Kind tatsächlich. Nur: Es war kein Kind, es war unser erstes gemeinsames Buch («Tanz der Schatten»). Dieses Buch hatte eine Mutter, und es hatte einen Vater, es ist ein eigenständiges Wesen (Bücher sind geistige Wesenheiten), das heute noch durch die Welt zieht und seinen Eltern viel Freude bereitet.

Aber was wäre gewesen, wenn wir beide zu diesem Astrologen gegangen wären mit der verzweifelten Frage: Werden wir bald ein Kind bekommen?

Wir sehen, der Teufel liegt in der Konkretion.

Dennoch: In der Tiefe der Zeit stimmen die beschriebenen Aussagen, und sie sind in Hunderten von Horoskopberatungen (und Therapien) überprüft. Welche Konkretionen allerdings daraus erwachsen, muß der Astrologe erst einmal offenlassen.

Der Autor weiß natürlich, daß der Leser sich die Konkretion gleichsam handbuchhaft erträumt. Er hätte gern ein Kompendium, das ihm beschreibt: «Merkur-Auslösung im elften Haus im Zeichen Steinbock» heißt: «Tante Gertrud kommt zu Besuch, putzt unsere Fenster, fällt von der Leiter und bricht sich ein Bein.» Eine derartige Astrologie existiert nicht, hat nie existiert, und – leider – sie wird auch nie existieren. Nein, der Astrologe muß das Prinzip erklären, das Ereignis werden will, und er muß (zusammen mit seinem Gegenüber) das dahinter liegende *Fehlende* zu erfassen versuchen. Das aber vollzieht sich immer nach unseren Regeln 1 bis 5 von den Seiten 24 bis 37 dieses Buches.

Wir wollen diese Regeln noch einmal zu erläutern versuchen.

Beispiel
Ein Mann kommt in die Beratung und ist sehr besorgt über seine jetzige Beziehung. Diese besteht etwa seit zwei Jahren, und es scheint so zu sein, daß die Beziehungspartnerin auf

dem Rückzug ist. Der Mann kann es nicht verstehen, da ihm sehr an der Beziehung liegt und er sehr viel dafür tut. Die Tochter seiner Partnerin (4 Jahre) sagt gar schon «Papa» zu ihm, und er wünscht sich mit den beiden tatsächlich auch sehr eine Art familiärer Situation.

Schauen wir uns den betreffenden Horoskop-Ausschnitt an:

Der Mann ist heute 42 Jahre alt, d. h. er läuft gerade über seinen Deszendenten und betritt eine Fische-Wegezeit.

Die erste Frage an einen Menschen mit einem Beziehungsproblem muß immer lauten: «Was war mit deiner (wichtigsten) vorherigen Beziehung?»

Dahinter liegt folgende Überlegung, die der Astrologe für sich verinnerlicht haben muß: Die heutige Beziehung eines Menschen entsteht niemals am Punkt Null. In der Regel liegt vor einer heutigen Beziehung ein Beziehungsgeflecht, ein Beziehungsgespinst, bestehend und gewoben aus allen vorherigen Beziehungen seines Lebens – bis hinab zu den Kindheitsbeziehungen zu Vater und Mutter.

Warum fragt der Astrologe nach der *wichtigsten* vorherigen Beziehung? Weil sich hier die Beziehungsdynamik eines Menschen am deutlichsten zeigt.

Hätte ich gefragt: Was war mit deiner vorherigen Beziehung? wäre die Antwort gewesen: «Da hatte ich eine kurze Beziehung von einem dreiviertel Jahr, aber wir haben beide gemerkt, das war es nicht!» (Der Leser sieht, ich hatte gefragt!)

Als *wichtigste* Beziehung stellte sich eine Ehe heraus, die begonnen hatte, als der Patient etwa 26½ Jahre alt war (Merkur-Auslösung im Zeichen Stier). Mit dieser Ehefrau hat der Patient zwei Töchter (heute 14 und 10 Jahre alt), und diese Frau hat ihn sehr plötzlich verlassen und ist gleichsam über Nacht zu einem anderen Mann gezogen – als der Patient 33 Jahre alt war. Sie hatte ihn nicht nur verlassen, sie hatte auch noch die beiden Töchter mitgenommen.

Als Konsequenz daraus stand der Patient jetzt vollständig allein in seinem Leben. Auf Nachfragen ergab sich, daß dieses Verlassenwerden zu den schlimmsten Schmerzen in seinem Leben gehörte und er sich – genau betrachtet – von diesem Schmerz bis heute noch nicht erholt hatte. Die Scheidung war erst vor einigen Wochen (also neun Jahre nach der Trennung) ausgesprochen worden, und sie hatte die ganze Dramatik noch einmal nach oben gespült. Und auch der Verlust der beiden Töchter, die der Mutter zugesprochen wurden, brachte ihn noch einmal in die altvertrauten «Löcher».

Es ist dies also auf den ersten Blick das klassische Beispiel eines Menschen, der in einer *neuen Beziehung* deshalb kaum eine Chance hat, weil eine wichtige *alte Beziehung* noch nicht gelöst ist.

Aber wir wollten ja die astrologischen Signaturen betrachten:

Die Trennung von seiner Ehe (also sein «größter Schmerz») fand statt im Alter von 33 Jahren. In dieser Zeit aber wird *direkt* kein Planet angetroffen und also ausgelöst. In der Periode von 28 bis 35 Jahren befindet er sich in einer Stier-Wegezeit.

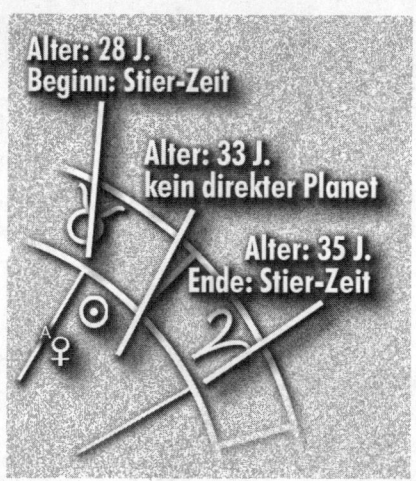

Diese Wegezeit sagt: Meinem Wesen soll etwas hinzugefügt werden. Ich hätte gern ein «Mehr», also investiere ich in etwas «Äußeres», in eine Ehe, in Kinder, damit ich – indem ich etwas mehr *habe* – etwas mehr *bin*.

In dieser Zeit werden außerdem die Venus (mit ca. 29 Jahren) und die Sonne (mit ca. 30 Jahren) ausgelöst. Doch diese beiden Auslösungen sind nicht sonderlich schmerzbeladen, und die Ehe (als das «Mehr» für sein Wesen) hätte tatsächlich auch weitergehen können, wären da nicht – fatalerweise – die beiden Quadrate zwischen Venus-Uranus und zwischen Sonne-Uranus.

Der Uranus, der *direkt* im Alter von 12 Jahren ausgelöst wird, also 5 Jahre nach Beginn der zweiten Sieben-Jahres-Pe-

riode seines Lebens, wird also sowohl über die Venus als auch über die Sonne ebenfalls fünf Jahre nach Beginn der Stier-Wegezeit (zwischen 28 und 35 Jahren) in die Zeit gezogen und entfaltet dort sein Thema. Und dieses Thema heißt: Ich werde *herausgehoben* aus dem sicheren Gefüge meines Seins. Oder: Wie wir an dem Bild auf Seite 103 sehen: Ich falle in ein tiefes Loch!

Genau das war es, was der Patient schilderte. Und er hat sich bis heute nicht (vollständig) aus diesem tiefen Loch herausgearbeitet.

Das aber ist nur der erste Teil der Geschichte. Würden wir hier stehenbleiben, müßte man ihm sagen: Lieber Patient, diese neue Beziehung (die du seit zwei Jahren hast) hat so lange keine Chance, wie du deine alte Beziehung zu deiner Ehefrau nicht aufgearbeitet hast. Und in der Beziehung zu der Tochter deiner neuen Partnerin spiegelt sich der Versuch, den Verlust deiner beiden vorherigen Töchter wettzumachen. Das aber funktioniert so nicht! Du bist nicht ihr «Papa», und du wirst es nie werden.

Das eigentliche Problem aber liegt weder in der neuen Beziehung noch in der alten Ehe (die nicht gelöst ist), sondern es liegt im Ursprung des Uranus. Also mußten wir, gemäß unse-

rer **Regel 1** («Erlebniszeit» bestimmt «Erwartungszeit», siehe
S. 24) zurückgehen zu der Frage: «Was geschah, als der Uranus das erste Mal mit 12 Jahren ausgelöst wurde? Denn hier liegt der Ursprung des Schmerzes.» Als ich dem Patienten diese Frage stellte, traten Tränen in seine Augen.

«Da ist mein Vater gestorben!»

An dieser Stelle ist der Patient eigentlich herausgehoben worden in das Thema des Alleinseins. Und dieses Thema ist noch nicht bearbeitet worden und kann – mit der höchsten Wahrscheinlichkeit überhaupt – auch von einem Zwölfjährigen nicht bearbeitet werden. Dem Patienten fehlen weder seine Beziehung noch seine Frau noch die Töchter – ihm fehlt der Vater.

Das «Mehr», das ihm zu seinem Sein fehlt (Stier-Sonne und Herrscher von 1 im Stier), kann also nicht im Außen erlangt und genommen werden. Dieses «Mehr» kann er nur von seinem verstorbenen Vater nehmen.

Wir finden also hier eine eigenartige Dynamik: Weil der Patient seinen Vater (der starb, als er 12 war) als Vater und auch als Vorbild für eine Partnerbeziehung nicht nehmen konnte, kann er alle weiteren Partner seines Lebens ebenfalls nicht nehmen. Er kann sich nicht als *Mann* zu diesen Partnerinnen stellen, sondern nur als ein bedürftiger *Zwölfjähriger*.

Das aber ist den weitaus meisten Frauen zuwenig!

Wir wollen es bei diesem Beispiel bewenden lassen.

Natürlich weiß der Autor, daß der Leser noch viele weitere Beispiele erwartet, an denen er die Rhythmen und die Auslösungen studieren kann.

Aber: Jedes Beispiel birgt auch eine Gefahr. Die Gefahr nämlich, zu glauben, man würde – bei einer genügend großen Zahl von Beispielen – in Zukunft wissen, was geschieht. Bei unserem Beispiel könnte sich für Uranus (im 11. Haus und im Zeichen Löwe) beim Leser der Satz: «Der Vater stirbt früh» festsetzen. Das aber ist mit Sicherheit für die nächsten hundert

Beispiele nicht wahr! Auf Seite 24 hatten wir schon einmal eine Uranus-Auslösung (mit 13½ Jahren) im Leben eines Mannes. Hier lautete die Aussage: «Mein Vater hat mich ins Internat gesteckt.» In beiden Fällen aber handelt es sich um nicht mehr und nicht weniger als um ein «Herausgehobenwerden» aus dem normalen Lebensumfeld. In einem weiteren Fall hörte der Autor in einer Beratung: «Da mußten wir vor den Russen flüchten und unsere geliebte Heimatstadt Breslau verlassen.» Wieder handelt es sich um ein Herausgehobensein. Und wieder ist damit ein tiefer Schmerz verbunden.

Aber sogar der «Schmerz» ist nicht notwendigerweise mit diesem Ereignis verbunden, denn manche Menschen erleben das Herausgehobensein tatsächlich als eine Befreiung.

Was also ist dem Leser zu empfehlen?

Nun, er sollte eben nicht versuchen *zu wissen*, was eine Uranus-Auslösung (oder jede andere Auslösung) bedeutet, sondern er sollte *neugierig* sein, es herauszufinden.

Er sollte sein eigenes Horoskop nehmen und das seiner engsten Freude und dann *fragen!* «Du hattest mit 18 Jahren eine Uranus-(Neptun-, Pluto-, Saturn-)Auslösung. Was ist mit 18 Jahren geschehen?»

Nur so kommt man von den abstrakt beschriebenen Wege- und Ortezeiten zu den konkreten Verständnisprozessen.

Wer es jedoch wissen zu müssen glaubt, kommt zu gar nichts.

Kapitel 2

Die Transite

> «Luck's a chance,
> but trouble's sure.»
> (A. E. Housman)

Das Wort «transire» bedeutet soviel wie «darüberlaufen», und in der Astrologie bezeichnet dieses substantivierte Verb eine weitere (sehr alte) Methode, eine inhaltlich bestimmte Zeit in ein Horoskop und damit in das Leben eines Menschen hineinzutragen.

Der Sachverhalt an sich ist sehr einfach:

Das normale Geburtshororkop ist ja gleichsam eine *Fotografie* des bewegten Planetenhimmels zu einem bestimmten Zeitpunkt (der Geburtszeit) an einer bestimmten Stelle hier auf Erden (dem Geburtsort). Mit dieser astrologischen «Fotografie» wird etwas Laufendes, etwas sich Bewegendes festgehalten, und es bleibt also – im einen Fall als Foto, im anderen als Horoskop – für alle Zeiten stehend. Man hat jetzt die «Aufnahme» eines Moments, eben des Geburtsmoments. Dabei wissen wir freilich: Wir haben hier künstlich etwas festgehalten, was in Wahrheit niemals stillsteht. Denn die Planeten, die wir hier eingefroren haben, lassen sich in der Wirklichkeit niemals aufhalten. Sie laufen auf Bahnen, die seit Hunderten von Jahren berechenbar sind, und sie weichen niemals von ihrem Weg.

Wir wollen das an einem Beispiel illustrieren:

Stellen wir uns vor, wir machten am 1. Januar 1998 um 12 Uhr mittags ein Foto (also ein Geburtshoroskop) von Frankfurt am Main aus auf den Planetenhimmel. Wir frieren also dieses Bild zu einem Geburtshoroskop ein.

Und angenommen, wir lassen die Kamera an dieser Stelle stehen und machen ein halbes Jahr später, also am 1. Juli 1998, eine zweite Aufnahme, ebenfalls um 12 Uhr mittags. Um die beiden Aufnahmen vergleichen zu können, kopieren wir die Planeten der zweiten Aufnahme in die erste Aufnahme ein. Im ersten Foto sind sie im Inneren des Kreises, im zweiten sind sie – der besseren Lesbarkeit wegen –, außen um den Kreis herum.

Wir erhalten folgendes (gleichsam doppelbelichtetes) Foto (siehe S. 121).

Innen sind also die Planeten des ersten Fotos (1. Jan.), außen die vom zweiten Foto (1. Juli). Und wir sehen jetzt auf einen Blick, wie die Planeten innerhalb eines halben Jahres

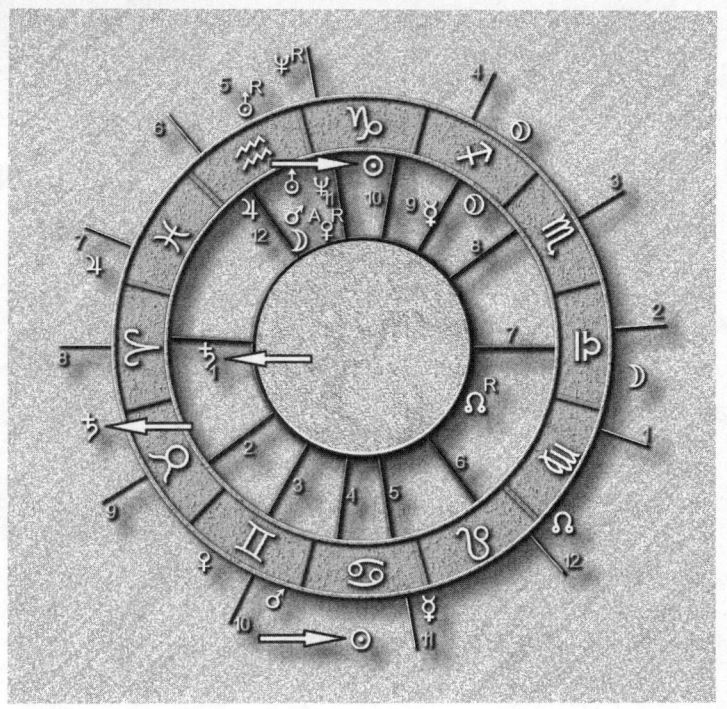

sich weiterbewegt haben. Unsere Pfeile zeigen, daß die laufende Sonne in dieser Zeit fast um 180 Grad weitergewandert ist, während der Saturn sich in einem halben Jahr nur um ca. 18 Grad von seiner ersten Position entfernt hat. Aber «weitergezogene» Planeten sind noch keine Transite. Zu einem transitierenden Geschehen werden sie erst in dem Moment, in dem ein laufender Planet (außen am Horoskopkreis) einen Planeten des Innenkreises (also des eingefrorenen Horoskops) *direkt* überquert.

Greifen wir einen beliebten (aber in Wahrheit gar nicht geliebten) Planeten heraus: den Neptun. Er läuft relativ langsam durch den Tierkreis, denn er braucht für eine Umkreisung 165 Jahre. In unserem Horoskop-Innenkreis steht er am 1.1.1998

auf 28 Grad 57 Minuten und 48 Sekunden im Zeichen Steinbock. Etwas mehr als vier Jahre später, nämlich am 16. April
des Jahres 2002, steht er auf 11 Grad und 7 Minuten im Zeichen Wassermann und bildet damit einen Transit zum Mars
des Geburtshoroskops, der ebenfalls auf 11 Grad und 7 Minuten im Zeichen Wassermann steht.

Bevor wir uns allerdings fragen, was es denn heißt, wenn
der laufende Neptun den Radix-Mars transitiert, d. h. wenn
der Neptun gleichsam von oben sein Thema an den Mars her-
untergibt, wollen wir erst generell die Mechanik verstehen,
die hinter einem Transit liegt.

Um diese Mechanik zu verstehen, bedienen wir uns wieder einmal eines Bildes.

Stellen wir uns vor, daß die Planeten im Horoskop eines Menschen (und ebenso sein Aszendent und sein MC) erst einmal Kräfte sind, die ein bestimmtes Thema in sich tragen. Jeder Planet ein anderes Thema. Diese inhaltlich bestimmten Kräfte im Leben eines Menschen aber sind nie vollständig bewußt, sondern sie liegen – wie der berühmte Eisberg – zu großen Teilen im Unbewußten, also unter Wasser. Und weil es sich um größtenteils unbewußte Kräfte handelt, versehen wir die Planeten in unserem Geburtshoroskop (nur für unser Bild!) jeweils mit einem Minuszeichen (−): «Minus» heißt also für uns jetzt «größtenteils unbewußt».

Stellen wir uns weiterhin vor, daß die laufenden Planeten, also jene im Außenkreis des Horoskops, jene, die transitieren, keine andere Aufgabe haben als die, den «Inneren» zu mehr Bewußtheit zu verhelfen. Diese «Äußeren» wären denn also sehr bewußt, und sie versuchen, diesen Status an die «Inneren» abzugeben – sie wollen also «Bewußtheit» übertragen, und insofern wären sie mit einer Absicht unterwegs.

Da sie ihr jeweiliges Thema bewußt an die «Inneren» heranführen wollen, versehen wir sie (nur für unser Bild!) mit einem Plus-Zeichen (+): «Plus» heißt also «Bewußtheit verleihend».

Wenn jetzt ein positiver äußerer Planet sich einem negativen (inneren) Horoskop-Planeten nähert, geschieht das, was zwischen positiven und negativen Kräften immer geschieht: Sie ziehen sich an! Der äußere Planet zieht den inneren nach «oben», und «oben» heißt hier: mehr in die Bewußtheit.

Der Eisberg kommt ein Stück mehr aus dem Wasser, und das, was vorher unter Wasser lag, kommt ans Licht.

Natürlich kommt nicht der ganze Eisberg aus dem Wasser; es geht bei jedem Transit immer nur um ein «Stück Mehr».

Ist der Transit dann vorbeigezogen, plumpst der Eisberg wieder tiefer in das Wasser zurück, aber er hatte für kurze

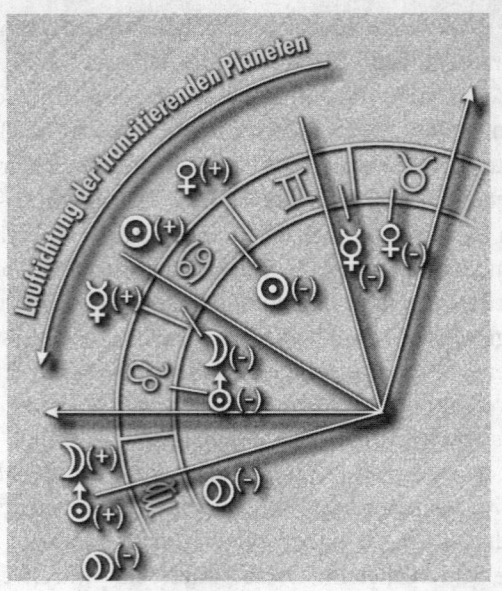

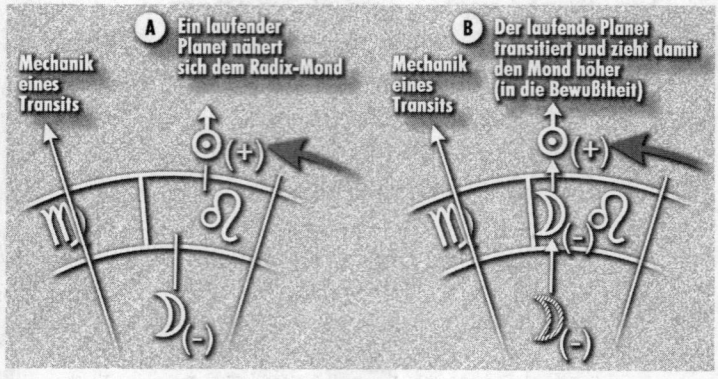

Zeit die Chance, ein wenig mehr von sich wahrzunehmen. Er kennt sich jetzt ein «bißchen besser». Und es macht ja auch nichts, daß er wieder (tiefer) in das Wasser zurücktaucht, denn der nächste Transit kommt bestimmt. Dieses ganze Spiel von Hochheben (ins Bewußtsein) und dem erneuten Absenken (ins Unbewußte) vollzieht sich in einer Art rhythmischem

Tanz, in einem Reigen, der die äußeren Planeten periodisch und berechenbar über die inneren Planeten herüberführt und ihnen damit ihre Melodie vorspielt.

Ein Planet freilich ragt aus diesem Konzert heraus: Pluto.

Er hat in diesem Spiel von Heben und Senken, von Anziehung und Loslassen eine (wenn auch nur kleine) Sonderstellung. Er ist nämlich die einzige Kraft, die nicht mit dem Auftrag der Bewußtwerdung unterwegs ist, denn das «Licht des Bewußtseins» ist sein Feind. Er ist – von seiner eigenen Einschätzung her – ausdrücklich angetreten, Unbewußtheit zu bewahren und zu verbreiten. Und insofern ist sein Vorzeichen auf der äußeren Bahn (ebenso wie auf der inneren) ein Minus (–).

Transitiert er einen inneren Planeten, so geschieht das, was bei gleichen Vorzeichen immer geschieht. Es gilt nämlich die Regel: Gleiche Vorzeichen *stoßen sich ab!*

Anders gesagt: Der Eisberg wird nicht hochgezogen, sondern noch tiefer ins Wasser hinabgedrückt. Jetzt versinkt er mitunter ganz unter der Wasseroberfläche, und die Unbewußtheit wird total! (Auf der menschlichen Ebene heißt das gern: Ich mache mir jetzt total etwas vor.)

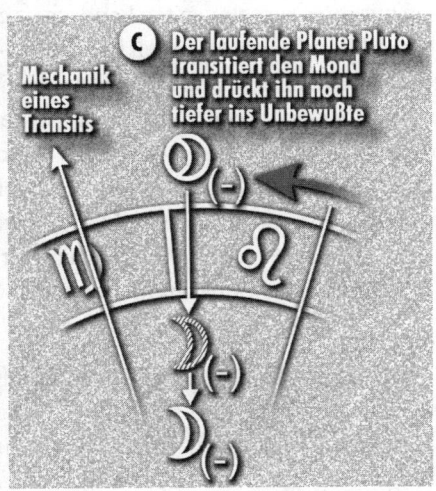

Mechanik eines Transits

C Der laufende Planet Pluto transitiert den Mond und drückt ihn noch tiefer ins Unbewußte

Letztlich spielt die Sonderstellung des Pluto jedoch keine Rolle. Denn in dem Moment, in dem der Pluto den transitierenden Planeten (den er unter die Oberfläche gedrückt hat) überquert hat und in dem die hinabdrückende Kraft verschwindet, kommt der unterdrückte Eisberg mit einer gewaltigen Auftriebskraft nach oben geschossen und saust dabei um genausoviel *mehr* – und höher – aus dem Wasser, wie er vorher tiefer hinabgedrückt worden ist. Jetzt liegt auch hier die Wahrheit zutage!

Es bewahrheitet sich wieder einmal der alte Satz des Pluto: «Ich bin ein Teil von jener Kraft, die stets das Böse will (die Unbewußtheit) und stets das Gute schafft (die Bewußtheit hinterher).»

Im großen Konzert des Lebens spielen also alle Transite dieselbe Melodie, mal auf die eine Weise, mal auf die andere Weise, und alle Beteiligten sorgen letztlich – ob sie es wollen oder nicht – dafür, daß der Mensch zu mehr Bewußtheit und zu mehr Wahrheit hin sich entwickelt.

Doch bevor der Leser jetzt frohlockt und sagt: «Na toll, da wollte ich ja schon immer hin», sei gesagt, daß eine derartige Lern-Lektion mitunter zur schwersten Landschaft gehört, die ein Mensch überhaupt zu durchqueren hat. Denn – natürlich – in der Realität will kein Mensch in die Bewußtheit oder gar in die Wahrheit über sich. Jede anderslautende Behauptung ist erst einmal nur das Gerede meines Ego: Es macht sich gut in meinen Bewerbungsunterlagen für den Posten eines «besseren Menschen», aber da niemand weiß, auf was er sich eigentlich einläßt, hat es denselben Stellenwert wie der Wunsch eines Fünfjährigen, Lokomotivführer zu werden.

Ein Wort noch zu den jeweiligen «Eisbergen», die da in einem bestimmten Rhythmus in Richtung auf das Bewußtsein hochgezogen werden, auf das ihre – bisher vom Wasser verborgene – Gestalt für einen kleinen Zeitraum mehr wahrgenommen werden kann.

Blieben wir bei diesem Bild stehen, so würde wieder einmal der Verdacht entstehen, es handele sich bei dem, was in der Seele angeschaut werden muß, um *Sachen*, um leblose Objekte. Denn ein Eisberg ist ja ohne Zweifel ein Objekt. Und tatsächlich wollen uns die verschiedenen heute existierenden Psychologien seit über hundert Jahren dieses Bild schmackhaft machen: Im Unbewußten läge das ES (das in manchen Zeichnungen Freuds tatsächlich wie ein Eisberg aussieht), es lägen dort Konflikte, Komplexe (Ödipus-Komplex), Schemata, Unvereinbarkeiten, Neurosen, Psychosen und was dergleichen «Gebilde» mehr sind. (Neuerdings wird wieder die Meinung vertreten, daß es gar kein Unbewußtes gibt, sondern nur noch chemische Fehlfunktionen, die durch das Hinzufügen eines weiteren chemischen Stoffes «geheilt» werden könnten.)

Ja, auch unser Beispiel des «Eisberges» könnte einer derartigen Denkweise Vorschub leisten. Und deshalb verfahren wir mit diesem Bild, wie man mit jedem «Bild» verfahren sollte: Man verwendet es, um einen Sachverhalt zu verdeutlichen, und dann – ist der Sachverhalt deutlich – wirft man es wieder fort. Es hat seine Schuldigkeit getan.

Zweitens: Planeten sind *keine* positiv oder negativ geladenen «Kräfte». Es gibt in diesem Zusammenhang gar keine Kräfte! Planeten sind Himmelskörper, die irgendwo in der Weite des Sonnensystems ihre Bahn ziehen und die – als Kräfte – mit dem Leben des Menschen hier auf Erden nicht nur nichts, sondern *gar nichts* zu tun haben. Sie haben weder Wirkungen, noch Auswirkungen auf den Menschen, und sie «tun» gar nichts. Wenn wir ihre Stellung am Himmel dennoch verwenden, so tun wir das in dem Wissen, daß sie nur symbolische Stellvertreter sind, die – ins Horoskop eingetragen – etwas aufzeigen.

Sie zeigen symbolisch etwas auf!

Sie stehen für etwas, so wie ein Verkehrszeichen symbolisch dafür «steht», daß bald eine gefährliche Kurve kommt. Aber das Verkehrszeichen ist weder für die Kurve verantwortlich, noch bewirkt es sie.

Der Autor weiß natürlich, daß er damit dem Leser sowohl etwas zumutet als auch ihm etwas wegnimmt. Die Angst des Lesers: «Der Saturn kommt!» («Was wird er tun?») ist vollständig unbegründet, denn weder *kommt* ein Saturn, noch *tut* er etwas. Der Mensch fährt im Auto seines Lebens durch eine Landschaft, in der schon immer das Verkehrszeichen «Saturn» stand. Nur der Mensch kommt eben erst jetzt in die Nähe dieses Zeichens, und – leider – er weiß nicht so genau, auf welches dahinter liegende Verkehrsproblem dieses Zeichen hinweisen möchte.

Noch einmal: Es gibt keine Planeten, die auf mich zukommen! Meine Lebensreise führt mich allmählich auf das entsprechende Verkehrszeichen zu, und dieses zeigt mir eine Situation, die ich bald meistern muß.

Aber auf was wollen die Verkehrszeichen am Himmel, die ich in mein Horoskop eintragen kann, mich hinweisen?

Nicht auf eine *Sache!* Nicht auf eine Kurve, nicht auf eine Straßenneigung, nicht auf eine gefährliche Wegstrecke.

Sie wollen mich darauf hinweisen, daß es in meinem Inneren *Personen* gibt, eigenständige Wesenheiten, Personen in mir, die ich noch nicht allzugut kenne. Daß es in mir ein «inneres Kind» gibt, genannt «Mond», daß es ein «EGO» gibt, genannt «Sonne», daß es einen «weisen alten Mann» gibt, genannt «Saturn» usw.

Ich versage es mir hier, auf dieses Thema der «inneren Personen» näher einzugehen. Alle vorherigen Bände des Autors in dieser Rowohlt-Buchreihe («Drehbuch des Lebens», «Personare», «Drehbuch Partnerschaft») haben das ausführlich getan. Die schnellste Einführung in diesen Problemkreis erhält der Leser, wenn er sich unser Buch «symbolon – Das Spiel der Erinnerung» (Peter Orban, Ingrid Zinnel und Thea Weller) samt dem dazugehörigen Kartenspiel anschaut, denn hier haben wir die Archetypen der «inneren Personen» sowohl beschrieben als auch bebildert.

Aus dem «Eisberg», der jeweils aus dem Unbewußten ein Stückchen mehr (in Richtung auf Bewußtheit) hochgehoben wird, wird also jetzt eine «Person», eine innere Person, die zu mir und zu meinem Leben gehört und die durch das «Hochziehen» eines Transits immer ein Stückchen mehr in das Bewußtsein gehoben wird. Transite dienen also dazu, daß mein Bewußtsein immer mehr vertraut wird mit den verschiedenen Persönlichkeiten meines Inneren.

Aber «Vertrautheit» allein reicht noch nicht aus!

Ein guter Freund von mir muß alle zwei oder drei Jahre entdecken, daß er – in einer Situation tiefer Wut – seine Frau prügelt. Anders gesagt: Er hat einen «Schläger» in sich, eine Person, die Frauen schlägt. Hat *der* mal wieder geprügelt und also sich – ohne Kontrolle durch andere Personen – ausgelebt, so geht es meinem Freund schlecht. Er beschuldigt sich – zu Recht – ein Schläger zu sein, und wünscht sich zum hundertsten Mal, daß diese innere Person nie wieder auftreten möge. Ja, er würde sie zu gern zum Verschwinden bringen.

Nur – leider – so kann man mit seinen inneren Personen nicht umspringen, so edel (und schmerzvermeidend) der Wunsch auch sonst sein mag.

Meinem Freund ist also sein «innerer Schläger» schon sehr vertraut, er kennt ihn – aber er hat ihm in seiner Seele noch kein Wohnrecht eingeräumt. Er will ihn nicht haben.

Er sagt zu ihm nicht: «Willkommen, du gehörst zu mir!», sondern er sagt zu ihm: «Du tust Frauen weh, hau endlich ab!»

Und solange er *das* sagt, wird der «Schläger» periodisch wiederkehren *müssen* – und sein Werk immer aufs neue vollführen.

Und bei diesen Sätzen sehe ich schon die versammelten Frauenvereine, die jetzt auf *mich* einprügeln, weil es so aussieht, als begrüße ich «Frauenschläger», gar als heiße ich sie willkommen.

Natürlich tue ich das nicht. Obwohl auch ich eine solche Innenperson habe. Deshalb füge ich noch etwas hinzu. Es reicht nicht zu sagen: «Willkommen, du gehörst zu mir!», obwohl das immer der erste Schritt sein muß. Die nächste Frage an diese Innenperson muß lauten: «Was willst du eigentlich wirklich?» Denn Frauen zu schlagen gehört zu *keinem* der Bedürfnisse von Innenpersonen. Dieser Akt spiegelt immer nur eine tiefe Verletztheit der betreffenden Innenperson. Diese Verletztheit muß zum Vorschein kommen dürfen, und sie muß geheilt werden – erst dann hört der innere Schläger auf, Frauen zu prügeln.

Aus unserem Bild von Seite 124, bei dem die «inneren Personen» noch Planeten, also Sachen, waren – entweder Eisberge oder «Themen» –, wird jetzt ein neues Bild: Innere Personen werden durch Transite mehr und mehr nach oben in die Bewußtheit gezogen. Der Eisberg, der aufsteigen darf, entpuppt sich als eine reale Person. Und mit dieser Person soll etwas geschehen!

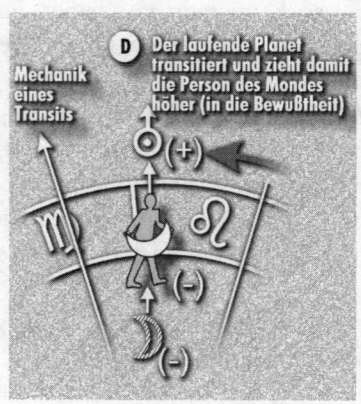

Damit möchte ich übergehen zu einem letzten Bild, welches ich für ein Verständnis der Transite (und der Zeit im Horoskop überhaupt) für wichtig erachte.

Schon in den vorherigen Bänden dieser Reihe zur Einführung in die esoterische Astrologie war immer wieder die Rede von der Theaterbühne des Lebens, vom Drehbuch für das Stück, vom Theaterensemble (der inneren Personen), von den Kulissen des Stückes usw.

Jetzt, wenn in diesem Buch das Thema der Zeit ins Spiel kommt, dann geschieht auf der Bühne des Lebens *zweierlei*.

Erstens: Die Darsteller des Stückes im Theater meines Lebens, *die ich noch nicht kenne*, werden von den Transiten (aber genauso von Rhythmen, Auslösungen und von den Solaren) immer ein wenig mehr in Richtung auf den Vordergrund der Bühne gezogen. Wir dürfen uns das so vorstellen, daß der Vordergrund der Bühne von einem starken Scheinwerfer-Spot beherrscht wird, während auf der übrigen Bühne eine Art Halbdunkel vorhanden ist. Aber im Vordergrund der Bühne spielt das eigentliche Stück, gleichsam im Spot. Die Transite ziehen nun die Darsteller – ob sie es wollen oder nicht – immer mehr in den Spot. So daß alle Zuschauer mehr und mehr die Gelegenheit haben, diese Personen wahrzunehmen, sie kennenzulernen. Und schließlich: Sie als zum Stück gehörig zu akzeptieren.

Zweitens: Die Darsteller des Stückes im Theater meines Lebens, die ich bereits kenne, erhalten von den Transiten (aber genauso von den Rhythmen, Auslösungen und Solaren) immer ein wenig mehr Aufgabenstellungen zugewiesen, die sie noch nicht für sich, und das heißt, für mein Leben, übernommen haben und derer sie sich nur allzugern entziehen würden.

Es reicht nämlich nicht aus, nur im Vordergrund der Bühne zu sein, so daß jeder diesen Darsteller sehen kann (so wie den Frauen-Schläger meines Freundes). Nein, die betreffende Innenperson muß sich auch noch mit bestimmten zu erbringenden Leistungen auseinandersetzen. Und bevor sie diese

Aufgabenstellung nicht übernimmt und sie durchführt, ist sie zwar im Spot – aber sie ist noch ungeliebt und mit dem Rest des Ensembles nicht versöhnt.

Und so gibt es eine Progression, eine Art Fortschreiten, bei der die inneren Personen eine Metamorphose zu durchlaufen haben. Dieser Wandlungsprozeß verläuft folgendermaßen:

Im Anfang des Lebens *sind alle Innenpersonen unbewußt*. Das heißt nicht etwa, daß sie nicht da sind. Sie sind da, sie sind sogar sehr stark, aber sie agieren aus dem Unbewußten heraus gleichsam blind in die Welt.

Im Sozialisationsprozeß erhalten diese Innenpersonen *Konturen* dadurch, daß die Eltern ihnen *Grenzen* setzen. Es ist dies ein sehr delikater Prozeß, der schnell – sei es zur einen, sei es zur anderen Seite – entgleisen kann: Innenpersonen können hier sehr eng und zwanghaft werden, aber auch ausufernd und psychopathisch. Diese Grenzziehung, in der die bei der Geburt bereits vorhandenen Innenpersonen *Konturen* erhalten, hat noch nichts damit zu tun, daß die Innenpersonen bewußt werden, also *daß sie von sich wissen*. Sie sind jetzt nur fest umrissen, doch sie agieren weiterhin blind – wenn auch entlang der vorgegeben Grenzen (des Gewissens).

Dieser Prozeß der Blindheit kann bis zum Ende des Lebens durchgehalten werden, und er wird das auch bei den weitaus meisten Menschen. Und zwar so lange, wie sie die *Welt im Außen* für die einzig mögliche Welt halten. Selbstverständlich gibt es auch bei diesen Menschen pausenlos Transite, die die Innenpersonen immer wieder hochspülen, aber der starke Glaube, es sei die äußere Welt, die hierfür die Verantwortung trage (Pech, rücksichtslose Autofahrer, Umweltzerstörer, Viren, bösartige Ehemänner und Ehefrauen usw.) verhindert, daß die meisten Menschen in ihrem eigenen Inneren auf die Suche gehen. Erschwerend tritt hinzu, daß auch die gesellschaftlich relevanten Ideologien ein derartiges Weltbild sichern und stützen.

Erst in dem Moment, in dem der Gedanke möglich wird, daß auch *ich* mit meinem Leben zu tun haben könnte, daß *auch in mir eine Welt ist*, die lebt und die aus sich heraus alles tut, damit ich anfange, mich kennenzulernen, erst an dieser Stelle kann die Arbeit der Identifikationen meiner Innenpersonen beginnen.

Bei Männern ist diese Zäsur, diese Umstellung selten vor dem 42. Lebensjahr zu beobachten. Bei Frauen kommt sie mitunter schon ab 35 in Gang. (Männer sind in dieser Beziehung tatsächlich Spätzünder.)

Natürlich gibt es viele Menschen, die bereits mit 28 Jahren esoterische Vorträge halten oder mit 25 Jahren astrologische Seminare besuchen usw. und die sich – vermeintlich – bereits in jungen Jahren mit ihrer Innenwelt beschäftigen. Für sie gilt (mit – sehr – wenigen Ausnahmen), daß sie die Innenwelt deshalb bearbeiten, weil sie in der Außenwelt *Erfolg* haben wollen. Man muß das einfach wissen, dann schadet es der eigenen Seele nicht. Wer mit 23 Jahren – in der Studentenbewegung – die Welt der Proletarier retten wollte und 20 Jahre später herausfindet, daß er es tat, um sein Ego zu polieren und den Frauen zu imponieren, der ist gerettet. Wer mit 50 immer noch – bei den Grünen oder bei Greenpeace – glaubt, die Welt retten zu müssen, und nicht weiß, warum er es tut, der hat noch einen weiten Weg vor sich. Seine eigene innere Welt bleibt ihm dann noch lange ein Rätsel.

Aber angenommen, der Leser gehört zu jenen, die in die eigene innere Welt vordringen möchten, dann können die nachfolgend aufgezeigten Transit-Beschreibungen Fingerzeige geben.

Doch zunächst einmal: Hier werden nicht *alle* möglichen Transite beschrieben. Es macht keinen Sinn, Mond- oder Merkur- oder Venus-Transite hier herzuleiten, da sie so oft stattfinden und letztlich so harmlos sind, daß ihre Beschreibung kaum etwas bringt.

Bevor wir also an die Beschreibung der wirklich wichtigen

Transite gehen, müssen wir ein Wort sagen zu den Umlauf-
bahnen der Planeten. Denn es macht einen Unterschied, ob
der Mond alle *28 Tage* durch den Tierkreis zieht und damit
alle Planeten im Inneren meines Horoskops berührt oder ob
der Pluto alle *248 Jahre* einmal durch den Tierkreis zieht und
damit womöglich erst im Alter von 48 Jahren *das erste Mal*
meine Sonne transitiert. Deshalb hier erst einmal die

Umlaufbahnen.

Alle Planeten umkreisen die Sonne in einer elliptischen Bahn,
und sie tun das in einer feststehenden Bahnkurve, die sich in
Tausenden von Jahren bisher nicht geändert hat. Sie kann sehr
genau errechnet werden, und die Bahnkurve für *einen* Umlauf
um die Sonne beträgt für die Himmelskörper:

Mond = 28 Tage	Mars = 687 Tage	Uranus = 84 Jahre
Merkur = 88 Tage	Jupiter = 11,8 Jahre	Neptun = 165 Jahre
Venus = 224 Tage	Saturn = 29,4 Jahre	Pluto = 248 Jahre

Aus diesen Bahnkurven folgt nicht nur die *Häufigkeit* der
Transite (der Mond läuft eben in 28 Tagen über jeden meiner
Radixplaneten, und er tut das im Jahr etwa 13mal, so daß ich
jedes Jahr etwa 13 Mond-Transite über meine Radix-Sonne
habe), es folgt daraus auch die *Dauer* der jeweiligen Transite.

Angenommen, meine Sonne stünde im Radix auf 13 Grad im
Zeichen Waage. Die Erfahrung lehrt, daß ein Transit bereits
(mindestens) zwei Grad vor dem Erreichen der Radix-Position
wirksam wird, also schon bei 11 Grad Waage – und daß es erst
ca. 2 Grad nach dem Passieren der Radix-Position langsam ver-
klingt, also erst bei 15 Grad Waage ausgelaufen ist.

Um sich ein Transit tatsächlich vorstellen zu können, hilft folgendes Bild: Der Leser fährt im Auto im belebten Straßenverkehr. Er hört auf einmal – noch von ferne – vor oder hinter sich (er weiß nicht von woher) das Anschwellen der
typischen Sirene eines Fahrzeugs. Sie schwillt langsam lauter

heran. Weder weißt du, von woher, noch weißt du, ob es ein Polizei-, Feuerwehr- oder Krankenfahrzeug ist. Jetzt ist der Wagen im Transit (11 Grad Waage). Du fährst langsamer, ein wenig rechts heran. Nach einiger Zeit erhöhter Aufmerksamkeit siehst du dann das Auto. Es fährt auf dich zu, die Sirene wird schriller, du fährst ganz rechts heran – manchmal auch nach links, je nachdem. Du stoppst. Jetzt fährt der Wagen an dir vorbei (13 Grad Waage). Nachdem du jetzt weißt, daß diese ganze Aufregung nicht dir gegolten hat, fährst du ganz langsam weiter, langsam, denn es könnten ja noch weitere Alarmfahrzeuge kommen. Aber allmählich klingt die Sirene in der Ferne aus (15 Grad Waage), und du kannst dich (mit den anderen Fahrzeugen ringsumher) wieder in den normalen Straßenverkehr einfädeln.

Was hier im Straßenverkehrs-Transit eine Sache von ca. 50 Sekunden war, ist beim Mond schon eine Angelegenheit von ca. 6 Stunden, denn er braucht etwa 6 Stunden, um über deine Sonne (oder über jeden anderen Planeten deines Radix) zu laufen. Der Pluto freilich braucht für die gleichen 4 Grad (von 11 bis 16 Grad Waage) mitunter 5 Jahre!

Zumal bei allen Planeten (außer dem Mond) noch ein Phänomen ins Spiel kommt, das man die «Rückläufigkeit» nennt. Das heißt, daß ein transitierender Planet bis zu dreimal vor und zurück über einen Radixplaneten hin-und herlaufen kann.

(Natürlich läuft er nicht wirklich hin und her – aber von der Bahn der laufenden Erde aus betrachtet *sieht es so aus*, als ob er vor- und zurückwandere. Und so braucht er dann eben entschieden länger für seinen Weg über einen meiner Radixplaneten.)

Dieses Hin und Her bewirkt natürlich, daß die *Dauer* eines Transits sich mitunter stark erhöht. Es ist dann so, als ob der Krankenwagen mit seiner Sirene mehrfach hin- und herfährt und mich jedesmal erneut verunsichert und meine volle Aufmerksamkeit erheischt.

Transite und Aspekte

Bisher haben wir die Transite so behandelt, als würde der transitierende Planet immer nur *direkt* (gleichsam als Konjunktion) über den Radix-Planeten laufen. Diese Sichtweise ist wichtig, um das Phänomen der Transite überhaupt zu erklären. Aber leider reicht diese Sichtweise nicht aus. Transite werden nämlich genauso wirksam und mitunter in ihren Auswirkungen drastischer spürbar, wenn sie in *einem Aspekt* über andere Planeten laufen. So steht die transitierende Venus auf unserer Abbildung (im Außenkreis) in einem Sextil zum Radix-Pluto, da der Pluto sich 60 Grad von der Venus entfernt aufhält. Ebenso läuft der transitierende Uranus (am MC) gerade in einem 90 Grad Winkel über die Radix-Sonne.

Man muß sich das verdeutlichen: Transitierende Planeten werden wirksam – und ziehen Folgen nach sich –, wenn sie über jene (leeren) Orte im Radix-Horoskop laufen, die zu den Radix-Planeten im Quadrat, in der Opposition, im Spiegelpunkt stehen. Etwas sanfter in ihrem Auftreten verhalten sie sich, wenn sie mit den Radix-Planeten im Sextil und im Trigon verkehren. Es reicht also nicht aus, daß ich mir in meiner momentanen Zeit-Situation nur die *direkten* Überläufe der transitierenden Planeten über mein Radix anschaue – ich muß auch noch jene betrachten, die zu meinen Radix-Planeten einen Aspekt bilden.

Welche Transite nun sollte der Leser im Blick haben? Geben wir erst einmal einen kleinen Überblick.

Mond-Transite

Wie schon gesagt, die Mond-Transite sind so schnell, daß es kaum lohnt, sie im Auge zu behalten. Mond-Transite sind symbolische Stellvertreter für Gefühlsschwankungen, die im Verlauf von 28 Tagen das *seelische Wetter* in einen zyklischen Wandel versetzen. Dieses Auf und Ab kann – wenn man das will – tagebuchartig festgehalten und studiert werden. Da aber die Mond-Berührungen mit den Radix-Planeten in ca. sechs Stunden «vorübergeklingelt» sind, hinterlassen diese Gefühlsschwankungen keinen bleibenden Eindruck.

(Ich bekomme mitunter Zahnschmerzen, und wenn das der Fall ist, frage ich mich zuerst: Ist das jetzt ernst, oder handelt es sich um ein Mond-Transit. Meist sind sie nach drei oder vier Stunden vorbei, und so weiß ich Bescheid.)

Wer seine Mond-Transite studieren möchte, dem empfehle ich tatsächlich, ein Tagebuch (mit Stundeneinteilungen) anzulegen und die subtilen und weniger subtilen emotionalen Regungen einmal für vier oder fünf Monate festzuhalten (bis hin zu leichten Depressionen, Kopfschmerzen etc.) und sie alsdann mit den Mond-Transiten zu vergleichen. Man wird feststellen, daß es tatsächlich so etwas wie «meine Tage» gibt – egal ob man Mann oder Frau ist. Männer haben freilich meist eine ziemlich sichere Abwehrmethode entwickelt, bestimmte Äußerungen «ihrer Periode» nicht wahrnehmen zu müssen.

Hier sind insbesondere die Mond-Transite über die Radix-Sonne von Interesse. Das alles kann man herausfinden – wenn man es denn will.

Wir beschreiben die Mond-Transite in diesem Text nicht.

Merkur-Transite

Merkur gehört zu jenen beiden Planeten, die im Radix nicht in ein Quadrat (90 Grad Winkel) zur Sonne geraten können. Dahinter liegt ein interessantes Phänomen verborgen: Die innere Person des Merkurs kann nicht verdrängt werden! Anders gesagt: Merkur ist immer bewußt. Er gehört nicht zu jenen Figuren meines inneren Theaterstücks, die sich selbst verborgen halten und aus dem Hinter- oder Untergrund agieren. Insofern sind Merkur-Transite jene symbolischen Stellvertreter, die dafür zu sorgen haben, daß Radix-Planeten *sich regen!* Da sie aber diesen Impuls mit einer hohen (dem Merkur eigenen) Neutralität versehen, bringen Merkur-Transite weder Freud noch Leid mit sich. Es ist so, als ob ein Merkur-Transit den transitierenden Planeten des Radix-Horoskops auffordert: «Mach mal etwas!» («Mach mal eine für dein Thema typische Handbewegung!») – und dann zieht er weiter.

Merkur klingelt also das *Thema* des Radix-Planeten an, auf daß es sich zeigt, hält es aber gleichzeitig im Zaum, so daß es nicht ausbricht.

Anmerkung am Rande: Da der Merkur in 88 Tagen einmal um die Sonne läuft, wird er immer höchstens 28 Grad rechts oder links von der laufenden Sonne angetroffen. Die Sonne aber braucht 365 Tage für eine Umrundung des Tierkreises (von der Erde aus betrachtet, denn in Wahrheit steht die Sonne still), insofern läuft der Merkur *nicht* in 88 Tagen einmal um den Tierkreis, sondern er benötigt ca. 300 Tage. Er läuft also in den ganzen Zwischenzeiten vor und zurück. Das muß bei einem tagebuchartigen Studium des Merkurs berücksichtigt werden.

Wir beschreiben die Merkur-Transite in diesem Text nicht.

Venus-Transite

Venus gehört, mit Merkur, zu jenen beiden Planeten, die im Radix ebenfalls nicht in ein Quadrat zur Sonne treten können. Insofern kann auch die Venus als innere Person nicht in die Verdrängung fallen. Die Aufgabe der Venus – als transitierender Planet – besteht darin, an die Radix-Planeten zwei Fragen zu richten.

Die erste: Was ist dein Wert und deine Wichtigkeit in der Gesamtheit des Ensembles?

Die zweite: Kannst du diese Aufgabe allein erfüllen, oder benötigst du zu dieser Frage eine Antwort von anderen Menschen?

In dieser Hinsicht macht die transitierende Venus die anderen Planeten im Radix-Horoskop *magnetisch* (für andere Menschen) und anfällig für Antworten von außen.

Anders gesagt: Wird ein Radix-Planet von der laufenden Venus berührt, so wird er angerührt von äußeren Personen. Er lechzt dann nach einer Bestätigung seines Wertes durch äußere Menschen. In der Tierwelt würden wir sagen: «Er wird läufig», doch in der Menschensprache klingt das leider etwas vulgär und bringt uns auf schräge Gedanken, denn erst einmal hat das gar nichts mit Sexualität zu tun. (Es kann freilich in etwas Sexuelles einmünden, wenn ich über diese Schiene glaube, meinen Wert bestimmen (oder erhalten) zu müssen.)

Die Venus öffnet also für einen Kontakt nach außen, sie stellt gleichsam Duftnoten her, von denen die anderen sich angezogen fühlen sollen.

Anmerkung am Rande: Da die Venus in 224 Tagen einmal um die Sonne läuft, wird sie immer höchstens 48 Grad rechts oder links von der laufenden Sonne angetroffen. Die Sonne aber braucht 365 Tage für eine Umrundung des Tierkreises (von der Erde aus betrachtet, denn in Wahrheit steht die Sonne still), insofern läuft die Venus *nicht* in 224 Tagen einmal um den Tierkreis, sondern sie benötigt ca. 280 Tage. Sie läuft also in den Zwischenzeiten vor und zurück. Das muß bei einem tagebuchartigen Studium der Venus berücksichtigt werden.

Wir beschreiben die Venus-Transite in diesem Text nicht.

Sonne-Transite

Sonnen-Transite benötigen 365¼ Tage, um einmal den Tierkreis zu umrunden. Die Transit-Dauer eines Sonnen-Transits beträgt etwa 6 Tage (da Sonnentransite einen etwas größeren Orbis haben). Sonnen-Transite sind wichtig für die Bestimmung des Solars, ansonsten haben sie keine *herausragenden* Wirkungen. Sie werden hier nicht beschrieben.

Jupiter-Transite

Jupiter-Transite werden in der herkömmlichen Astrologie gern als «Fülle» oder «Glück» bezeichnet, und man schielt zu ihnen, wenn es um die Frage eines Lotto-Gewinns geht. In dieser Geste aber liegt wieder einmal der Wunsch, etwas möge sich im Außen so fügen, daß es mir im Inneren gutgeht. So aber läuft es im Leben – auf Dauer – nie. Noch nie ist ein Mensch mit einem Lotto-Gewinn glücklich geworden. Und noch nie ist das Glück – auf Dauer – von außen gekommen.

Bei einem Jupiter-Transit handelt es sich immer um einen geistigen Impuls, der sich von oben – nicht von außen – auf mich herniedersenkt (wie die Taube des Geistes über die Pfingstgemeinde) und der mir zu mehr *Einsicht* in mein Inneres verhelfen möchte. Insofern möchten Jupiter-Transite die Radix-Planeten an sich selbst erinnern. Darin setzen sie das Werk fort, das die Merkur-Transite begonnen hatten. Merkur wollte ja durch seine Transite, daß die Inneren sich «regen», damit man merkt, daß sie «da» sind. Wenn also Merkur sagt:

«Sich regen!», so vollendet Jupiter in einem zweiten Schritt den Satz zu «...bringt Segen!»

Dazwischen aber liegt eine von Jupiter vermittelte Einsicht in die Natur und den Charakter jener inneren Person, die er gerade überquert. Er-Innere ich mich jedoch (durch den Jupiter) an eine innere Person, so bin ich erfüllt. Und auf diese durch die Er-Innerung ausgelöste Erfüllung arbeiten die Jupiter-Transite hin. Es geht also um die Erfüllung durch etwas Geistiges und nicht um die Füllung meines Kontos, obwohl das astrologisch gern verwechselt wird. Weil dieses Spiel mit der Taube und dem Geist letztlich immer auf eine *Einsicht* zielt, macht es keinen Sinn, die einzelnen Transite zu beschreiben. Einsichten, deren Tiefe vorweggenommen wird, sind wie Weihnachtsgeschenke, die bereits am 1. Dezember bekannt sind. Man packt sie am 24. Dezember aus und tut so, als ob man sich freut.

Alle anderen transitierenden Planeten – Mars, Saturn, Uranus, Neptun und Pluto – findet der Leser im Folgenden in einer symbolische Kurzbeschreibung, die ihm helfen kann, eine seiner Wirklichkeiten (etwas) mehr ans Licht zu bringen. Denn darum geht es in Wahrheit bei jedem Transit: Der Leser (und natürlich der Autor ganz ebenso) erträumt sich eine «Wirklichkeit». Wie er gerne wäre, wie er die Welt gern hätte usw. Jene «Wirklichkeit» also, an der seine Seele hängt. Transite aber möchten die «wahre» Wirklichkeit ans Licht bringen.

Eine Wirklichkeit, die weh tut – und die gleichzeitig heilt.

Und der Basissatz für jeden Transit heißt: Je weiter du dich mit deiner «erträumten Wirklichkeit» von der Wirklichkeit, *wie sie ist*, entfernt hast, desto mehr tut der Transit weh!

Anders gesagt: Wer tatsächlich in der Wirklichkeit hier auf Erden lebt, der merkt seine Transite überhaupt nicht.

Aber nur unter uns beiden: Wer tut das schon?

Die Mars-Transite

Generell: Was will der Mars in jedem Transit?

Er will darauf hinweisen, daß der Mensch (bzw. die betreffende Innenperson) *zur Tat fähig ist* und daß die *Zeit zur Tat gekommen ist*. Das ist seine Botschaft.

Das heißt nicht, daß die Tat jetzt auch tatsächlich durchgeführt werden wird oder muß! Manchmal ist die Tat tatsächlich undurchführbar, und es muß auf sie verzichtet werden. Dann aber muß der Täter, der da ist und der (auf die Tat) verzichtet, zumindest in den Blick geraten und sogar noch in seinem Verzicht gewürdigt werden. Manchmal ist also auch das Nicht-Handeln des Täters, also die Nicht-Tat, eine besondere Tat.

In der Regel aber geht es bei den Mars-Transiten darum, daß ein Schritt in Richtung auf eine (initiatische) Handlung unternommen wird. Die Innenperson soll – wenn es ihr auch noch so schwer fällt – zum Täter werden.

Mars-Transite über die Radix-Sonne

Ich kann die Größe meines Ego nur aufrechterhalten, wenn ich bereit bin zu kämpfen. Führe ich den Kampf nicht, kommt es zu einem Verlust meiner Würde und damit meiner Selbstachtung. Der Gegner will mir einen Teil meiner Königswürde streitig machen, also lautet die Botschaft meines transitierenden Mars: Auch wenn es dir schwerfällt, auch wenn du normalerweise den Kampf als ein primitives Geschehen ablehnst und verachtest, jetzt ist die Zeit gekommen, den Fehdehandschuh aufzunehmen und zu kämpfen.

Ja, es kann sein, daß du verlieren wirst (besonders bei Mars-Sonne-Quadrat), aber es ist immer noch besser, zu verlieren, als nicht gekämpft zu haben. Mit einer Niederlage kann man sich auseinandersetzen, und über jedes Schlachtfeld wächst einmal Gras. Nicht gekämpft zu haben, als es darauf ankam, aber bleibt als Scham (und dem eigenen inneren Vorwurf der Feigheit) sehr viel länger frisch.

Mars-Transite über den Radix-Mond

Hier erfahre ich entweder eine Verletzung (durch einen anderen Menschen), oder eine alte Verletzung, die sich sehr viel früher zugetragen hat, bricht in meinem Inneren wieder auf. In Wahrheit ist jedoch beides dasselbe: Ich werde heute nur deshalb verletzt, damit eine alte Verletzung, die ich vergessen hatte, wieder aufbrechen und sich zeigen kann.

> (Es hilft zu wissen: Bis zu einem Alter von ca. 14 Jahren gibt es Originalverletzungen. Jede Verletzung, die ich als Erwachsener erleide, trägt nur dazu bei, eine frühere Verletzung wieder hochzuspülen.)

Auf diese Verletzungen gibt es zwei mögliche Reaktionen: Ich trage ihre Folgen (Schmerz, Angst, Tränen etc.) endlich nach außen und fühle sie zu Ende. Ein Vorgang, der, wenn er richtig geschieht, in 20 Minuten vorbei ist – wenn ich den Mut habe, tief in den Vorgang einzutauchen.

Oder: Ich gehe *nicht* in die Verletzung hinein und halte den neuen (und den alten) Schmerz fest, dann laufe ich in den nächsten Wochen (Monaten, mitunter Jahren) mit einer «Wut im Bauch», mit Trotz, Zorn, Ablehnung durch die Welt.

Mars-Transite über den Radix-Merkur

Hier wird die Tat, die der Mars von mir fordert, mit den Waffen des Wortes oder mit den Waffen der «Beschuldigung» und der «Anklage» durchgeführt. Der Merkur kann nicht handeln, indem er Hand anlegt, also legt er die «Zunge» an.

Das berühmte «J'accuse» des Emile Zola ist eine Tat des Wortes. Auch mit dem Wort gibt es – wie überall – zwei Arten der Tat: die offene Tat, den direkten Angriff von vorn. Ich schaue dem Gegner dabei ins Antlitz, und wenn der Worte genug gewechselt sind, haben wir wieder Ruhe.

Oder die verdeckte Tat von hinten: die üble Nachrede, den Tratsch, den Klatsch, also jede Anklage, wenn der Angeklagte nicht dabei ist. Diese zweite Tatvariante löst allerdings keine Probleme – das Thema wird also nicht gelöst, es bleibt erhalten.

Mars-Transite über die Radix-Venus

Hier geht es um ein Tauschgeschäft, auch wenn die Beteiligten davon nichts wissen. Die einfachste Formel für diesen Tausch lautet: *Energie gegen Wert.* Und die simpelste Form für diesen Tauschhandel ist der rein körperliche Sex. (Aber es gibt natürlich auch andere äußere Formen für dieses Geschäft.) Als Bild: Der Mars, der auf der körperlichen Ebene eben auch als Sexualdrang wirksam wird, trifft auf die Venus, die ihren Wert steigen möchte (oder einfach nur einen Partner will) und die deshalb unter allen verfügbaren diejenige sein möchte, die ausgewählt wird. Der eine zahlt mit seinem Wollen, der andere zahlt mit seiner Wichtigkeit, und wenn alles gutgeht, ist es für beide ein gutes Geschäft.

Doch leider ist es oft so wie beim Fußball, denn auch hier gilt die Regel: Energie gegen Wert. Der Fußballspieler setzt seine ganze Kraft, seine ganze Energie ein, um auf einer Rangskala des Wertes der erste zu werden. Doch er muß oft genug feststellen, daß der andere, der Gegner oder gar der Freund, mehr Wert auf sich ziehen kann. Und dann zählt er zu den Verlierern.

Bei diesem Transit gibt es für die Venus leider allzuoft das Gefühl, Verlierer zu sein. Im Fußball wie im Sex.

Mars-Transite über den Radix-Mars

Hier begegnet der Mars sich selbst und wird «nach oben» gezogen, damit er endlich zur Tat schreitet. Je nachdem, wie weit er sich in meinem Radix in der Versenkung aufhält, erschrickt mich das. Man fühlt sich dann in seiner Wut, in seiner Aggression fremd – zumal das ja im direkten Transit nur ca. alle zwei Jahre geschieht. Geht der transitierende Mars im Quadrat oder in der Opposition (und im Spiegelpunkt) über den Radix-Mars, so ist die Wut gegen jemanden adressiert, der mit dem Ganzen gar nichts zu tun hat. Und dem man jetzt bitter Unrecht tut. So kann es sein, daß ein Mann auf einmal seine Wut gegen die Mutter spürt, das aber nicht weiß und diese Wut gegen seine Frau richtet. (Oder seine Wut gegen den Chef an seinen Kindern ausläßt.) Kurzum, ein solcher Transit führt oft dazu, daß Unschuldige leiden müssen. Ist der Transit dann vorüber, wundern sich alle Beteiligten. Der, der zum Täter geworden ist, oft am meisten.

Mars-Transite über den Radix-Jupiter

Hier wird die Energie des Mars für geistige Belange zur Verfügung gestellt und eingesetzt. Das heißt, man versucht, ein geistiges Ziel mit körperlichen Mitteln zu erreichen. Es ist natürlich ausgeschlossen, daß so etwas funktioniert, aber es macht sich gut in den eigenen Akten («Rock gegen Rechts»). Es ist genau so, als würde der Rocksänger sagen: «Ich vögele für den Frieden!», oder der Seminarleiter erzählt seinen Schülern: «Mit Tantra zur Erleuchtung». Der Witz an der Geschichte ist der: Obwohl es eine Lüge (oder sagen wir besser, einen Blauäugigkeit) ist, funktioniert es – in der Tiefe – tatsächlich. Allerdings aus ganz anderen Gründen, als man glaubt. Insofern wird das *Ziel* des Energieeinsatzes nie erreicht, wenn auch der *Weg* richtig ist. Denn es wird etwas ganz anderes (als das Beabsichtigte) dadurch gewonnen: nämlich eine tiefe *Einsicht*. Immer. Wenn auch zuerst durch eine tiefe Enttäuschung hindurch.

Mars-Transite über den Radix-Saturn

Generell gilt: Der Mars kann als subjektiver Planet den objektiven Planeten (Saturn, Uranus, Neptun – und auch dem Pluto) nicht das Wasser reichen. Insofern gilt auch: Alle subjektiven Planeten, die die objektiven Radix-Planeten berühren, werden von diesen für die Zwecke des Objektiven funktionalisiert und verwendet. Für den Mars-Transit über den Radix-Saturn heißt das immer: Der Saturn verwendet den Mars für seine Zwecke.

Und so ist ein Transit des Mars über den Saturn ein *Hochziehen des Schicksals*, das sich dann des Mars bedient. Das kann von der Erkältung bis zum Autounfall jedwede Form annehmen, je nachdem, wie weit ich mich aus meinem Schicksalsrahmen zu entfernen versucht habe.

Saturn heißt ja immer: der Rahmen des Schicksals, innerhalb dessen mir mein Leben gelingt – wenn ich die Begrenzungen des Rahmens akzeptiere. Sich aus dem Rahmen zu weit hinauszulehnen (wie es bei den meisten von uns der Fall ist), heißt dann, sein Schicksal eben nicht zu akzeptieren.

Aus einer anderen Sichtweise bedeutet es: die Verantwortung für sein Leben eben nicht zu übernehmen. Wird jetzt der Saturn über den Mars angesprochen, so regelt der Mars mich – energetisch – wieder in mein Schicksal zurück.

Das muß natürlich mit um so mehr Energie geschehen, je weiter ich mich aus meinem Schicksal entfernt habe. Wir sehen, hier zieht die eine Bedingung (Entfernung aus dem Rahmen) die andere Bedingung nach sich, und es ist völlig unmöglich, konkrete Beispiele zu benennen, was bei einem Mars-Saturn-Transit geschieht oder geschehen wird.

Mars-Transite über den Radix-Uranus

Wieder gilt: Der Mars zieht den Uranus «hoch», und der Uranus verwendet dann den Mars für seine Belange. Uranus aber will immer ein Lösungsgeschehen initiieren. Wann immer er auftritt, bringt er eine Sache, die – von seiner höheren Warte aus betrachtet – bereits beendet ist, aber von der ich (aus einer lieben Gewohnheit heraus und weil ich Angst vor allem Neuen habe) mich noch nicht gelöst habe, zu einem kraftvollen Ende.

Das ist das Ziel dieses Transits: etwas zu beenden. Da aber dieser Transit (mit all seinen Aspekten) mindestens dreimal im Jahr auftritt und stattfindet, muß der Leser jetzt nicht argwöhnen, daß Mars-Uranus jedesmal seine Ehe, seinen Beruf oder seine Wohnung aufkündigen will. Nein, auch *innerhalb* der Ehe, *innerhalb* des Berufs, *innerhalb* des Hauses gibt es vieles *zu lösen*. Manchmal muß man sich von der nicht mehr passenden Vase aus einer vorherigen Beziehung lösen. Sie fällt mir (oder meiner Partnerin) dann versehentlich runter und ist kaputt. Und Mars-Uranus, der in einem anderen Zusammenhang auch gern der «kleine Giftzwerg» genannt wird, feixt und hat seinen Spaß an den Scherben, auch und gerade, wenn der Haussegen darüber ebenfalls für kurze Zeit zu Bruch gegangen sein sollte.

Mars-Transite über den Radix-Neptun

Wird der Neptun vom Mars «hochgeklingelt», so geht als erstes ziemlich viel Kraft und Energie in die Verwirklichung eines Traumes (oder einer Illusion, was dasselbe ist). Wann immer Neptun berührt wird, wird in jedem Fall etwas Un-Reales berührt, denn Neptuns Artikulationen gehören dem Himmel an, nicht der Erde. Aber die menschliche Seele ist nun einmal so gebaut, daß sie den Unterschied zwischen Himmel und Erde nicht wahrhaben möchte. Denn sie glaubt, man könne den Himmel auf die Erde ziehen, man könne einen Traum real werden lassen. Und solange der Mensch das glaubt, kann er Energien für die Verwirklichung eines Traumes zur Verfügung stellen. Es sind allerdings in jedem Fall Energien, mit denen man Seifenblasen fangen möchte.

Als zweites scheint es so zu sein, daß in der Tiefe jedes Traumes, in der Tiefe jedes Neptun-Themas ein besonderer Engel verborgen liegt, der in die «Anschauung» möchte. Konkret muß man also prüfen, welcher Verstorbene aus meinem Leben oder aus dem Leben meiner Familie (denn um einen solchen Engel handelt es sich) noch nicht ausreichend verabschiedet worden ist. Manche dieser Toten haben in meinem Herzen noch keinen «guten Platz» (Hellinger), dann müssen sie so lange «hochgeklingelt» werden, bis sie ihren Frieden in meiner Seele finden.

Mars-Transite über den Radix-Pluto

Wird der Pluto vom Mars angezogen (bzw. abgestoßen, siehe S. 125), so wird in ihm eine Vorstellung verdichtet (komprimiert), eine fixe Idee wird frei und diese wird vorübergehend (denn der Mars geht ja in ca. 14 Tagen vorbei) handlungsleitend.

So wie der Neptun einen Traum hochgaukelt, der sich realisieren soll, so gaukelt der Pluto eine Idee hoch, nach der ich leben möchte bzw. nach der der andere leben sollte: Meine Idee! Erkennt man die Neptun-Problematik (von außen) sofort an ihrem sehnsüchtigen Charakter (an dem schmachtenden Schwärmen), so ist es bei der Pluto-Thematik leider nicht so einfach, denn der Pluto *erscheint* erdig. Die Idee erscheint realistischer. Im Gegensatz zum «Himmel» des Neptuns steht nämlich die «Unterwelt» des Pluto. Aber beide haben sich gleich weit von der Oberfläche der Erde (auf der einzig und allein das Leben stattfinden kann) zurückgezogen. Anders gesagt: Trifft ein Transit den Pluto, so zieht dieses Transit das Leben ein Stück weit von der Erde ab und lenkt es auf die Idee, wie ich – oder der andere oder gleich alle Menschen – sein sollten. Mars-Transite über dem Pluto stellen ihre Kraft einzig und allein dem Konjunktiv (ich sollte... ich müßte...) zur Verfügung. Jetzt *handelt* der Mensch in der Verfolgung dieses Konjunktivs.

Eine Idee wird zum Schwamm, der die Lebenskraft aufsaugt und mich für das Leben auf der Oberfläche der Erde kraftlos macht.

Welche Idee?

Das ist in der Tat die Frage, auf die der Astrologe bei seiner Beratung mit dem Klienten seine Aufmerksamkeit richten muß. Er kann es nie vorher wissen, denn es gibt so viele Ideen, wie es Sandkörner am Meer gibt.

Die Saturn-Transite

Generell: Was will der Saturn in jedem Transit?

Die Antwort ist relativ einfach hier hingeschrieben, aber sie ist unglaublich schwer in die Realität zu überführen.

Saturn will jeden Planeten, den er transitierend überquert und den er damit nach oben zieht, zu der Frage anhalten: Das, was du da in deinem Leben tust, kannst du dafür tatsächlich die Verantwortung übernehmen?

Und: Kann es sein, daß du in deinen Handlungen gegen die Gesetze und Ordnungen des Lebens verstoßen hast?

Damit wird der Saturn zum Schulmeister des Lebens. Und er ist tatsächlich vergleichbar mit jenem unerbittlich (alten) Lehrer aus den Schulklassen der alten Schwarz-Weiß-Filme, dessen knochiger Finger prüfend durch die Reihen der geduckten Schüler fährt. Diese wissen, daß der, den er gleich aufruft, von seiner Bank hochschnellen und stotternd eine Antwort probieren wird. Und daß die Antwort in den weitaus meisten Fällen falsch sein wird. Worauf er dann «Setzen! Fünf!» sagen wird und damit das Schicksal eines ganzen Lebensweges zu bedrohen vermag.

Und die geduckten Schüler – vergleichbar den Planeten, die gleich transitiert werden – hoffen und bitten, der Alte möge sie nur dieses eine Mal übersehen und übergehen, und sie zittern jedesmal vor dem Finger, als ginge es wirklich um ihr Leben.

Dabei ist es so einfach. Man muß nur die Aufgaben, die er das letzte Mal zu lernen gegeben hat, gelöst haben.

Aber der Mensch ist ein Kind, ein Schüler, und der gestrige Nachmittag war so sonnig, und im Schwimmbad lachten die Buben (die Mädels), und alles war so fröhlich, da war an die «Aufgaben» gar nicht zu denken. (Glaubt denn einer wirklich, daß eine Aufgabe umsonst «Aufgabe» heißt.)

Tja.

Saturn-Transite über die Radix-Sonne

Die Radix-Sonne stellt den Höhepunkt des subjektiven menschlichen «Ich will» dar. Ich will sein. Ich will haben. Ich will strahlen. Der transitierende Saturn stellt den Höhepunkt des objektiven «Du sollst» dar. Somit findet sich der Mensch bei einem solchen Transit in einem Widerstreit zwischen dem Wollen und dem Sollen, den der Mensch um jeden Preis in Richtung auf das Wollen hin lösen möchte. Der aber in jedem Fall (bei einem solchen Transit!) in Richtung auf das Sollen entschieden wird.

Je mehr der Mensch sich auf das Wollen versteift, desto heftiger und (so erscheint es ihm) erbarmungsloser erzwingt der Saturn die Durchsetzung des Sollens. Das *Sollen* aber ist immer verbunden mit einem *Tragen*, mit einem *Übernehmen*. Die Sonne wird also genötigt, für das, was sie mit ihrem Motto «Gib Gas, ich will Spaß» in der Welt angerührt hat, die Verantwortung zu übernehmen. Also die Folgen ihres Tuns zu tragen!

Da die Sonne ihr Hauptbetätigungsfeld in den Bereichen Partnerschaft und Karriere sucht, stehen bei einem Transit generell zwei Fragen im Vordergrund: Welchem Partner des anderen Geschlechts hast du – in der einen oder anderen Form – das Herz gebrochen? Und: Welche Menschen in deinem Arbeitsumfeld hast du an die Seite gedrängt, damit deine Sonne besser strahlen kann? Und wie kannst du das wieder «gut» machen?

Die Antwort auf die letzte Frage ist sehr einfach: Indem du es bekennst! Ein Bekenntnis aber gilt erst in dem Moment, indem du dem, den es betrifft, bei deinem Bekenntnis ins Antlitz schaust.

Saturn-Transite über den Radix-Mond

Die Tierkreiszeichen Krebs (Mond) und Steinbock (Saturn) stehen einander gegenüber. Daraus ergibt sich, daß die beiden die größten Schwierigkeiten haben zueinanderzukommen.

Und wenn dieses Zueinanderkommen geschieht, dann nur durch eine Strecke des Leids hindurch! Aber erst einmal sind die beiden unversöhnt.

Der Mond trägt in seinem Inneren sehr viele Verletzungen aus einer Zeit, als der Mensch noch sehr klein (also ein Kind) war. Er hat die Verletzungen in seinem Inneren verschlossen und möchte nicht, daß daran gerührt wird.

Außerdem hat er diejenigen Menschen im Außen, von denen er glaubt, daß sie für diese Verletzungen verantwortlich sind – meist die eigene Mutter –, aus seiner «guten Seele» ausgegrenzt und ihnen – trotzig – einen warmen Platz in seinem Herzen verweigert.

Der Saturn, der jetzt transitierend den Mond hochzieht, sagt gleichsam wörtlich: «Du mußt endlich den Schmerz, der dir damals zugefügt worden ist, zu Ende fühlen und all jene Menschen, die du verurteilt hast, wieder rehabilitieren.»

Aber, und das ist sehr wichtig, es muß in dieser Reihenfolge geschehen! Eine Rehabilitation, ohne den Schmerz gefühlt zu haben, bleibt ein Lippenbekenntnis. Und ein Wiederholen des Schmerzes ohne Rehabilitation bleibt folgenlos.

Freilich ist eines bei diesem Transit zu beachten. Der Saturn aktiviert den alten Schmerz auf eine etwas mißverständliche Weise: Er kreiert nämlich einen *neuen* Schmerz, eine *neue* Verletzung, etwas Aktuelles also, und erst im Fahrwasser der neuen Verletzung bricht die *alte* Verletzung wieder auf. Die meisten Menschen aber halten die neue Verletzung für das Eigentliche und versäumen es, das Fahrwasser genauer zu betrachten.

Und so muß der Saturn in der Regel einige Male kommen, damit der Mensch im aktuellen Schmerz irgendwann einmal beginnt, nach hinten zu schauen.

(Man kann es den Menschen freilich von außen ansehen, wenn sie in einem «aktuellen Schmerz» – wie sie glauben – sich aufhalten: Sie sehen dabei aus, als wären sie vier Jahre alt!)

Saturn-Transite über den Radix-Merkur

Der Merkur stellt unserem Leben einen großen Teil Geschäftigkeit zur Verfügung. Ob es sich dabei um intellektuelle Regsamkeit oder um verstandesmäßige Betriebsamkeit handelt, das meiste der merkurialen Betätigungen dient der Ablenkung. Um nicht zu merken, wie man in der Mittelmäßigkeit des Hintergrundes zu verschwinden droht.

Saturn nun schränkt all diese Tätigkeiten, die vorher der Stabilisierung des Alltags dienten, drastisch ein oder läßt diese folgenlos werden. Und es sieht so aus, als ob das, was das Leben vorher intellektuell und vernünftig zusammengehalten hat, jetzt nicht mehr wirkt. (Man erzählt einen Witz, und man merkt erst bei der Pointe, daß man ihn demselben Publikum schon vor drei Tagen erzählt hat.)

Indem der Saturn den Merkur hochzieht, wird eine Art Angst frei: die Angst, ich kann meine Rolle nicht mehr aufrechterhalten, und man durchschaut mich. Zwar weiß man nicht so genau, was es da zu durchschauen gibt, aber die Angst, man könnte das Hohle in mir entdecken, reicht aus, eine starke Unsicherheit zu entfachen. Und um nicht mehr und nicht weniger geht es: Daß ich mir *unsicher* werde!

Saturn-Transite über die Radix-Venus

Die Venus trägt in unser Leben das Thema der Attraktivität und das der Partnerschaft hinein. Saturn, der diese Venus transitierend berührt, fordert uns auf, diese Gaben nicht für selbstverständlich zu erachten, sondern verantwortungsvoll damit umzugehen. Um jedoch dieses Verantwortungsgefühl zu erzeugen, muß er uns mitunter diese vom Schicksal (also von ihm) zugeteilten Geschenke erst einmal wegnehmen. Es entsteht dann bei einem Transit schnell das Gefühl, ich sei häßlich, niemand mag mich, oder – eine Spur härter – mein Partner (meine Partnerin) verläßt mich gar, und so wird ein derartiges Transit oft zu einer traurigen Angelegenheit. Ich fühle mich dann verlassen und einsam (mitunter sogar *in ei-*

ner Beziehung). Das gute Schicksal, an das ich mich so sehr gewöhnt habe, daß ich es kaum mehr wahrnehmen konnte, scheint mich allein gelassen zu haben.

Und das hat es auch! Aber nur, damit ich in Zukunft begreife, daß es ein Geschenk war (und ist) und keine Selbstverständlichkeit – gar noch eine, auf die ich ein Recht hätte.

«Verantwortung für die Partnerschaft» aber bedeutet nicht nur, daß ich die seelischen Gaben und Geschenke meines *aktuellen* Partners an mich auch zu würdigen weiß, Saturn-Venus-Transite möchten oft darüber hinaus auch noch einmal an *vergangene Partner* erinnern und deren Gaben anerkannt wissen.

Saturn-Transite über den Radix-Mars

Der Mars ist jene subjektive Person in meinem Inneren, die ohne große Rücksichten nach vorn prescht und – natürlich verantwortungslos – für seine Energien einen Spielball, einen Punchingball oder ein (sexuelles) Abreaktionsobjekt benötigt.

Sobald der Saturn transitiert, kann dieses Geschehen natürlich nicht mehr ohne Konsequenzen bleiben. Der Mars, der normalerweise nicht zurückschaut, wird jetzt gezwungen, das zu tun. Der Saturn nötigt ihn nämlich entweder, sich die Folgen seines Tuns zu verdeutlichen und sie zu tragen – oder er nimmt ihm (vorübergehend) einfach die Werkzeuge, mit denen er dieses Tun vorher ausüben konnte. Ich bin dann wie ein Handwerker, der sich gerade ans Werk machen will, aber einen leeren Werkzeugkasten vorfindet. Oder aber der Saturn hindert mich ganz einfach daran, an meinen Arbeitsplatz zu gelangen, indem er mich irgendwo festsitzen läßt.

Der Saturn verlangt also in dieser Zeit, daß ich mich meiner Rücksichtslosigkeiten (man muß dieses Wort länger betrachten) besinne und auch der Opfer, die meinen Weg säumen. Erst wenn ich diese Opfer in den Blick genommen habe (und dazu muß ich sie tatsächlich länger anschauen), habe ich die Chance, mich den Forderungen des Saturns zu stellen.

Saturn-Transite über den Radix-Jupiter

Das Bild für diesen Transit ist die «Beichte» oder auch die «Therapie». Einer erzählt etwas über seine «Verfehlungen», ein zweiter hört zu und schlägt am Ende eine «Lösung» vor.

So weit, so gut. Der Jupiter ist in diesem Fall der Beichtvater oder der Therapeut oder auch nur der aufmerksame Zuhörer, der dem Freund, der Freundin sein Ohr leiht.

Der Saturn aber, der transitierend ins Spiel kommt, will jetzt, daß nicht etwa der Ratsuchende (der Beichtende, der Patient) die Verantwortung für seine Verfehlung übernimmt. Nein, der Saturn will, daß der Jupiter die Verantwortung für die Verfehlung des Gegenübers sich eingesteht.

Bevor der Leser jetzt an einen schlechten Scherz glaubt, müssen wir es noch einmal mit anderen Worten sagen: Wann immer ein Patient zu einem Therapeuten geht und ein Gläubiger zu seinem Beichtvater und ein sorgenbeladener Freund zu einem Freund, konfrontiert er sein Gegenüber mit einer Verfehlung oder einer Befürchtung. In diesem Moment aber wird beim Therapeuten, beim Beichtvater, beim zuhörenden Freund ebendieses Thema, das der Ratsuchende ins Spiel bringt, auch ausgelöst. Und nur, wenn der «Beichtvater» sich dieses Thema als Verfehlung in seiner eigenen Seele ebenfalls zugesteht (ggf. in einer leicht modifizierten Gestalt), können beide eine Lösung für ihren beiderseitigen Seelenfrieden finden.

Erst wenn der Beichtvater weiß, daß der Gläubige ihm die eigene Verfehlung symbolisch spiegelt, hat der Saturn-Jupiter-Transit seinen Zweck erreicht.

Saturn-Transite über den Radix-Saturn

Ein Saturn-Transit über den Radix-Saturn erneuert und aktiviert natürlich das Thema des Radix-Saturns auf das heftigste. Wo immer der Saturn im Radix-Horoskop steht, dort liegt der Bereich, über den ich die größte Verantwortung für die Ordnung in meinem Leben zu übernehmen habe – und dort ist auch der Bereich, über den ich bisher die wenigste Verantwortung übernommen habe.

Jeder direkte Saturn-Transit (alle 29 Jahre) über diesen Ort erneuert diese Aufgabe und spiegelt mir beides: a) das, was ich tragen soll, und b) das, was ich noch nicht trage.

Jede Saturn-Saturn-Opposition (alle 14,5 Jahre) zeigt mir *schmerzhaft*, wie weit – nämlich 180 Grad weit – ich noch von der Übernahme der Verantwortung entfernt bin.

Jedes Saturn-Saturn-Quadrat (alle 7,25 Jahre) veranlaßt mich insgeheim, vor dieser schweren Aufgabe wegzuschauen. Ja, mehr noch, in dieser Zeit geschieht oft eine weitere Verfehlung gegen die Ordnung, so daß das Thema dann um so deutlicher in das Unbewußte hineingeschrieben wird. Der dadurch entstehende zusätzliche Druck führt mich dann allerdings wieder näher an die eigentliche Aufgabenstellung.

Saturn-Transite über den Radix-Uranus

Der Uranus steht mit seinem Thema des Lösens an einer bestimmten Stelle unseres Radix-Lebens und fordert seinen Tribut: «Hier sollst du dich befreien, hier sollst du dich unabhängig machen, hier sollst du weit und offen werden und deinen eigenen *individuellen* Weg finden!»

Der Mensch aber steht mit seinen Hauptpersonen (dem Herrscher von 1 und der Sonne) meist an einer ganz anderen Stelle und denkt nicht im Traum daran, ein Lösungsgeschehen einzuleiten. Bei einem Saturn-Transit über dem Uranus aber geschieht etwas Eigenartiges: Der Saturn verhilft dem Uranus zu einer Befreiung, indem er die Gefangenschaft, die Enge, das Festsitzen (also den Gegenpol) so sehr verstärkt, daß eine Lösung jetzt zur einzigen Alternative wird.

Als Bild: Jeder Uranus im Radix ist eine innere Person, die sich in einem Käfig befindet. Es mag ein goldner Käfig sein, aber ein Käfig ist es dennoch. Und: Der Mensch hat sich in der Regel so mit seinem Leben eingerichtet, daß er den Käfig nicht mehr wahrnimmt, zumal die anderen Innenbewohner (die Wärter und Wächter des Käfigs) ihm glaubhaft versichern, es sei kein Käfig. Der Mensch denkt also nicht daran, sich aus seinem Käfig zu befreien, denn hier im Käfig kennt er sich aus, und im Inneren erfährt er auch eine gewisse Sicherheit. Er würde sich noch nicht einmal in die Freiheit trauen, wenn die Käfigtüren weit offenstünden. Also muß der Saturn sich mit dem Uranus verbünden und die Wände des Käfigs so sehr verengen, daß der Innenbewohner das Gefühl entwickelt, zu ersticken oder von den Wänden zerquetscht zu werden. Erst jetzt gibt es keinen anderen Weg mehr, als den Käfig zu verlassen.

(Es ist hier sehr wichtig, zu begreifen, daß die objektiven Planeten – Saturn, Uranus und Neptun – nie gegeneinander arbeiten oder gar miteinander einen Konflikt haben. Sie ziehen immer am selben Strang, und zwar ziehen sie den Menschen in Richtung auf mehr Ehrlichkeit.)

Saturn-Transite über den Radix-Neptun

Der Neptun steht im Horoskop für die «Welt hinter der Welt», die freilich mein Leben auf eine kaum zu verstehende Weise berührt und eine Schnittstelle zwischen «Hier» und «Drüben», zwischen Erde und Himmel, zwischen Diesseits und Jenseits bildet. (Ohne den Neptun gäbe es auch das Hier und das Drüben, doch wir hätten keine Möglichkeit, mit dem Drüben Kontakt aufzunehmen.)

Das Drüben aber ist bewohnt! Dort leben Wesen, und soweit es uns als Menschen anbelangt, leben dort drüben die *Verstorbenen, die zu unserer Seele gehören.* Sie sind als erstes gemeint, wenn irgendwo das Wort «Engel» ertönt.

Saturn, der jetzt dieses jenseitige Reich berührt, möchte, daß wir, die wir noch hier sind, die Verantwortung übernehmen für jene, die bereits drüben sind. Und daß wir sie, die Verstorbenen, aufnehmen und einfügen in die Ordnung unseres Lebens.

Ein eigenartiger Satz! Was haben wir denn mit denen dort

drüben zu tun? Nun, wir stehen auf ihren Schultern! Wir bauen unser Leben auf das auf, was sie uns gegeben und hinterlassen haben. Wir *verdanken* ihnen alles! Doch die meisten von uns *danken* ihnen dafür eben gerade nicht!

Hätte es die Großmutter nicht gegeben, dann hätte es den Vater oder die Mutter nicht gegeben, und dann hätte es mich nicht gegeben.

Saturn sorgt dafür, daß die Lebenden die Ordnung der Verstorbenen respektieren und anerkennen und daß ihnen für die Leistungen, also für das, was sie gegeben haben, gedankt wird.

Damit aber sorgt Saturn (als Transit über den Neptun) dafür, daß ich lerne, mich vor meinem Schicksal, das von weit herkommt, zu verneigen.

Saturn-Neptun hat also zu tun mit der Frage: Anerkenne ich mein Schicksal, oder rebelliere ich gegen es?

Saturn-Transite über den Radix-Pluto

Der Radix-Pluto trägt in sich das Thema der «Bindung an eine Vorstellung» und damit ebenso das Thema «Das Leben verdichtet sich zu einer Idee des Lebens». Man muß sich das tatsächlich so vorstellen, als würde aus dem Leben durch geistigen Druck und geistige Hitze ein Leben*extrakt* gewonnen, so wie man aus Kaffee in gleicher Weise Nescafé macht. (Oder aus Rindfleisch Fleischextrakt.)

Der Saturn tut nun etwas ganz Ähnliches, wie er es schon im Falle des Uranus getan hat. Nur diesmal arbeitet er nicht (wie beim Uranus) für den Pluto, sondern, da der Pluto nicht zu den Objektiven zählt, *gegen* ihn. Von außen betrachtet aber sieht es so aus, als arbeite er mit ihm, denn er fügt dem Verdichtungswerk des Pluto noch mehr Druckenergie hinzu. Damit aber erkennt der Mensch, dessen Leben jetzt in einer tiefen Be-Drückung, in einer De-Pression sitzt, früher oder später, daß er einer Idee aufgesessen ist. Es ist dies der Weg, den alle Ideologien (Lebens-Ideen) zu durchlaufen haben: Sie werden irgendwann vom Saturn so unerträglich (und unverträglich) gemacht, daß der Mensch sie als Anti-Bios erkennt.

Saturn-Transite über den Pluto heißen also wörtlich: Du bist einer *Idee* des Lebendigen aufgesessen, kehre also zurück zu der natürlichen Ordnung des Lebendigen.

Die Uranus-Transite

Generell: Was will der Uranus in jedem Transit?

Sein mythologischer Name lautet: Der Entbinder. Und er trennt, er löst! Was löst er? Alles, was überfällig geworden ist, alles, was alt geworden ist, alles, was in der jetzigen Gestalt nicht mehr trägt. Er ist der Herrscher über die Entwicklungsschritte des Menschen; jener Schritte aber, die der Mensch in den wenigsten Fällen freiwillig zu machen bereit ist.

Ein einfaches Beispiel kann das verdeutlichen: Die Kindheit ist in der Regel mit 14 Jahren beendet. Sie ist eine Zeit, in der der Mensch noch nicht allzuviel Verantwortung übernehmen mußte. Eine schöne Zeit, und es zählte in ihr hauptsächlich das *Spielen*. Zwischen 12 und 14 Jahren aber meldet sich die Zeit der Jugend, und mit ihr kommt das Erwachen der körperlichen und sexuellen Gefühle und Bedürfnisse. Ein Entwicklungsschritt ist nötig. Aber erst einmal ist der Jugendliche total überfordert. Er weiß nicht, was geschieht, und verstrickt sich in allerlei Ängste, Unsicherheiten und Irrwege. Er kennt das neue Spiel noch nicht, und so versucht er weiterhin an den Regeln des Kindheitsspiels festzuhalten. Diese aber gelten nicht mehr, und das muß der werdende Mensch in dieser Zeit schmerzhaft erfahren. Er muß also lernen, sich von den Kindheitsspielen zu lösen und eintreten in die Welt (und die Spiele) der Jugendlichen. Rund sieben Jahre später, wenn er gerade mühsam das Jugendlichenspiel kennengelernt hat, fordert der Uranus von ihm schon wieder einen Entwicklungsschritt. Jetzt soll er auf einmal das Erwachsenenspiel lernen. Neue Regeln stehen ins Haus. Neue Verantwortungen dämmern herauf. Wieder muß er sich mühsam und schmerzhaft lösen und in ein neues Unternehmen eintreten. Es sind also *Reifungs*schübe, die immer einhergehen mit *Lösungs*schüben.

Und selbstverständlich ist es so, daß kein Mensch auf der ganzen Welt mit 21 Jahren in das Erwachsenenleben eintritt, denn die Seele des Menschen reagiert mit ihrem Wachstum sehr viel langsamer als der Körper, der ja in den meisten Fällen mit 21 Jahren tatsächlich erwachsen ist.

Und so bleiben – am Beispiel eines körperlich erwachsenen Mannes mit 35 Jahren – einige innere Personen auf der Entwicklungsstufe des Kleinkindes (0–7), des Kindes (7–14), des Jugendlichen (14–21) einfach stehen und agieren diesem Alter gemäß aus dem Unbewußten heraus.

Und so hat der Uranus als derjenige, der diese unabgeschlossenen seelischen Entwicklungsschritte zu einem Abschluß zu bringen und die neuen Entwicklungschritte vorzubereiten hat, bei jedem Menschen viel zu tun!

Der Leser mag jetzt einwenden: Ja, aber der Uranus hat doch noch andere Prozesse zu entbinden? Wir haben doch schon gehört, er entbindet von der Arbeit (Kündigung), er entbindet aus der Beziehung (Trennung), er entbindet sogar von der Wohnung (Mietvertrag gekündigt) usw.?

Ja, natürlich, so macht er es im Außen, *damit* ein Entwicklungschritt, ein Reifungsschritt auf der seelischen Ebene stattfinden kann. Schaut man nämlich den beschriebenen Phänomenen genauer ins Antlitz, so geht es in der Tiefe immer darum, die körperliche Reife mit der seelischen Reife in Übereinstimmung zu bringen. (Daß ich mich vorher noch mit einigen äußeren Personen versöhnen muß – Vater, Mutter, Geschwister etc. –, dient ebenfalls diesem Prozeß, denn ohne diese «Rückkehr ins Glied» kann der seelische Reifungsschritt nicht stattfinden.

Auch wenn es paradox klingt: Uranus *löst* nur durch eine schmerzhafte Versöhnung!)

Aber natürlich sind die Reifungsschritte nicht mit 21 Jahren im Status des «Erwachsenen» beendet. Es gibt viele weitere Schritte bis hin zum würdigen Greisenalter, und bei all diesen Schritten entbindet der Uranus und leitet über zu einer neuen Phase.

Und man kann sich vorstellen, wie schwer es ist, Menschen, die 58 Jahre alt sind und immer noch «Jugendliche» sein wollen, in eine neue Phase zu überführen. Wie viele Phasen hinken sie noch hinterher!

Die Umlaufbahn des Uranus um die Sonne beträgt 84 Jahre, und ebendiese Zeit beschreibt das archetypische Entwicklungsrund eines Menschen von der Wiege bis zur Bahre. Die Zeit, die der Uranus benötigt, einen Radix-Planeten zu transitieren, beträgt zwischen einem und zwei Jahren (mit Orbis und ggf. Rückläufigkeit). Er bereitet sich also von längerer Hand vor und bleibt dann eine gewisse Zeit, damit der Mensch den jeweiligen Reifungsschritt auch tatsächlich vollführen kann.

Uranus-Transite über die Radix-Sonne

Wenn die Sonne vom Uranus zu einem Entwicklungsschritt genötigt wird und sich weigert, diesen Schritt durchzuführen, so wird sie durch und durch erschüttert. Und erst einmal darf man davon ausgehen, daß jede Sonne sich weigert. Sie hat sich nämlich in jeder Phase, in der sie sich gerade befindet, an einer Stelle etabliert, an der das Ego relativ wichtig war, und sie befindet sich meist in der guten Hoffnung (oder auch der guten Illusion), daß es hier noch weiter bergauf gehen kann.

Solange sich jedoch das Ego auf dem Weg *nach oben* befindet, ist ein Reifungsschritt *unmöglich*. Infolgedessen hat der Uranus die traurige Pflicht, das Ego als erstes zu Fall zu bringen. Er muß es von jener Stelle des Berges, den das Ego bereits erklommen hat (und von der aus es zur nächsten Etappe schielt), nicht nur hindern weiterzukommen, sondern er muß dafür sorgen, daß das Ego zurück zum Fuße des Berges katapultiert wird. In diesem Geschehen wird ein tiefer Schmerz hochgespült, der allerdings ein reiner Ego-Schmerz ist. Denjenigen, die sich jetzt gerade beruhigen («Ach so, *nur* ein Ego-Schmerz!»), sei gesagt, daß der Ego-Schmerz zu den härtesten Instrumenten gehört, die die Seele in ihren Arealen bereithält.

Ob dieser Schock und das Abrutschen vom jeweiligen Thron mir durch Untreue (meines Mannes, meiner Frau), durch Verrat (eines Freudes, eines Vorgesetzten) oder einfach nur durch ein objektives Geschehen (meine Firma macht Pleite, und ich bin arbeitslos) zugefügt wird, ist vollständig gleichgültig.

(Beim Fall der Berliner Mauer war es ein kollektives Ereignis für ein halbes Volk: Menschen, die vom Vater Staat alles garantiert bekommen hatten, die also eine Garantie auf ihre Arbeitsstelle und ihren Kühlschrank hatten, standen auf einmal da, und der Vater hielt seine Hand nicht mehr über seinen Kindern. Millionen waren mit einem Schlag vaterlos, und es war ein Reifungsschritt erforderlich. «Verrat», brüllen einige heute noch und wählen trotzig die DVU – sie werden's dem neuen Vater schon zeigen. Andere wußten auf einmal: Jetzt stehe ich auf eigenen Füßen und muß selbst etwas tun. Sie mußten jetzt sehr schnell erwachsen werden – und viele schafften es.)

Der Schmerz – ich habe schon oft darauf hingewiesen –, der bei einem Uranus-Sonne-Transit frei wird, ist nicht der aktuelle Schmerz des betreffenden Ereignisses. Sondern es ist ein alter Schmerz, der aufs neue aktualisiert wird. Und hinter diesem Schmerz liegt in (mindestens) 75 % aller Fälle das nicht gelöste Vater-Thema. Jenes Thema in der Kindheit, das dazu geführt hat, daß ich eben genau in einer – heute nicht angemessenen – Reifungsphase stehengeblieben bin. Indem Uranus einen neuen Schmerz inszeniert, spült er den dahinter liegenden Schmerz (oft: über den – vermeintlichen – Verlust der Liebe des Vaters) mit nach oben. Und solange dieser Schmerz

nicht zu Ende gefühlt und damit geheilt wird, bleibt auch der
aktuelle Schmerz im System stecken.

Uranus-Transite über den Radix-Mond

Ein derartiger Transit geht – ganz ähnlich wie die Uranus-Son-
ne-Transite – ziemlich an die Substanz. Nur diesmal wird
nicht das Ego getroffen und zu Fall gebracht, sondern der
Uranus zielt *direkt* auf eine Stelle im Menschsein, die quasi
seit der Geburt eine offene Wunde hinterlassen hat.

Um diese Dynamik zu verstehen, muß ich ein wenig aus-
holen: Eines der Basisprobleme des Menschen ist das Getrenntsein und damit einhergehend das Gefühl von Alleinsein,
von Einsamkeit. Neun Monate lang wuchs der Mensch heran
und war eins, vereint und eben nicht getrennt. In den mütterlichen Leib mit seiner Versorgung war ich eingebettet, und
dieser Leib gab mir alles, was ich für den Beginn der menschlichen Existenz benötigte. Das muß man sich gut vorstellen:
Ich hatte ALLES! Ich war geborgen im Schoße meiner Mutter.
Sie war immer – im wörtlichen Sinn – um mich herum!

Bei der Geburt gab es dann eine körperliche und eine seelische Zäsur. Ich war auf einmal getrennt, nicht mehr geborgen, und es war entsetzlich kalt. Das Gefühl des Einsseins war
bald nur noch eine ferne Erinnerung, aber es bleibt jetzt als
eine tiefe Sehnsucht ein Leben lang bestehen. Natürlich hat
meine Mutter versucht, auch nach der Geburt noch «um mich
herum» zu sein, aber das war nur noch ein schwacher Ab-
glanz der früheren Herrlichkeit.

Viele Menschen versuchen heute nach wie vor an diese
Herrlichkeit heranzukommen, sei es durch einen Partner (auf
den ich meine «Verschmelzungsphantasien» – und deren spätere Enttäuschung – projiziere), sei es durch eine Ideologie
(«Eins werden mit Allem»). Denn natürlich will sich heute, also etliche Jahrzehnte später, das rechte Gefühl der *Geborgenheit* einfach nicht mehr einstellen. Manchmal gibt es eine
Nähe zu diesem Gefühl, aber dann verschwindet es auch wie-

der. Und natürlich kann sich ein solches Gefühl, das eine so umfassende Wurzel hat, tatsächlich nie wieder herstellen. Dennoch träumt der Mensch bei jeder neuen Partnerschaft, bei jeder neuen Wohnung, bei jedem neuen Berufswechsel insgeheim wieder diesen alten Traum. Und in der Zwischenzeit richtet er sein Leben recht und schlecht mit einem Mangel ein.

Kommt dann der Uranus in einem Transit über den Radix-Mond, so wird aus dem vorher nur unterschwellig mitlaufenden Mangel schnell eine mittelschwere Entbindungs-Katastrophe.

In der Regel gibt es hier dann entweder eine faktische Trennung (von einem Partner, einem Kind, einem Elternteil, einem geliebten Tier usw.), oder es entsteht auch ohne diese Trennung ein tiefes Gefühl von Getrenntsein, Einsamkeit, Kälte und «Keiner ist je für mich da». Und es stört dieses Gefühl noch nicht einmal, daß – tatsächlich – genügend Menschen da und um mich herum sind. Denn die Wahrheit ist: Diese Einsamkeit, dieses Getrenntsein kommt von so weit her, daß kein aktueller Partner mich davor zu schützen vermag.

Und so wie der vorherige Uranus-Sonne-Transit in den weitaus meisten Fällen vom Vater her seine Wurzel hat, so trifft der Uranus-Mond-Transit mich von der mütterlichen Seite her. Die Mutter hat (vermeintlich) nicht genug für mich getan, sie war es, die mich in die Ungeborgenheit des Lebens hinausgestoßen hat (was stimmt), und nur ihre Liebe könnte mir jene Eihülle geben, in der ich zu überleben vermöchte (was nicht stimmt).

Mit anderen Worten, der Schmerz, den ich in meiner Seele verspüre, ist eigentlich der Schmerz eines sehr kleinen Kindes, das sich nach der Wärme seiner Mutter sehnt. Und das – ebenso – einen Vorbehalt und eine Ablehnung gegen seine Mutter verspürt. («Sie hat mir nie gegeben, was ich wirklich brauchte!») In Wahrheit aber geht es hier um einen *Abschied von der Mutter*. Um einen Abschied (und um einen Verzicht), aber nicht in Zorn oder Anklage oder Resignation, sondern um einen Abschied in Liebe. Daß ich das, *was* sie mir gegeben hat, mit dem Herzen nehme und daß ich auf das, was sie mir nicht gegeben hat, mit Würde verzichte.

Das jedenfalls will der Uranus, auch wenn es Jahrzehnte dauert. Er hat nämlich eine Menge Zeit für diese Aufgabe eingeplant.

Uranus-Transite über den Radix-Merkur

Ein solcher Transit entbindet von den normalen, eingefahrenen intellektuellen Strategien und insbesondere von den jahrelang praktizierten Anpassungstechniken, deren sich der Mensch bisher bediente.

Was heißt das?

Nun, jeder Mensch richtet sich in seinem Leben mit seinem Ego ein. In seinem kleinen «Königreich» wünscht er sich, der erste zu sein. Der Merkur dient diesem Ego als ein treuer Diener und stellt seine intellektuellen Fähigkeiten und seine rationalen Überlebensstrategien diesem Ego zur Verfügung.

Als Bild: Das Ego leitet den Konzern «Mensch», und der Zwillinge-Merkur ist sein Buchhalter, während der Jungfrau-Merkur sein Rechtsanwalt ist, und beide sorgen dafür, daß die Konzernspitze gegen Gefahren (von der Steuerbehörde oder von feindlichen Konzernen) geschützt sind. (In Wahrheit sind natürlich Buchhalter und Anwalt eine Person.)

Kommt jetzt der Uranus ins Spiel, so können diese beiden Vasallen auf einmal ihre Aufgabe des Schutzes nicht mehr wahrnehmen, denn davon werden sie ja entbunden. Und jetzt geht alles drunter und drüber. Termine werden verschlampt, Fristen überzogen, Schwarzgelder landen auf den falschen Konten. Die Anpassungsprozeduren, die vorher reibungslos funktionierten, versagen, und es kommt zu Fehlleistungen (auch im Freudschen Sinne).

Hinter all diesem Geschehen stehen ein Gefühl der *Schuld* und das unbewußte Verlangen, die Schuld möge endlich ans Licht kommen. Es ist dies allerdings – und das mildert den

Transit etwas – keine Schuld gegen Vater und Mutter, sondern eine spätere Schuld. Hat der Betreffende in seinem Leben Geschwister, so würde ich erst einmal die Schuld (ob zu Recht oder zu Unrecht, steht dahin) gegen die Geschwister überprüfen. Ein Hauptthema bei der Geschwister-Schuld besteht darin, daß ich meine Reihenfolge in der Geschwister-Hierarchie nicht beachte. Zum Beispiel, daß ich mich, der ich der dritte bin, an die erste Stelle gestellt habe usw.

Ein Uranus-Merkur-Transit hat nicht die Brisanz eines Uranus-Sonne- oder eines Uranus-Mond-Transits, aber es kann mich dennoch heftig durcheinanderschütteln.

Uranus-Transite über die Radix-Venus

Wenn wir bei unserem Beispiel von oben bleiben (das Ego ist der Konzernherr), so finden wir die Venus einmal als Leiterin der Werbe-Abteilung (die den Konzern nach außen hin so attraktiv wie möglich darstellen soll – die Stier-Venus) und das zweite Mal als jene Abteilung, die auf der Suche ist nach Partnern für eine Fusion unserer beiden Firmen (auf daß wir *zusammen* noch größer in der Welt der Konzerne dastehen – Waage-Venus).

Insofern ist auch die Venus (genau wie der Merkur) Zuträger für den Konzernchef Ego und hat ihm gleichsam untergeordnete Dienste zu leisten. Und genau wie der Merkur kann sich auch die Venus nicht gegen das Ego auflehnen, sondern bleibt immer eine treue Dienerin ihres Herren.

Trifft jetzt der Uranus auf die Venus, so macht er ihre Bemühungen, für das Ego dazusein, zunichte und fügt dem Konzernchef dadurch indirekt ebenfalls einen größeren oder kleineren Schaden zu. Eines der Hauptbetätigungsfelder für einen derartigen «Schaden» liegt darin, daß es um den *Abschied* von einer liebgewordenen Sache (oft einhergehend mit einem materiellen Schaden) oder um die *Trennung* von einem liebgewonnenen Menschen geht. Was sich hier noch relativ harmlos anhört, kann sich in der Praxis jedoch als sehr schmerzhaft erweisen: Meine Aktien (figurativ gesprochen) sinken ab ins Bodenlose, oder eine Beziehung, an der mein ganzes Herz hängt, wird über Nacht gelöst, wobei ich oft zum Opfer einer von außen kommenden Trennung werde. Manchmal tritt beides zusammen auf. Meine Frau verläßt mich, weil sie mit meinem besten Freund eine Beziehung eingeht, und *dann* verliere ich bei der Scheidung noch die Hälfte von unserem kleinen gemütlichen Einfamilienhaus (und mitunter noch die Kinder).

Nicht, daß es jedesmal diese Dimensionen annehmen müßte – aber wenn ich zu sehr in der Unselbstständigkeit «verhaftet» bin, wenn ich zu sehr an meiner Frau und meinem Einfamilienhaus «hänge», kann es diese Form annehmen.

Natürlich ist das dahinter liegende Thema einmal wieder das Erwachsenwerden: Habe ich mich endlich aus der Symbiose zum Vater (Sonne) und zur Mutter (Mond) gelöst, so will der vierte Quadrant mit seinem Abgesandten Uranus sogar noch, daß ich auch ohne materielle Sicherheit und ohne daß ich mich in die Abhängigkeit zu einem Partner begebe, ein eigener Mensch werde.

Bei einem derartigen Thema geht es freilich (oft) noch um etwas ganz anderes: Venus-Uranus will in erster Linie, daß ich mich von Partnerschaften löse, die bereits beendet sind.

Wer diesen Satz nicht versteht, sollte wissen, daß eine Ehe, die 20 Jahre bestand und dann beendet wurde, noch mindestens 10 Jahre weiterbesteht (mindestens!) – ohne daß beide Partner davon etwas ahnen. Sowieso ist in den weitaus meisten Fällen nur die Beziehung beendet, nicht aber die Bindung. Sie schwelt unterirdisch weiter und macht jede sich daran anschließende Beziehung zu einer halben Sache. Hier ist dann eine Lösungsarbeit von einer (oder gar von 15) alten Beziehung(en) nötig, und der Uranus, der auf die Venus zuläuft, möchte dieses Abschiedswerk vollführen helfen. Weigert sich der Mensch jedoch – sei es aus Schuldgefühlen, sei es aus Verletztheit –, dieses Werk in Angriff zu nehmen, so erleide ich einen neuen Verlust. Den ich dann beim nächsten Uranus-Transit noch zusätzlich bearbeiten muß.

Uranus-Transite über den Radix-Mars

Diese beiden Themen ergeben nun wirklich eine exquisite Mischung, da beide in einer großen Zahl der Fälle eher im Unbewußten schlummern. Der Mars als der Repräsentant meines inneren aggressiven «bösen Buben», der deshalb unbewußt ist, weil ich es mir abgewöhnen mußte, böse oder wütend oder aggressiv zu sein, wird von einer zweiten ebenfalls unbewußten Gestalt zur Oberfläche heraufgeklingelt. Aber zu einer Oberfläche, die ich immer noch nicht als meine zu akzeptieren bereit bin. Und so finden wir oft eine aus dem Unbewußten heraus gesteuerte Aggression, die urplötzlich auftritt, einen Schaden anrichtet und genauso urplötzlich wieder verschwindet. Ist das geschehen, so steht der Rest des Ensembles vor der Tat, wundert sich und sagt: «Das wollte ich nicht!»

Besonders wenn der betreffende Mensch einer sehr friedfertigen Ideologie anhängt oder auch sonst jeder Art von Streitkultur aus dem Wege geht, kann es hier schon ziemlich heftig knallen. Habe ich mich jedoch zu meinem inneren Täter schon bekannt, kann ich streiten und kämpfen, so findet der Uranus in mir relativ wenig Widerhall.

Was also will der Uranus hier entbinden? Den Täter.

Er will, daß ich mich sowohl zu meinem Täter als auch zu meiner Tat bekenne und sage: «Das bin ich!» und «Das habe ich getan!»

Nicht, daß wir das falsch verstehen. Er will mich nicht von meinem Täter entbinden, er will ja den Täter nicht zum Verschwinden bringen. Er will den Täter aus dem Unbewußten entbinden und ihn ins Bewußte einbinden. Des weiteren will der Uranus, daß eine lange vergangene Tat, die ich begangen habe und die in meinem Unbewußten vielleicht als Scham schlummert, nach vielen Jahren der Verdrängung endlich ans

Licht gelangen darf. Uranus ist nämlich derjenige, der einen Täter immer wieder zurück an den Tatort treibt.

Bei Männern kann man es erleben, daß der Uranus-Mars-Transit einen Mann dazu treibt, daß er sich endlich zu einem unehelichen Kind bekennt. Daß er also eine Tat seines phallischen Mars beleuchtet und das daraus entstandene Kind in seiner Seele zu sich nimmt.

Uranus-Transite über den Radix-Jupiter

Der Jupiter ist jene Gestalt im Inneren unseres Lebens, die uns eine Art geistigen Hintergrund anbietet und zur Verfügung stellt. In den ersten 35 Jahren ist diese Person eher unauffällig hinter anderen Lebenstätigkeiten verborgen und bildet nur eine dünne Folie. Aber ab dem 35. Lebensjahr stellt sie ihre Fragen mitunter sehr viel dringlicher:

«Macht das, was du bisher getan hast, tatsächlich den Sinn deines Lebens aus?»

«Bist du auf dem richtigen Weg?»

(Besonders:) «Der Beruf, den du gewählt hast, ist es tatsächlich der, der dich zufrieden macht?»

«Hast du dir deine Beziehung (deine Ehe) so vorgestellt?»

Jupiter fragt also immer nach dem Überbau des Lebens und nicht so sehr nach dem aktuellen Tagesgeschehen.

Trifft jetzt Uranus auf diesen Jupiter, so stellen sich diese Fragen deshalb besonders dringlich und neu, weil er dafür sorgt, daß der alte Überbau, der sich – mehr oder weniger aus einer Zufälligkeit heraus – einfach so ergeben hat, auf einmal porös wird und zusammenbricht. Die alte Lebensphilosophie, aus der heraus ich (ohne sie je geprüft zu haben) bisher gelebt habe, wird so sehr in Frage gestellt, daß ein neuer Schritt nötig wird. Die alten Lebenspläne sind an ihre Grenzen gelangt, und neue Fragen tauchen auf. Fragen, die ich nicht beantworten kann. Insofern führt Uranus mich auf eine neue Suche nach einem erweiterten Sinn. Aber erst einmal bricht meine alte Ideologie zusammen. Manche Menschen entscheiden sich in einer solchen Phase spontan für eine neue Ideologie, und damit verfehlen sie das Ziel, das Uranus ihnen eröffnen wollte.

Uranus will nämlich nie ein neues *Ziel* eröffnen; er will etwas Altes zerbrechen, mich aus dem Alten entbinden und mir einen neuen Weg – gleichsam als eine neue Fragestellung – ins Ungewisse anbieten.

Uranus will mich hier für einen Sprung bereitmachen. Sobald ich jedoch weiß (oder zu wissen glaube), wohin der Sprung mich führen wird, also sobald ein Ziel vor meinen Augen steht, geht der Sprung in die falsche Richtung.

Es ist wichtig zu wissen: Ich muß mich auf einen neuen geistigen Weg machen. Das Ziel ist gleichgültig, denn es wird sich unterwegs sowieso ständig verändern.

Uranus-Transite über den Radix-Saturn

Dort, wo der Saturn im Radix steht, soll ich lernen, Verantwortung zu übernehmen – aber die Betonung liegt auf «lernen». Anders gesagt: In der Regel habe ich die Verantwortung eben noch nicht übernommen. Wir wissen schon, daß die beiden objektiven Gestalten (Saturn und Uranus) niemals gegeneinander arbeiten, sondern sich in ihrer Aufgabenstellung *gegen* das subjektive Menschsein gegenseitig unterstützen. Insofern arbeitet bei einem Uranus-Saturn-Transit der Uranus nicht etwa gegen den Saturn, sondern er arbeitet gegen mich, der ich diesen Saturn noch nicht verwirklichen will und vor ihm und der Übernahme der Verantwortung lieber davonlaufen möchte.

Insofern entbindet der Uranus mich, *damit* ich die Verantwortung endlich übernehmen kann.

Da dieser Zusammenhang schwer zu verstehen ist, müssen wir ihn noch einmal im Detail betrachten: Viele Menschen beenden eine seelische Beziehung (eine Partnerschaft, eine Arbeitsstelle, eine Freundschaft usw.) und gehen in eine neue Bindung hinein, ohne für die alte seelische Beziehung die Verantwortung zu übernehmen. Sie finden lieber den Schuldigen im Außen, haben also einen Sündenbock, der dafür verantwortlich war, daß die alte Beziehung nicht funktioniert hat. Sie selbst haben eigentlich nichts falsch gemacht, sie selbst sind an der gescheiterten Beziehung unschuldig. Und sie gehen jetzt mit dieser «Unschulds-Hypothek» in eine neue Bindung (Arbeitsstelle usw.) hinein, in der Hoffnung – und der vorherigen sorgfältigen Prüfung –, das Neue werde die Fehler des Alten nicht aufweisen. Das ist natürlich um so mehr ein Trugschluß, je *größer* meine Unschulds-Hypothek ist.

Mit anderen Worten: Ich nehme die nicht übernommene Verantwortung für *unser* altes Scheitern in die neue Beziehung mit hinein. Und an der nicht übernommenen Verantwortung für das Alte scheitert unsere neue Beziehung ebenso!

Uranus-Saturn heißt also: die Entbindung vom Alten.

Stehe ich bereits mit beiden Beinen im Neuen und weigere ich mich (wie der Uranus es will), die Verantwortung für das Alte zu übernehmen, so bringt er – gerechterweise – das Neue zu einem Ende. Und entbindet mich davon.

Er zerschlägt das Neue, weil das Alte nicht gelöst ist!

Uranus-Transite über den Radix-Uranus

Ein Uranus-Transit über den Radix-Uranus erneuert und aktiviert natürlich das Thema des Radix-Uranus auf das heftigste. Wo immer der Uranus in meinem Radix steht, dort soll ich eine Form der Unabhängigkeit und der Freiheit finden, dort soll meine Individualität sich durchsetzen.

Und weil das erste *direkte* Uranus-Uranus-Transit erst stattfindet, wenn ich 84 Jahre alt bin, verstehen wir jetzt auch, daß die Zahl 84 als archetypische Zahl der Jahre eines Menschenlebens gilt. Wer hier seine letzte Befreiung (sprich: seinen Tod) noch nicht gefunden hat, der hängt noch an etwas, der hat etwas noch nicht abgeschlossen, der kann von etwas noch nicht loslassen.

Wir verstehen hier auch, warum die Jahreszahl 42 so wichtig ist, denn der Uranus tritt hier zu sich selbst in die Opposition – und bei vielen Menschen entsteht hier die Midlife-crisis. Denn mit 42 Jahren scheinen wir von den Themen Freiheit und Unabhängigkeit am weitesten entfernt zu sein. Die Eingebundenheit in die Zwänge des Leben erscheint total. Hier entsteht oft auch der Traum vom Aussteigen. (Wobei «aussteigen» nie eine *Lösung* von irgend etwas ist!)

Mit 21 Jahren (Uranus im Quadrat zu sich selbst) sollte die Loslösung, die Ablösung von zu Hause stattfinden, und mit 63 Jahren (wieder Uranus im Quadrat zu sich selbst) sollte das Stadium der Ablösung von der Erwerbsarbeit stattfinden, denn anschließend wird der Gang ins letzte Lebensviertel angetreten. Natürlich sind die beiden letztgenannten Markierungspunkte mitunter auch Schockphasen. Weder will ich mit 21 Jahren erwachsen werden noch mit 63 in mein reifes Leben eintreten. Ich halte lieber an den vorherigen Phasen fest, bin nicht bereit loszulassen und den neu heraufkommenden Phasen mit Neugier entgegenzusehen.

Es geht also beim Uranus-Uranus-Transit immer um den Abschied von einer alten Lebensphase und um das Betreten einer neuen.

Uranus-Transite über den Radix-Neptun

Der Neptun stellt etwas in der Tiefe des Unbewußten Verborgenes dar, etwas, das sich tief unten befindet und das an der Oberfläche des Lebens als Traum, als Sehnsucht, als die Suche nach einem Geheimnis sich offenbart. Natürlich möchte dieses Unbewußte ans Licht und dort eine Würdigung erfahren. Als Bild: Es sind jene Verstoßenen aus meiner näheren Ahnenreihe, die ich deshalb noch nicht vergessen darf, weil sie in der Seele meiner heutigen Sippe noch keinen ehrenvollen Platz haben (sie tragen in ihrem Inneren noch ein tiefsitzendes Geheimnis).

Der Uranus hat den Auftrag, diese Ausgegrenzten und deren Geheimnis aus der Tiefe heraufzuholen – in der Hoffnung, daß jetzt eine Lösung stattfinden kann und dann diese Toten ihre Ruhe finden können.

Es soll also etwas nach oben kommen, was lange unten geschlummert hat, und der Uranus verleiht in einem solchen Fall den nötigen Auftrieb.

Diese Arbeit kann der Mensch unterstützen, indem er lernt (und den Mut findet), Fragen zu stellen.

Insbesondere die Frage: Auf wessen Schultern stehe ich?

Es ist dies immer eine Frage nach der Herkunft. Dahinter liegt folgendes Bild: Jeder Mensch steht (in seiner Seele) auf den Schultern der vorherigen Generationen. Ich stehe auf den Schultern meines Vaters und meiner Mutter. Diese wiederum stehen auf den Schultern ihrer Eltern und so fort bis in das Innere der Zeit. Mitunter aber wird von manchen dieser Vorfahren (aus einem geheimnisvollen Grund) nicht mehr gesprochen, und man weiß schon seit seiner Kindheit, daß es nicht klug ist, diesen Vorfahren zu erwähnen. Dieser Mensch (und sein Vergehen) ist ein Gespenst, daß in den Tiefen des Nicht-Erinnerns schlummert.

Uranus-Neptun möchte diese Ausgeschlossenen (mitsamt ihren Geheimnissen) nach oben befreien. Man muß also beginnen, zu suchen und vor allem zu fragen.

Uranus-Neptun-Transite sind also die Zeiträume, in denen es sich lohnt, Gespenster (Geheimnisse meiner Sippe) ans Licht zu holen. Diese fühlen sich nämlich im Dunkel der Seelennacht nicht wohl, und sie haben dieses Dunkel auch nicht verdient.

Uranus-Transite über den Radix-Pluto

Diese Konstellation spiegelt das uralte Spiel: «Binde und löse». Es gibt Lebensphasen, da hat der Pluto die Macht, mich in einen Kokon von Ideen, Ansichten, Ideologien und Bildern (wie etwas sein «sollte») einzuspinnen und mich von daher stark gebunden zu halten. Ich bin ihm dann so gut wie ausgeliefert und setze meine ganze Kraft ein, die Bindung aufrechtzuerhalten.

Uranus nun ist der große Gegenspieler von Pluto; jene Gestalt im Inneren der Seele, deren Thema das «Lösen» ist und die (weil sie aus dem vierten Quadranten stammt) auch die Kraft hat, diese Lösung zu vollführen.

In der landläufigen Astrologie wird Uranus-Pluto gern mit dem Thema der Gewalt assoziiert, und das ist gar nicht so falsch. Aber man sollte doch verstehen, aus welchen Gründen hier (auch) Gewalt im Spiel sein *kann*.

Um dieses Thema der Gewalt zu verdeutlichen, möchte ich die Uranus-Pluto-Konstellation einmal als ein Drei-Personen-Stück anschaulich machen. Die Konstellation betrifft nämlich immer mich (mein Ego, die Sonne), meine Vorstellungen (Pluto) und den Entbinder (Uranus). Und wir stellen uns vor, daß der Pluto mich (mein Ego) mit einem Bild (einer Vorstellung) infiziert hat und mich damit in diesem Bild gefangenhält. Wir finden also jetzt zwei (innere) Personen, ein Pärchen, das aneinander festhält. Genauer gesagt: *Ich* (mein Ego) *halte die Idee* fest umschlungen. Der Pluto selbst – wir erinnern uns – kann nichts *tun*. Natürlich, er läßt sich von mir gern umfangen, denn ich gebe ihm damit all meine Kraft, und das tut ihm gut. Aber wir müssen verstehen, daß er nicht etwa mich umklammert hält, sondern ich ihn, je nachdem, wie gut mir seine Ideen gefallen. Ich halte mich also an seinen Ideen fest und möchte sie händeringend zu meinen machen.

Kommt jetzt der Uranus daher, so legt er eine Art Schlinge um meinen Oberkörper, und es ist sein Auftrag, *mich* vom Pluto zu befreien und wegzuziehen. Das aber will ich nicht, und so besteht meine Reaktion darin, mich noch fester und noch kraftvoller am Pluto festzuklammern. (Wobei Pluto natürlich auch mich auffordert: «Lasse auf keinen Fall los!») Und der Uranus zieht weiter! Er versucht, *meine Umklammerung* zu lösen. Da er stärker ist als ich, schafft er es auch. Meine umklammernden Arme brechen irgendwann mit einem Ruck auf, und ich falle ziemlich heftig auf den Hintern. Dieser Akt ist also tatsächlich gewaltförmig, denn er tut weh. Aber: Der Schmerz ist um so heftiger, je verbissener ich mich am Pluto festklammere. Mit anderen Worten: Die Gewalt geht nicht etwa von Pluto aus, denn er kann ja nichts tun (außer zu reden!). Sie geht auch nicht vom Uranus aus, denn er tut nur seine Pflicht. Das Maß für die Gewalt bemißt sich einzig und allein an der Verbissenheit, mit der ich (mein Ego) mich an Pluto mit Klauen und Zähnen festkralle.

Würde ich in dem Moment, in dem Uranus den Strick um meinen Oberkörper schlingt, sehen, daß es jetzt um eine Lösung geht, und würde ich jetzt freiwillig *meine Umklammerung* lösen und den Pluto loslassen, gäbe es weit und breit keine Gewalt.

Uranus-Transite über den Pluto wollen mich also aus einer geistigen Bindung befreien. So oder so!

Die Neptun-Transite

Generell: Was will der Neptun?

Neptun will mich aufmerksam machen auf ein Land hinter der Zeit. Auf ein Land, in dem die Zeit nicht mehr gilt. Es ist das (seelische) Land, das wir nachts in unseren Träumen betreten. Ein Land, in dem die Sehnsüchte wohnen, die Träume also, die uns auch tagsüber befallen können; ein Land, in dem die Hoffnungen geschmiedet werden, aber auch die Illusionen.

Es ist jenes Land, in das wir eintreten, wenn wir ins Kino gehen: Die äußere Welt wird dann verdunkelt, und es entsteht die magische Welt von Hollywood. Eine Welt hinter der realen Welt. Gäbe es den Neptun nicht, so würden wir im Kino nur eine weiße Leinwand sehen und Lichtpunkte, die auf dieser Fläche tanzen («Licht-Spiel-Theater») – denn das ist das einzige *Reale* an Hollywood. Der Neptun aber sorgt dafür, daß wir in dem Tanz der Lichtpunkte die Gesichter von Robert Redford und Meryl Streep (oder wie immer sie heute heißen) erkennen können *und* daß die beiden jetzt in den Fundus unserer Träume einwandern dürfen.

Neptun zeigt uns also: Das Land hinter der Welt, das Land

hinter der Zeit gibt es, und in diesem Seelenland gelten vollständig andere Gesetze: Hier kann ich fliegen, stundenlang unter Wasser bleiben, mich mit Verstorbenen unterhalten usw.; ich kann also Dinge tun, die mir in der realen Welt nicht möglich sind.

Nur eines darf ich hier nicht tun (und tue es doch tagtäglich): Ich darf dieses Land, das ja tatsächlich existiert, nicht mit dem Land der Realität verwechseln.

Wir erleben dann die Verwirrung eines Menschen, der nicht mehr zwischen Himmel und Erde unterscheiden kann. Denn das Land, zu dem Neptun uns den Zugang eröffnet, ist tatsächlich der «Himmel». «Jesus» lebte hier (in jeder Kultur freilich ein anderer Jesus), und er wußte es genau: «Mein Reich ist nicht von dieser Welt!» «Gott» oder «die Götter» leben hier (in jeder Kultur freilich andere Götter): «Vater unser, der du bist im Himmel!» Mein «Glück» lebt hier: Die Illusion eines «Lottogewinns» oder (für Anspruchsvolle) «mein Dual-Seelenpartner» und alle anderen Träume, die der Mensch so vor sich hinträumt. Hier leben die *Engel* und die *Einhörner* und die *Zwerge* aus dem Märchen und alle anderen Fabelwesen, von denen die Mythen und Märchen der Welt erzählen.

Nur einer lebt hier nicht und wird auch – solange er lebt – nie hier leben: der Mensch! Er lebt auf der Erde. In der Realität. Jenseits des Jenseits!

Und doch lassen sich viele Menschen nicht in ihren Bemühungen abhalten, dieses Land hinter der Zeit zu betreten. Sie jagen den Engeln hinterher, den großen weißen Lichtbrüdern von Beteigeuze, den Ufos, dem Lottogewinn sowie Robert Redford und Meryl Streep (oder wie immer sie heute heißen).

Hier liegt die große Verwechslung, die große Illusion, und hier liegt – früher oder später – die große Enttäuschung.

Dabei ist es nicht etwa Neptun, der enttäuscht oder auf dessen Täuschung ich hereinfalle. Neptun will mir nur zeigen, daß es diese «Welt hinter der Welt» *gibt* und daß sie ihre ganz eigenen Gesetze hat. Gesetze, die ich nicht mit denen der realen Welt verwechseln darf. (Alle Rauschmittel führen in die Nähe dieser Welt. Wer jedoch unter LSD glaubt, er könne in der realen Welt fliegen, der täuscht sich – mitunter tödlich.)

Wenn man diese Unterscheidung achtet, dann ist Neptun tatsächlich derjenige, der uns in die Mysterien des Hintergrundes der Welt einweihen kann.

Noch eine «Wahrheit» liegt im Inneren des Neptuns verborgen: In seiner Welt (in meiner Seele) leben alle Menschen, die zu meiner Seele gehören und die im Außen bereits gestorben (oder anderweitig verschwunden sind) weiter. Und hier im Reich des Neptuns kann ich auch Kontakt aufnehmen zu ihnen und ihnen meine Reverenz erweisen. Insbesondere jene Verstorbenen, jene Ahnen, die noch nicht geehrt worden sind, die noch als «schwarze Schafe» oder als zu Unrecht vergessene (oder verdrängte) Tote hier leben und die deshalb in meiner Seele als Turbulenzen oder gar als Störfelder auftauchen, können hier zu einer «Ruhe in Frieden» geführt werden.

Und als Konsequenz daraus findet dann meine Seele ebenfalls mehr Frieden.

Ein wenig davon erzählen uns die Geschichten von Gespenstern in alten englischen Gemäuern. Manchmal findet einer der Ahnen (es ist nie ein Fremder!) keine Ruhe, weil etwas schwer auf seinem Gemüt lastet (er wurde nämlich ermordet oder anderweitig entehrt). Und jetzt muß er so lange bei den Nachkommen durch das Schloß (sprich: durch ihre Seele) geistern, bis er endlich seinen Platz in der Ahnenreihe wieder einnehmen darf. Oft wurde auch sein Bild aus der Ahnengalerie entfernt, und dieses Bild muß dann in einem feierlichen Akt wieder aufgehängt werden.

Der Leser muß wissen, daß ein Neptun-Umlauf um die Sonne rund 165 Jahre dauert, so daß ein Neptun-Transit (mit seinen Orben von plus/minus 2 Grad) oft zwischen zwei und drei Jahren wirksam bleibt und damit zu einer langwierigen Ange-

legenheit wird. Auf seiner langsamen Reise durch den Tierkreis schafft er es also nicht, zu sich selbst in eine Konjunktion zu geraten, und erst im Menschenalter von 82–84 Jahren
tritt er zu sich selbst in eine Opposition ein. Diese langsame
Geschwindigkeit führt auch dazu, daß der Mensch im ungün-
stigsten Fall erst im Alter von 30 oder 40 Jahren *ein erstes Mal*
mit ihm konfrontiert wird – und dann natürlich um so mehr
überrascht wird.

Neptun-Transite über die Radix-Sonne

Da die Sonne den Hauptteil meiner subjektiven Identität bildet, also meiner Art, wie ich mich in die Welt *hinaus* darstellen und verwirklichen möchte, hat der Neptun, der zu ihr in
einen Transit gerät, ein weites Betätigungsfeld.

Wir sollten diesen Transit noch einmal sehen in der Pola-
rität von Welt und Himmel, von Hüben und Drüben. Normalerweise bin ich nämlich mit meinem Ego hier in der Welt.
Trifft der Neptun auf meine Sonne, so kuppelt er die Welt allmählich aus (ein Effekt, wie wenn man durch das verkehrte
Ende eines Fernglases schaut) und bringt mich näher an das
Drüben. Aber eben nur *näher*, er bringt mich nicht dorthin.
Er versetzt mein Ego, das ohne den Neptun zu «scheinen» bestrebt ist, ganz langsam in die Un-Scheinbarkeit. In ein Gefühl
der Nichtigkeit. Er bringt mich in das, was auf den Flughäfen
der Welt ein «Transit» genannt wird. Einen Warteort zwischen zwei Flügen. Ich bin nicht mehr dort, von wo ich ab-
flog, und noch nicht da, wo ich hinsoll. Hier gilt der Spruch,
der manchmal an kleinen amerikanischen Kirchen steht:
«Wenn Gott dein Ko-Pilot ist, solltest du jetzt die Plätze tau-
schen.»

Mit anderen Worten: Du kannst nichts mehr tun, und alles, was du weiterhin – wie vorher – aus der Selbstverständlichkeit deines Ego heraus tust, bleibt folgenlos.

Das ist insbesondere für jene Menschen sehr unangenehm,
die keinen Ko-Piloten haben, für die also nur die materielle

Welt des «Hier» (als einzige) zählt und die sich bisher erfolgreich gegen den Glauben an eine «Welt hinter der Welt» gewehrt haben. Für sie (für ihr Ego) zieht eine besonders undurchdringliche Nebelwand herauf und hüllt sie dergestalt ein, daß die reale Welt zu einer nicht mehr handhabbaren Farce wird. Der Neptun hebt ebenfalls die Kausalität (also das normale Spiel von Ursache und Wirkung), an die sich unser Ego so sehr gewöhnt hat, vorübergehend und nicht durchschaubar auf. Und das ist ziemlich beängstigend: Ich habe nämlich gelernt, wenn ich B erreichen will, dann muß ich A tun. In einer Neptun-Sonne-Phase kann ich tausendmal A tun, und auf eine geheimnisvolle Weise stellt sich B eben nicht ein. Das heißt nun nicht, daß B sich nie einstellt, also daß ich erfolglos bleibe. Nein, manchmal stellt B sich ein, ohne daß ich A getan habe. Einfach so – dadurch, daß ich aufgehört habe, an einen Erfolg zu glauben.

Kurzum, ein Neptun-Sonne-Transit will mir zeigen, daß es auch ein «Handeln durch Nicht-Handeln» gibt und daß mein Leben auch dann noch funktioniert, wenn ich das Steuer aus meiner Hand in die Hand von jemand Größerem gebe.

Wem?

Ich habe keine Ahnung.

Und mein Rat ist: Hüte dich vor allen, die diese Frage beantworten können.

Neptun-Sonne heißt auch: Das reale Männliche zieht sich zurück, damit etwas vergangenes Männliches (aus dem Jenseits meiner Sippe) mehr in den Blick geraten kann. Somit ist diese Transit-Zeit auch sehr gut geeignet, den Toten aus der väterlichen Linie einmal die Aufwartung zu machen.

Neptun-Transite über den Radix-Mond

Der Mond als die weiblich-kindliche Seite der Seele, die sich (hier in der Welt) Geborgenheit und ein Gehaltenwerden wünscht – und es natürlich nur sehr selten bekommt –, wird von einem Neptun-Transit noch mehr in ein Nicht-Gesehen-

Werden hinaufgezogen. Als einziger Ausweg bleibt ein sehnsuchtsvolles Warten und ein Träumen. Dabei gibt der Neptun dem Mond noch zusätzlich den fernen Widerhall einer Zeit, die schon sehr lange vorbei ist: Er erinnert das kleine Kind an jene Zeit, als es noch im Schutz der Ungeborenheit gelebt hat. Aber das erleichtert die Zeit des Transits nicht etwa, sondern fügt ihr einen zusätzlichen Schmerz deshalb zu, weil die Seele weiß, daß *dieser Zustand* unter keinen Umständen im Heute zu erfüllen ist. Das Manko wird also größer.

In dieser Zeit scheint man – was Wärme und Nähe anbelangt – im Reich des Vergessens sich aufzuhalten, und das Gefühl sagt, niemand wird je mehr kommen, der mich *nach Hause* holen wird. Dieses «nach Hause» beherrscht meine Sehnsüchte (das Thema erinnert an E.T.), und in Träumen sieht man gern das Schlußbild eines Walt-Disney-Zeichentrickfilms, in dem der Prinz und seine Prinzessin (auf *einem* Pferd) zum Schloß in der Abendsonne reiten.

Und in der Tat: Wenn das Jenseitige (Neptun) auf das Diesseitige (Mond) trifft, dann scheint es zuzugehen wie im Märchen. Das Weibliche wird seltsam entrückt, wird eigenartig durchscheinend, wie die Elfen beim Mondschein auf der Waldlichtung oder wie die Nixen und Undinen, die ja aus ihrem Wasser des Ungeborenseins auch nicht an das Land der Diesseitigen kommen können.

Das Weibliche schläft und träumt wie Schneewittchen in seinem Sarg. Und eigentlich träumt Schneewittchen von seiner Mutter, die viel zu früh gestorben ist. Bei ihr ist es, wenn es in seinem Sarg liegt.

Neptun-Mond heißt also auch: Das reale Weibliche zieht sich zurück, damit etwas gestorbenes Weibliches (aus dem Jenseits) mehr in den Blick geraten kann. Somit ist diese Transit-Zeit auch sehr gut geeignet, den Toten aus der mütterlichen Linie endlich einmal die Aufwartung zu machen.

Neptun-Transite über den Radix-Merkur

Wenn der Merkur mit seiner Rationalität und seiner Vernunft vom Neptun hochgezogen wird, dann begegnen sich zwei große Gegenspieler: die Vernunft (der Verstand) und das Nicht-Sagbare. Hier treffen wir auf den Shakespeare-Satz von den «Dingen zwischen Himmel und Erde (Neptun), von denen unsere Schulweisheit (Merkur) sich nicht träumen läßt». Der Mensch trifft auf etwas Nicht-Erklärbares, und entweder schweigt er darüber (aus Angst, sich lächerlich zu machen), oder er versucht das Numinose mit einer pseudo-rationalen Erklärung zu versehen, die es doch irgendwie handhabbar machen soll. So entstehen Begriffe wie «Karma», «Reinkarnation», «morphogenetische Felder», «Libido» und dergleichen mehr, die das Nicht-Faßbare in einen rationalen Kontext pressen wollen. So, als wüßte man – wenn man ein Wort hat – auch etwas über die Sache. All diese Erklärungen und Begriffe sind nichts anderes als Taschenspielertricks oder Täuschungen, die mir vorgaukeln sollen, ich hätte etwas verstanden. Der Mensch kann sich nicht damit abfinden, daß sich etwas seiner rationalen Erklärung entzieht, und anstatt stumm den Wundern des Jenseitigen zu lauschen, versucht er sie mit dem Lasso des Verstandes einzufangen und in das Korsett der Vernunft zu zwängen.

Dahinter liegt allemal die Angst, es könnte Schlimmes geschehen, wenn ich das Jenseits nicht für mich verfügbar mache. Hier wird er Verstand, der etwas begreifen will, hinübergeführt in eine Art Ergriffenheit, und es ginge nur darum, es einfach so stehenzulassen. Hesse sagt: «Wenige nur geben den schönen Schein (der Begriffe) dahin für die geahnte Wirklichkeit des Inneren.»

Neptun-Transite über die Radix-Venus

Wenn die Venus mit ihrem Wunsch nach Attraktivität und Partnerschaft, mit ihrem Verlangen nach Wert, Wichtigkeit und Gebrauchtwerden vom Neptun umfangen wird, so wird wieder etwas Reales transzendiert, also in den «Transit» gebracht und damit aus der Welt entkuppelt.

Was bleibt, ist der «träumende Eros». Eine Art Aschenputtel (das gibt es auch männlich!) muß *in der Welt* seine unattraktiven Dienste erbringen, und während es das tut, träumt es von Ballkleidern, goldnen Kutschen und seinem Märchenprinzen (seiner Märchenprinzessin). Dabei nimmt der Neptun dem Aschenputtel nicht etwa den Reiz oder die Attraktivität, denn objektiv betrachtet bleibt alles beim alten, aber er sorgt dafür, daß dieser Glanz *in den Augen der anderen* nicht mehr aufscheint. Neptun wirkt dann wie eine unsichtbare Käseglocke, die die Anziehungskraft nach außen hin abschirmt. Unter dem Einfluß von Neptun geht kein Reizstoff von der Venus mehr in die umgebende Luft, und niemand mehr fühlt sich angezogen. Ein unsichtbarer Abgrund klafft auf, und die Königskinder können nicht mehr zueinander kommen. Das ist im Inneren fühlbar als ein süßer Schmerz und im Außen sichtbar als Unscheinbarkeit.

Manchmal erscheint bei einem Neptun-Venus-Transit auch der Partner, den ich gerade habe (und mit dem es mir eigentlich recht gutgeht), eigenartig entrückt, so als könnte ich ihn nicht mehr richtig erreichen. Ich spüre dann eine Distanz und ein Gefühl des Mangels, denn Neptun-Venus kuppelt mich auch aus der Partnerschaft aus. Gern kommen dann Träume von *vergangenen Partnern* wieder hoch, oder Menschen tauchen in meinem Inneren wieder auf, von denen ich früher einmal *geschwärmt* habe, und ein sehnsuchtsvolles Bild erscheint, wie mein Leben wohl verlaufen wäre, wenn dieser Partner mich (oder ich ihn) erhört hätte.

Auf dem Höhepunkt des Neptungeschehens fühlen sich allerdings manche Menschen wie «der letzte Dreck» – obwohl sie nicht als solche behandelt werden. Sie werden nur übersehen. Und das ist schlimm genug.

Neptun-Transite über den Radix-Mars

Der Mars stellt in meinem Radix-Horoskop jene innere Person dar, die die Kraft zur Tat hat und die die Energien für das Tun, für das Handeln bereitstellt.

Der Neptun nun, der hier auf Erden *nichts* tun kann, der nicht handeln kann, vereitelt jede gezielte Tat oder macht sie zumindest folgenlos und vergeblich. Oft wird dann die Tat zu einer *Phantasie über die Tat.* Wir finden in einem solchen Fall (als Bild) jene Menschen, die man manchmal im Großstadtgewühl sieht: Selbstversunken gehen sie ihren Weg, und ihre Lippen bewegen sich, als führten sie Selbstgespräche. Könnte man ihren Monologen lauschen, so fände man: Sie sagen mit harten Worten (und sehr aggressiv) ihrem Chef oder ihrer Ehefrau endlich einmal ungeschminkt ihre Meinung – aber ansonsten sind sie lammfromm.

Der Neptun führt also – hier auf Erden – zu einer deutlichen Handlungslähmung. In der Welt der Phantasie – also drüben – bin ich allerdings ein strahlender Prinz Eisenherz.

Neptun-Transite über den Radix-Jupiter

Der Jupiter trägt in meinem Inneren den Auftrag, mich zu erinnern. Mir gleichsam als «innerer Therapeut» zu verdeutlichen, welches Thema jeweils einer geistigen Aufarbeitung bedarf, und insofern ist Jupiter zuständig für das Gebiet der «Selbsterkenntnis» über mich und meine Seele. Indem ich mich mir zuwende und nach dem Sinn frage, erlebe ich eine zunehmende «Erweiterung» meines Lebens.

Trifft nun der Neptun auf dieses Sinn-Suche-Organ, so reißt er mich zu Höhen empor, die sich einerseits sehr intuitiv gestalten, andererseits aber auch sehr gefährlich sind, denn sie bringen ein großes Maß an Selbsttäuschungen mit sich.

Wir müssen uns noch einmal daran erinnern, daß der Neptun ja die Brücke darstellt zwischen Diesseits und Jenseits, zwischen dem Reich im Inneren und der äußeren Welt. Intuition aber ist nichts anderes als eine Botschaft, die von der einen Welt (Jenseits) in die andere gelangt (Diesseits). Niemand weiß, wie das geschieht, und niemand weiß etwas über den Inhalt der Botschaft, denn sie ergeht niemals wörtlich, sondern – wie jeder Orakelspruch auch – in «An-Deutungen», die der, der die Botschaft erhält, zu einem Sinn hin erst übersetzen muß.

Gefährlich wird dieses Transit in dem Moment, in dem ich die «Welt hinter der Welt» in ein System hineinzupressen versuche. Sei es, daß ich sage, es sei eine Botschaft der Engel, es sei eine Botschaft von hohen Lichtmeistern aus Thule oder es sei direkt von Jesus (Maria). Damit verleihe ich nämlich der «Welt hinter der Welt» eine Struktur, so als würde ich sie verstehen. Sie ist zwar ganz weit von meiner Welt entfernt, aber ich kenne ihren Namen und ihre Absichten. Wann immer also das Numinose zu einer äußeren (wenn auch sehr weit entfernten) Welt verklärt wird, lebe ich in einer Illusion, in einer Täuschung. So ist die «Suche nach Erleuchtung» einer der Namen für dieses Syndrom.

Was also kann getan werden bei einem solchen Transit?

Die Antwort ist für alle Neptun-Transite dieselbe: Nichts! Es muß nichts getan werden.

Wann immer ich für dieses Transit etwas tue, soll etwas konkret werden – und ich bin auf dem Holzweg. Dieses Transit dient der Erkenntnis, nicht dem Handeln!

Neptun-Transite über den Radix-Saturn

Der Saturn als innere Person gebietet mir früher oder später, daß ich die Verantwortung für mein Leben und für meine Welt zu übernehmen habe.

Der Neptun-Transit fügt diesem Thema noch eine Nuance hinzu: Er sagt, daß es keinen Sinn macht, nach dem *Sinn des Schicksals* zu suchen. Doch der Mensch ist nun einmal so gebaut, daß er gern das «Warum?» ergründen möchte.

Warum ist mein Kind so früh gestorben?

Warum mußte mir ein Bein amputiert werden?

Warum habe ich im KZ überlebt und meine Frau nicht?

Aus diesen Fragen heraus sind viele Formen der Religionen entstanden, viele esoterische Richtungen beschäftigen sich nur mit ihnen, und allein das Wort «Karma» eröffnet unendlich viele Spekulationen über mögliche Antworten auf diese Warums.

Neptun-Saturn-Transite möchten diesen Fragen ein für allemal die Basis entziehen. Sie sagen: Du hast zwei Möglichkeiten, mit deinem Schicksal umzugehen. Die erste Möglichkeit besteht darin, mit deinem Schicksal unzufrieden zu sein und zu hadern. Die zweite Möglichkeit ist sehr viel einfacher. Du stellst dich vor dein Schicksal (gleichsam vor deinen Saturn), schaust ihm ins Antlitz – und verneigst dich!

Mehr gibt es nicht zu tun – aber auch nicht weniger.

Doch es ist wesentlich einfacher und gehört zu meinem Verhalten, daß ich gegenüber dem, was sich meinem Wollen nicht fügt, schmolle und hadere. Und jede Frage nach dem Warum meines Schicksals ist nichts anderes als ein kindliches und kindisches Hadern. Und jede Suche nach meinem verborgenen Karma ist Ausdruck dieser Haltung.

Wir dürfen nicht vergessen, daß sich bei Neptun-Saturn wieder zwei außersubjektive Kräfte in meinem Inneren zusammenschließen und daß sie etwas *von mir* fordern. Und es ist in der Tat eine Leistung des Reifens, die sie von mir fordern. Anerkenne uns, sagen sie, denn wir sind dein Schicksal. Wir bestimmen dieses Schicksal, ob du es akzeptierst oder nicht. Wir teilen dir das Schicksal zu, wir sind die Schicksalsgottheiten. Und es gehört zum Erwachsenwerden des Menschen, daß er die Größe des Schicksals in der Anerkennung seiner eigenen Kleinheit (ihnen gegenüber) würdigt. Genau das aber geschieht in einer Verneigung. Eine Verneigung heißt immer auch: Ich anerkenne, daß du größer bist als ich!

Indem ich hadere, mache ich mich größer und stelle mich über das Schicksal. Das aber ist auf Dauer noch niemandem gut bekommen.

Neptun-Transite über den Radix-Uranus

Wieder treffen zwei große transsubjektive Kräfte in meinem Inneren aufeinander und arbeiten gegen die subjektiven – meinem Ego dienenden – inneren Personen, die ja allesamt *hier auf Erden* Befriedigung finden wollen. Wieder sind die transsubjektiven Kräfte und Personen stärker, und wieder ziehen sie mich in Richtung auf eine Anerkennung des Jenseitigen.

Der Uranus, der hier vom Neptun «hochgezogen» wird, will ja immer von etwas und aus etwas (was alt geworden ist) herauslösen. Das tut er in diesem Fall auch; er löst mich von etwas, und ich glaube dann, daß ich endlich – in dem jeweiligen Bereich – frei geworden bin. Das aber ist die Täuschung und der Trugschluß. Der Sieg ist keiner! Die Befreiung hat mich nicht etwa gelöst, sondern in Wahrheit noch viel tiefer verstrickt.

Warum geschieht so etwas?

Was könnte die Absicht der Schicksalsmächte sein, mir so etwas anzutun? Nun, der Mensch ist in dem Glauben groß geworden, es könnte *punktuelle Ereignisse* geben, die mein Schicksal zum Besseren wenden (endlich die Scheidung, endlich der Lottogewinn, endlich das Heilmittel gegen Aids), so als läge mein Heil tatsächlich im Außen. Und als hätten dann die Suche und die Unzufriedenheit endlich ein Ende.

Da das aber nicht so ist, da die Suche und das Fragen und die Unzufriedenheit (hier auf Erden) nie ans Ende kommen und auch nie ans Ende kommen sollen, deshalb gibt es die «Illusion der Freiheit».

Aus dieser Transit-Veranstaltung (sie dauert gute vier Jahre) gehe ich entweder ziemlich verbittert hervor oder ein gerüttelt Stückchen weiser.

Neptun-Transite über den Radix-Neptun

Wie schon gesagt, im Quadrat kann dieser Transit ein erstes Mal mit ca. 41 Jahren stattfinden, in der Opposition mit 82 Jahren und in der Konjunktion nie. (Es sei denn, du wolltest

165 Jahre alt werden.) Bei den meisten Menschen wird diese Konstellation gar nicht bemerkt, bei anderen vermischt sie sich mit der Uranus-Uranus-Opposition mit ca. 42 Jahren.

Und nur wenn du ein Mensch auf dem «spirituellen Weg» oder ein sonstiger Träumer bist, dann hat sie dir etwas zu sagen. Ihre Aussage lautet dann ohne Wenn und Aber: Wo immer du den «Hintergrund der Welt» vermutest, wo immer du auf den Spuren des Grals zu wandeln glaubst (oder sonstigen romantischen Heiligtümern auf der Spur bist), du täuscht dich! Dort, wo du suchst, findest du es nicht.

Es ist wie mit dem träumenden Träumer. Endlich wacht er aus seinem Traum auf und stellt fest, es ist doch nicht so schlimm. Doch bald muß er einräumen: Er träumt immer noch. Er hat nur im Traum geträumt, daß er träumt.

Neptun-Transite über den Radix-Pluto

Hier treffen zwei Planeten (Personen), die am weitesten ihre Bahn um die Sonne ziehen und die am weitesten aus meinem Bewußtsein entfernt sind, aufeinander.

Neptun zieht Pluto nach oben heißt: Er hat die Kraft, die Bilder und Vorstellungen des Pluto, seine Ideen und Ideologien noch zusätzlich mit den Attributen des Schönen und Edlen und des sehnsuchtsvoll Romantischen zu verklären. Eine derartige Mischung ist nun – vom Menschen, dem diese Mixtur angeboten wird – kaum noch zu durchschauen. Tief im Inneren des Menschen aber sieht es anders aus: Hier gibt es einen Kampf zwischen diesen beiden Kräften, der eigentlich der große Kampf zwischen Gut und Böse ist. Der englische Dichter Milton hat diesen äonenalten Kampf in seinem Epos «Das verlorene Paradies» als Auseinandersetzung zwischen den Heerscharen der hellen und der dunklen Engel beschrieben.

In diesem Kampf werden mitunter die Menschen (also die subjektiven Egos) als Kombattanten und als Hilfstruppen einbezogen, aber im wesentlichen vollzieht er sich jenseits meines Bewußtseins.

Und es ist sehr wichtig, zu begreifen: Wann immer ich mit dem festen Bewußtsein, auf seiten der guten Engel zu stehen, also ein «weißer Ritter» zu sein, gegen die schwarzen Mächte kämpfe, trage ich nur *zu einer Vermehrung der schwarzen Heerscharen bei*. Von Bert Hellinger stammt der Satz: «Manche Menschen lassen sich nicht davon abhalten, die Brandfackel des Guten in die Heuhaufen der Welt zu werfen.»

Von Neptun-Pluto gibt es die Geschichte, daß vor einigen Jahren ein hoher jenseitiger «Lichtmeister» sich einer Gruppe von Esoterikern genähert hat und er dann channelnderweise einige Jahre ihr Lehrmeister war. Sein Name «Sanat Chumara». Die Gruppe hat ihn sehr verehrt, bis dann eines Tages ein Gruppenmitglied auf die Idee kam, einmal den dritten und den fünften Buchstaben seines Vornamens untereinander zu vertauschen.

Der Neptun kann den Pluto nicht enttarnen – diese Arbeit kann nur der Mensch allein vollführen. Pluto kann auch nicht bekämpft werden, da er als geistige Wesenheit nicht sterben kann. Er kann nur durch *Einsichten* (vorübergehend) seines Einflusses entbunden werden, und dann haben seine alten Ideen keinen Einfluß mehr. Da er aber zur Grundausstattung des Menschseins gehört, wird ihm nach einiger Zeit schon wieder eine neue Idee in den Sinn kommen...

Die Pluto-Transite

Generell: Was will der Pluto?

Nun, Pluto ist immer der «Befall»! Er ist immer ein Händler, und er hat – durch die Geschichte der Menschheit hindurch – in seinem Bauchladen geistige *Wesenheiten* (Ideen, Vorstellungen, Bilder und Ideologien), die er dem Ego wohlfeil zu verkaufen bestrebt ist. Und er packt den Menschen immer zuallererst bei seinem Ego (bei seiner Sonne), und er verkauft ihm jene Vorstellungen, die das Ego zu erhöhen vorgeben.

Er handelt also mit Größe! Mit Höhe!

Ob er dir diese Höhe als «Vorstandsvorsitzender» oder als die «Erleuchtung» (um nur zwei Beispiele zu nennen) andient, liegt an deinen persönlichen Empfänglichkeiten. Natürlich weiß er zu jeder Zeit, wo er dich packen kann.

Und da jedes Ego auf seine Art zu mehr Größe und zu mehr Höhe tendiert – hat er hier immer dankbare Abnehmer. Darin liegt, weder beim Ego noch beim Pluto, etwas Verwerfliches. Das ist nun einmal beider Natur.

Natürlich hat die Sache einen Haken. Pluto hat nämlich unter allen Personen, die wir bisher kennengelernt haben, eine Sonderstellung. Er ist weder eine subjektive innere Person noch eine objektive, denn er gehört nicht dem vierten Quadranten an. Er hatte einmal die Statur und den Status eines Engels, doch dann ist er gestürzt und zur Erde gefahren, und jetzt sitzt er zwischen allen Stühlen. Ein Engel ist er insoweit, als er keinen materiellen Körper hat und auch nichts Materielles bewegen kann: Er hat keinen sichtbaren Leib, und er besitzt auch keine Seele und damit kein Leben. Denn nur Menschen haben eine Seele. (Jetzt fragt gleich ein Naseweis: Ja, haben Engel denn keine Seele? Nein, natürlich haben sie keine!) Um also leben zu können, muß Pluto von dem betreffenden Menschen einen Teil seiner Seele *erwerben*. Nun, darum dreht sich ja der ganze Handel mit seinem Bauchladen. Er will von mir Seele und damit Leben, und da ich ihm das niemals freiwillig geben würde, muß er mir aus seinem Bauchladen etwas anbieten. Je mehr ich mich dann an seine Vorstellungen (über die Größe meines Ego, die er mir – mit seiner Idee – verschaffen wird) binde, desto mehr Energien stelle ich ihm, für sein Leben, zur Verfügung. Er wird immer mächtiger, und ich werde immer seelenloser.

Hat er mir gestern noch «Die fünf Tibeter» verkauft, so würde er mir morgen am liebsten «92 Usbeken» offerieren, d. h. ich *sollte (Konjunktiv!)* eigentlich jeden Tag zweiundneunzig Körperübungen machen, damit ich unsterblich werde und nicht mehr merke, daß ich keine Sekunde Zeit mehr für mein Leben habe. (Meine Frau verläßt mich, meine Kinder gehen auf Droge, meine Freunde kennen mich nicht mehr.) Der einzige Begleiter, der mir noch bleibt, ist mein Pluto, den ich jeden Tag mit mehr Leben ausstatte, und so kann es sein, daß ich eines Tages tatsächlich zu einem absolut «leblosen Unsterblichen» geworden bin.

Natürlich mache ich hier nur Scherze, denn keiner hält das in Wahrheit durch. Die anderen Innenpersonen nehmen das irgendwann übel und melden sich! Und so verliert der Pluto auch immer wieder seine Bastionen – und damit verliert er seine Lebendigkeit. Jetzt sitzt er erneut in der Unterwelt, in die ich ihn (ohne überhaupt von ihm zu wissen) wieder verbannt habe, und sinnt nach einer neuen Idee, mit der er mich packen kann.

Sein Schicksal ist also auch nicht besonders erfreulich – weshalb ihn die Märchen auch gern «armer Teufel» genannt haben.

Pluto im Transit zieht – so hatte ich gesagt – die Planeten des Radix-Horoskops nicht hoch zu mehr Bewußtheit und mehr Wissen über sich, sondern er stößt sie hinab in sein Reich der Unterwelt der Ideen und anderer lebloser Gebilde. Das ist einerseits natürlich eine tiefere Form des Unbewußten und des Vergessens, andererseits bietet es jedoch auch die Gewähr: Je stärker der Druck im Unbewußten sich gestaltet, desto größer werden die Auftriebskräfte des Lebens, die wieder an die Oberfläche drängen.

Noch ein unvermeidbarer technischer Hinweis: Da Plutos Laufbahn um die Sonne ca. 248 Jahre beträgt, erleben wir Pluto-Transite nicht gar so häufig. Weder tritt er zu sich selbst in einem Menschenleben in die Opposition noch in die Konjunktion.

Pluto-Transite über die Radix-Sonne

Es sei hier noch einmal deutlich und für alle folgenden Pluto-Transite festgestellt: Pluto selbst kann *nichts tun*; er kann nicht handeln, dir nichts zufügen, weder an dich noch an die

Welt Hand anlegen. Da geht es ihm wie dem Teufel, der nach Plutos mythologischem Vorbild geschaffen wurde. Auch der kann nicht, wie er will. Goethe hat das ein für allemal festgeschrieben. Er kann nicht – von sich aus – dein Haus betreten und dich überfallen oder überraschen. *Du* mußt ihn hineinbitten. Und du mußt es dreimal tun! (Faust). Und *du* mußt seine Bilder mit Leben füllen. Das soll heißen: Er gibt dir nur die Idee – ein unsichtbares Gebilde –, *handeln* und die Idee erfüllen muß du selbst.

Und weil mit Pluto immer alles mögliche, meist Blutrünstige assoziiert wird, möchte ich an einem Beispiel aus meinem Leben illustrieren, wie er wirklich *wirkt*:

Als der Pluto im Dezember 1971 meine Radix-Sonne auf 2 Grad Waage *direkt* transitierte, da klopfte er laut und vernehmlich an meine Seele: Ich fand auf dem Flohmarkt in Frankfurt etwa 20 Mickymaus-Hefte von 1952 und 1953 im druckfrischen Zustand. Es waren jene Hefte, jene bunten Bilder, die mir in meiner Kindheit so viel Trost und so viel Abenteuer vorgegaukelt hatten und die sehr intime Begleiter der Seele des achtjährigen Kindes wurden. Ich kaufte diese Hefte als 27jähriger erneut, und ab da hatte mich Pluto fest in der Hand. Ich wurde jetzt das, was man heute einen Comic-Freak nennt. Mein ganzes Trachten ging dahin, *alle* Hefte meiner Kindheit zu besitzen, ja, alle Comic-Hefte, die es damals je gab. In kürzester Zeit hatte ich Abertausende von Comics angesammelt. Mein Studium betrieb ich gerade noch so nebenbei. Pluto hatte mich fast vollständig erfaßt: Meine damalige Partnerin lächelte eine Zeitlang milde, wenn ich auf eine Zeitungsanzeige mal wieder Hunderte von Kilometern durchs Land fuhr und noch weitere 250 Sigurd-Hefte ankaufte. Wir lebten jetzt in Tonnen von Papier. Die Freunde und Studienkollegen wußten, der Orban spinnt, mit ihm ist nichts mehr anzufangen. Eine größere Wohnung wurde angeschafft, denn die Massen mußten ja untergebracht werden. Und so ging es weiter. Neben meinem Studium gründete ich einen Comic-Verlag und verlegte die alten Hefte für Sammler (die er genauso gepackt hatte) noch einmal neu. Der ganze Spuk hat (wie könnte es anders sein) sieben Jahre lang gedauert und hörte erst auf, als meine Ehe (ich hatte in dieser Zeit geheiratet), mein Studium und meine Ausbildung (als Therapeut) beendet war. Gut sieben Jahre war ich vollständig im Bann Plutos. Erst meine eigene Therapie brachte ein wenig Licht in diesen Befall.

Nicht daß wir uns mißverstehen: Ich sammle immer noch Bilder, zum Beispiel chromolithographische Werbebilder aus dem 19. Jahrhundert und Filmschauspieler-Postkarten von 1920. Er hat mich immer noch! Aber nicht mehr so total. Es stehen etliche gleichgeordnete Interessen neben ihm, die ganz woanders hingehen. Mit anderen Worten, auch meine anderen Innenpersonen dürfen heute ihre Interessen durchsetzen. Aber er auch! Und das wird so bleiben. Er wird einen Teil von mir behalten dürfen – denn er ist ein Teil von mir.

Und so ist es die wichtige Frage bei einem Pluto-Sonnen-Transit: Wo hat er mich? Welche Bilder hat er mir gegeben, auf daß ich ihnen und (also) ihm folge und ihm damit mehr und mehr meiner Lebensenergien zur Verfügung stelle?

Trifft er auf meine Sonne, so versucht er, *seine Vorstellungen* zu einem Teil (am liebsten zu 100 %) *meiner Identität* zu machen. Und meist gelingt ihm das auch – für einige Zeit.

Er befällt mich, und ich merke es (natürlich) nicht. Keiner, der auf dem Flohmarkt oder in einer esoterischen Buchhandlung sein Thema findet, merkt, daß ihn jetzt der Pluto am Wickel hat und ihm die nächsten Jahre keine Ruhe mehr lassen wird.

Was ist nun das Problem bei einem derartigen Befall?

Ich möchte es als ein Bild darstellen: Pluto hat den Wunsch, daß im Theaterstück des Lebens nur *zwei* Personen auf der Bühne sind und hundert Prozent des Stückes bestreiten. Eine subjektive Person (in diesem Fall das Ego, die Sonne) und dann nur noch *er*, gleichsam als Regisseur und Dirigent der subjektiven Person. Ein Herr (er) und sein Sklave. Und je mehr die subjektive Person nach seiner Nase tanzt, desto mehr Lebendigkeit gewinnt der Regisseur. Und desto blasser wird die subjektive Person.

Und: Die anderen Innenpersonen (Mond, Merkur, Venus etc.) dürfen nicht mehr mitspielen, es sei denn, sie ordnen sich ebenso total seiner Regie unter. Sonst werden sie von der Bühne verbannt. Pluto möchte somit zum *alleinigen* Rollenträger auf der Bühne meines Lebens werden. Nur noch er und eine weitere Person, der er das Leben abzapfen kann. Er will den ganzen Raum! Und es gibt Zeiten, da *gebe ich* ihm diesen Raum.

Aber dann beginnen seine natürlichen Feinde, die anderen subjektiven Personen, die das Leben repräsentieren, sich den Raum zurückzuholen – und er verliert. Wenn es auch manchmal etliche Jahre dauert.

Pluto-Sonne hat auch zu tun mit der *Vorstellung*, was denn dazugehört, ein Mann zu sein. Des weiteren, wie ich als Vater sein sollte und wie mein eigener Vater (damals) zu mir hätte sein sollen. Es geht also um Rollen-Vorstellungen. Wir werden die Probleme, die sich daraus ergeben, bei den Pluto-Mond-Transiten ausführlicher behandeln.

Pluto-Transite über den Radix-Mond

Hier trifft ein von Pluto initiiertes Bild auf meine weiblich-kindliche Seite. Damit wird meine Vorstellungswelt, was es also heißt, eine Frau zu sein (bzw. wie meine Frau zu sein hätte), dergestalt beeinflußt, daß ich versuche, mich nach dieser Vorstellung zu modeln bzw. mir eine Frau zu suchen, die ich in diesen «Vorstellungs-Container» (Döbereiner) hineinbekomme.

Es ist dabei ebenfalls die Vorstellung vorhanden, wie ich als Mutter zu sein hätte (immer wieder der Konjunktiv!) oder – aus der Vergangenheit kommend – wie meine Mutter (damals) zu mir eigentlich hätte sein müssen.

Da niemand es auf Dauer schafft, *sich selbst* den Bildern seines Pluto anzugleichen (sosehr er sich auch bemüht), und auch *kein Partner* die Kraft hat (sosehr er sich auch bemühen mag), mir meine Vorstellungen über das Weibliche zu erfüllen, bleibt immer eine tiefe Unzufriedenheit zurück. Sei es, daß ich mich jetzt noch mehr anstrenge (und zu sehr radikalen Mitteln greife), um Plutos Maßstäben zu entsprechen, sei es, daß ich den Partner dafür ablehne und die Beziehung beende, weil er sich meinem Pluto nicht zu fügen vermag, Pluto mischt sich in diesem Transit sehr stark in mein *Beziehungsleben* ein. Und damit findet dann auch eine «Opferung meiner eigenen (genuinen) Weiblichkeit» statt zugunsten einer ideellen (und einer idealen) und nur gedachten Weiblichkeit, die sich jedoch leider nicht leben läßt.

Der typische Satz einer gedachten Weiblichkeit lautet: «Mein Bauch gehört mir!», so als ob man mit den Früchten seines Leibes jederzeit tun kann, was einem beliebt. In Wahrheit jedoch ist es ein Satz Plutos, der eigentlich lautet: «Dein Bauch gehört mir!» Ein anderer rein plutonischer Satz: «Man kann es in einer derart zerstörten Welt nicht verantworten, Kinder in die Welt zu setzen!» Die letzten beiden Sätze zielen natürlich auf das Thema der Abtreibung, und diese ist in der Tat eines der am weitesten verbreiteten Pluto-Mond-Geschehnisse.

Dazu muß man wissen, daß abgetriebene Kinder in der Seele *weiterleben*. Sie können nämlich nur *körperlich* abgetrieben werden. In der Seele (und zwar in den Gefilden Plutos) bleiben sie am Leben – in mir. Und diese Kinder finden erst ihre Ruhe (in meiner Seele), wenn ich den Mut habe, sie im Reich Plutos aufzusuchen und sie zurückzuholen. Denn dort, wo sie jetzt sind (im Reich des Vergessens), fühlen sie sich nicht allzu wohl.

Pluto-Transite über den Radix-Merkur

Bei einem solchen Transit arbeitet der Pluto entlang von zwei Schienen: Auf der ersten geht er *durch mich* nach außen und sorgt dafür, daß ich eine Idee (seine Idee!) intellektuell vertrete. Ich werde dann zu einem Theoretiker, der als Rattenfänger arbeitet und der dafür zu sorgen hat, daß *durch mich* andere Menschen ebenfalls von seiner Idee besetzt werden. Ich werde also jetzt zu einem geistigen Propagandisten, wie jene Menschen, die oft vor den Warenhäusern stehen und die mir etwas andrehen wollen. Da es aber hier nicht um Teppichreinigungsschaum oder Gemüsezerkleinerungsmaschinen geht, sondern um deren geistige Pendants, will ich die Menschen von etwas Nicht-Materiellem überzeugen und es ihnen andrehen. Eine weltweit verbreitete Sekte schickt deshalb auch regelmäßig ihre «Vertreter» in die Einkaufsstraßen. Manchmal gibt es auch Propagandisten, die vorgeben, mir etwas Materielles als etwas Geistiges zu verkaufen (Herba Life oder Aura Soma und wie sie alle heißen). Man erkennt die Vertreter leicht an ihren Produkten, denn hinter dem Namen auf ihrer Mogelpackung steht meist das geheimnisvolle Pluto-Zeichen «®», und das heißt wörtlich «Ich will dich ganz umfangen!» und «Du gehörst mir!»

Ob ich bei einem Pluto-Merkur-Transit zu einem «Täter» (also zu einem Vertreter) für die dahinter liegende Idee werde oder zu dem «Opfer» eines von außen kommenden Vertreters, muß ich selber prüfen. Aber letztlich spielt es keine Rolle, denn bei all diesen Rattenfänger-Methoden geht es ja darum, daß ich erst gefangen werde – und dann dazu angeleitet (mitunter ausgebildet werde), andere zu fangen. So hält sich dieses plutonische System, das aus Opfern Täter macht, sehr effizient am Laufen.

Die zweite Schiene bleibt lange Zeit auf *mein Inneres* beschränkt: Hier packt der Pluto meinen Merkur, indem er ihm die Idee der Schuld verkauft. Und – sonst macht es kaum Sinn – was ich tun muß, diese Schuld *abzutragen*. Dieses plutonische Spiel kommt von den milden Formen (ich fühle mich schmutzig und muß mir jede halbe Stunde die Hände waschen) bis hin zu den hoch zwangsneurotischen Formen der Welt-Verbesserungsphantasien (die besonders in den Kreisen der religiösen Heilsbewegungen ihren Heimathafen finden) mit allen Zwischentönen daher. Hier wird mein Leben – ohne daß ich es weiß – beherrscht von dem Impetus, Schuld zu tilgen, Schuld wiedergutzumachen. Da diese Schuld aber weder abgezahlt noch getilgt werden kann, gerate ich in einen *circulus vitiosus,* buchstäblich in einen «Teufelskreis», dem ich nicht zu entkommen vermag. Was immer ich tue, die reale (oder imaginäre) Schuld bleibt, weil Pluto damit jedesmal – mich kasteiend – ein «Opfer an Lebendigkeit» fordert und erhält. Manchmal besteht der Versuch einer Lösung darin, in einem zweiten Schritt nach außen zu gehen und die Schuld (und die Erlösung von der Schuld) auch an andere zu verkaufen bzw. Organisationen zu bilden, die die Wieder-Gut-Machung auf ihre Fahnen geschrieben haben. So entstehen mitunter Heilsbewegungen, in deren Kern ein «mea culpa» liegt. (Und die dann vom Ufo geholt werden, wenn ich endlich ohne Schuld bin und alles andere untergeht).

Wo die Lösung liegt? Indem ich den Hintergrund dieses Geschehens wahrnehme. (Manchmal sagt dann der Pluto: «Tut mir leid, Leute, war so 'ne Idee von mir!»)

Pluto-Transite über die Radix-Venus
Bei diesem Transit finden wir den Pluto ebenfalls zweigleisig: Zum einen suggeriert er meiner Venus, was sie an Attributen benötigt oder wie sie zu sein hätte, damit sie ihren Selbstwert entweder erwerben oder ihn behalten kann. Pluto drängt mich also in meine dringend benötigte Attraktivität hinein und damit in den Aufwand, alles für diese Attraktivität zu tun. Das allein kann ein lebenslanges Spiel werden, bei dem ich alles tun muß, um noch schlanker, noch gesünder, noch hübscher, noch wichtiger und noch wertvoller zu sein und zu werden (als es gestern der Fall war).

Zum zweiten suggeriert Pluto, wie meine Beziehung zu sein hätte (darin ist er in der Nähe des Pluto-Mond-Themas), und entwirft ganz konkrete Vorstellungen von Beziehungstreue (und Beziehungsfreiheit), Vorstellungen, wie mein Partner auf meine sexuellen Wünsche und Begierden eingehen sollte usw., Vorstellungen also, die allesamt einem Gefängnis entsprechen, aus dem der Pluto weder mich noch den Partner hinausgelangen läßt.

Das eigentlich Entscheidende besteht darin, daß Pluto mir eine wichtige (geistige) Begründung – gleichsam als Hintergrund – liefert, vor dessen Vordergrund alle Vorstellungen mit der guten Absicht, nur das Beste zu wollen, ablaufen.

Hier, auf der Beziehungsebene, wird ein eisernes Band geschmiedet, das den anderen Menschen vollständig in meinem Bann halten soll. Wenn der betreffende Mensch mit dem Pluto-Venus-Transit zu seinem Partner sagt: «Du gehörst zu mir!», so weiß er nicht, daß diese Worte eigentlich aus dem Munde von Pluto kommen.

Pluto-Transite über den Radix-Mars

Für diesen Transit stellt man sich am besten den Schwanz des Skorpions mit seinem drohend erhobenen Stachel vor – der mit einer schnellen Bewegung seinem Gegenüber das Gift in den Körper einbringt und der damit zu einem (geistigen) Täter wird.

Bevor jetzt (bei diesem Bild) wieder das Thema der «Gewalt» im Inneren des Lesers sich breitmacht, müssen wir einen Moment innehalten: Wir hatten schon erwähnt, daß in der normalen Astrologie (in der heute aktuellen Astrologie, die an die Kioske geht – ein sehr interessantes Phänomen!) auf den *Täter* «Pluto» geschielt wird, und diese Sichtweise ist – mit Verlaub – dem Pluto sehr angenehm. Sie gehört gleichsam zu seinem Plan. Denn solange der Leser auf Plutos vermeintliche «Gewalt» achtet und sich davor fürchtet, so lange hat Pluto ein leichtes Spiel. Er arbeitet nämlich gern nach dem

Hase-und-Igel-Prinzip. Wann immer der Hase glaubt, er wüßte, wo der Igel sei, hat er sich geirrt. Und um diesen Irrtum
geht es Pluto!

Ein Beispiel soll das illustrieren: Tschernobyl war ohne
Zweifel eine plutonische Angelegenheit. Ein Reaktor brach,
und im Umkreis von einigen hundert Metern starben Menschen, und im Umkreis von hundert Kilometern litten Menschen an den Spätfolgen (Krebs usw.). Und die ganze Welt
starrte wie gebannt auf dieses atomare Desaster. Der Stachel saß im Fleisch!
Wenn im Indischen Ozean eine Fähre mit einer vergleich-
baren Zahl von Todesopfern untergeht, dann ist das eine
Randmeldung im Fernsehen, die man nach zwei Tagen vergessen hat. Tschernobyl aber saß als Stachel im Fleisch von
etwa 500 Millionen Menschen, und jetzt führten diese ver-
ängstigten Menschen den *eigentlichen Auftrag* Plutos aus!
In *bester Absicht* (Pluto leitet die Menschen immer an, in
bester Absicht seine Werke zu tun!) wurden jetzt Ernten
vernichtet, Tiere geschlachtet und deren Fleisch verbrannt,
Kinder durften nicht mehr auf die Spielplätze, Babies bekamen die Brust nicht mehr, weil Muttermilch in «Verdacht»
kam (Trockenmilch hatte Hochkonjunktur), Geisterzüge
mit «verseuchtem» Milchpulver rollten durch Europa und
durften nirgends ankommen, niemand aß noch Jahre danach Pilze usw. Kurzum, das Leben, die lebendige Nahrung
wurde zur Gefahrenquelle erklärt und kurzerhand vernichtet. Und der Mensch ernährte sich, so gut es eben ging, von
toten Konserven. Sie seien «sicher», erklärte man den Ver-
ängstigten. Ein Gespenst namens «Millirem» regierte die
Stunde, obwohl niemand wußte, was es eigentlich mit diesem Gespenst auf sich hatte. Und Pluto hatte sein Ziel zu
hundert Prozent erreicht. Er hatte die nicht-plutonischen
Zerstörer einfach für seine Ziele arbeiten lassen. Er hatte
das Leben (für eine bestimmte Zeit) zum Absterben ge-

bracht, indem er die *Vorstellung*, alles sei vergiftet, in die Köpfe der Menschen gepflanzt hatte. Das meine ich, wenn ich von einer «geistigen Vergiftung» spreche.

Pluto vergiftet geistig, den Rest besorgen (ja, dieses Wort stimmt!) die subjektiven Täter selbst. Im Falle eines Pluto-Mars-Transits eben der Mars, der jetzt ein Alibi und einen «guten Grund» für sein Zerstörungswerk hat. So kommt es schnell zu Hexenverfolgungen (oder zum vieltausendfachen Rinder-Töten im Namen und unter dem Verdacht von BSE), bei denen der Teufel tatsächlich mit Beelzebub ausgetrieben wird.

Anders gesagt: Der Stachel des Skorpions sondert bei einem Mars-Pluto-Transit ein Gift ab, das in der Regel *für den Körper völlig unschädlich ist*, das aber *den Geist vergiftet*, und erst ein vergifteter Geist drängt den Mars dazu, in bester Absicht, zu zerstören. Die Großinquisitoren (die es heute wie damals gibt) sind nämlich fest davon überzeugt, daß sie den Teufel austreiben. In Wahrheit sind sie auf seiner Gehaltsliste.

Was nun zerstört der Pluto mit Hilfe des Mars in unserem Alltag? Nun, er kann (als erstes und Wichtigstes) *Vertrauen* zerstören, Vertrauen in das Leben. Er kann Beziehungen zerstören, indem er einen Verdacht sät. Er kann das Verhältnis von Eltern zu Kindern zerstören. Und er tut das, indem er ein Ereignis geschehen läßt oder ein Gerücht oder einen Verdacht ausstreut – den Rest besorge ich dann schon alleine.

Pluto-Transite über den Radix-Jupiter
Bei einer Allianz dieser beiden Personen geht es um *Glaubensgewißheit*, eine Angelegenheit also, die *per definitionem* falsch sein muß!

Entweder ich glaube etwas, dann weiß ich es nicht, und es gibt leider keine Sicherheit. Oder ich habe eine Gewißheit, dann sprechen alle Indizien und Anzeichen dafür, und die Sache läßt sich (über die Zeit) auch beweisen. Wir sind bei diesen beiden inneren Personen jetzt tatsächlich vollständig im Reich des Geistigen. Jupiter, auf seiner Suche nach dem Sinn und dem Glauben und Pluto mit seinen Suggestionen und seiner Vorstellung, wie etwas sein sollte, ergeben eine Mischung, die gleichsam wasserdicht ist. Diese Mischung kann nicht mehr durch Kritik, Zweifel oder Argumente erreicht werden.

Auch wenn ich (vor dem Transit) nicht viel Wert auf meinen Jupiter gelegt habe und durchaus kein geistiger Mensch bin, dann gibt das Pluto-Transit mir eine weltanschauliche, religiöse oder spirituelle Orientierung, die sich festsetzt. Und mich bindet. Eine derartige Bindung heißt in der Umgangssprache ein «Vorurteil» deshalb, weil es ein *Urteil* ist, das *vor* jeder Erfahrung liegt.

Und weil das, was das Urteil ausdrückt, etwas Totes darstellt und keinen Realitätsbezug hat, bleibt es bestehen, auch wenn das Phänomen, um das es geht, nicht mehr weiterbesteht.

Also: Auch wenn der letzte Ausländer die Stadt Zwickau längst verlassen haben sollte, so wird ein großer Teil der Bürger Zwickaus immer noch wissen, daß «uns die Ausländer die Arbeit wegnehmen».

Oder: Vor fünf Jahren schwappte eine Bewegung, aus Amerika kommend, nach Europa über: Menschen, die man noch vor Jahren sehr ernst genommen hatte (darunter der Begründer des Rebirthing), behaupteten ohne viel Federlesens, daß der Tod nur ein überaltertes Glaubenskonzept sei und man diesen Glaubenssatz (mit Hilfe einiger Übungen) einfach abschaffen kann. Und dann wäre man «unsterblich». Als dann die ersten dieser «Unsterblichen» doch starben, lag das nicht etwa daran, daß Unsterblichkeit nicht möglich sei, sondern daran, daß die Betreffenden doch wohl noch zu sehr an dem alten Glaubenssatz gehangen hatten. (Das ewige Leben war halt schon immer eine Domäne Plutos.)

Oder: Einer Gemeinschaft von Engelsfreunden, die einen direkten Draht zum Himmel haben, wurde prophezeit, daß an einem bestimmten Tag im März (oder so) die himmlischen Fahrzeuge auftauchen und sie in das himmlische Jerusalem befördern würden. Als die Fahrzeuge nicht kamen, war die Enttäuschung zunächst groß. Doch dann beruhigte man sich mit der Erkenntnis, daß Engel eine andere Zeitrechnung hätten und bei ihnen der 30. März 1996 (oder so) etwas ganz anderes bedeute.

Wir sehen, diese Glaubensgewißheit kann nicht durchbrochen werden. Und die Frage ist, ob man das überhaupt tun sollte. Pluto entfacht also immer ein geistiges Urteil über den Sinn und den Glauben und natürlich auch über das Fehlen eines Sinns und die Abwesenheit dieses Glaubens. So entspricht der Satz des Gläubigen «Es gibt einen Gott in der Höhe!» ganz genau dem Satz des Atheisten «Es gibt keinen Gott in der Höhe!», denn beide Sätze stellen eine Glaubensgewißheit dar, und beide Sätze binden an etwas Nicht-Lebendiges.

Pluto-Transite über den Radix-Saturn
Der Saturn, mit seinem Anspruch, das Richtige zu tun, die Ordnung zu wahren und die Verantwortung zu übernehmen (sie zu tragen), wird vom Pluto transitiert und damit tief ins Unbewußte hinabgesenkt. Pluto versucht, mit diesem Manöver, den Menschen zu veranlassen, eine *Verantwortung nach Plutos Vorstellung* zu übernehmen, also der Mensch soll jetzt etwas tragen, was er gar nicht tragen kann.

An dieser Stelle kommt gern (als ein Beispiel) eine sehr verwaschene und von Pluto infizierte Version von «Karma» ins Spiel: «Wenn mein Kind im Alter von 12 Jahren stirbt, dann geschieht das deshalb, weil ich in einem vorherigen Leben die Ordnungen des Karmas verletzt habe und es jetzt ausbaden muß!»

Aber auch bei normalen Menschen sieht dieses Spiel ganz ähnlich aus: «Wenn mein Kind im Alter von 12 Jahren stirbt, dann darf ich – als Ausgleich und zur Wiedergutmachung – in meinem Leben auch nicht mehr froh werden!»

Pluto senkt also bei diesem Transit eine depressive Grundstimmung über das Menschsein, und für dieses Bedrücktsein wählt er – immer – eine Ursache, die von mir nicht hat beeinflußt werden können. Ich identifiziere also unter Plutos Transit über den Saturn ein Ereignis, das für mich zum Tragen viel zu groß ist, und lasse mich davon – niederdrückend – leiten. Es ist dies natürlich auch ein Form der Anmaßung: jene Anmaßung nämlich, ich wäre groß genug, dem Schicksal Einhalt zu gebieten. In unserem Beispiel: Ich hätte den Tod meines Kindes aufhalten können (durch ein besseres Verhalten in diesem oder einem früheren Leben). Das ist die Vorstellung, die Pluto mir hier vorgaukeln möchte: Du kannst dein Schicksal selbst bestimmen. Es liegt in deiner Hand. Aus diesem Dilemma heraus gibt es natürlich weder einen Ausweg noch eine Lösung, außer der, daß ich begreife: Ich bin klein, und mein Schicksal ist etwas sehr Großes. Ich kann es nicht beugen oder beeinflussen. Ich kann mich nur verbeugen und es in seiner Größe und Unbeeinflußbarkeit achten und anerkennen.

Pluto-Transite über den Radix-Uranus

Der Uranus zeigt mir in meinem Radix-Horoskop, welcher Art die «Lösungen» (die Befreiungen) zu sein haben, die ich in meinem Leben zu vollführen in der Lage bin. Gerät Pluto zu Uranus in einen Transit, so entsteht die «Vorstellung von einer Befreiung» und damit das exakte Gegenteil von dem, was ich eigentlich vermag. Unter einem solchen Transit wird also jede Befreiung, jede «Lösung» in Wahrheit zu einer Flucht, wenn auch der Pluto noch einige Jahre das Gefühl in meinem Inneren verbreitet, es war genau das Richtige.

In dem Moment, in dem ich diese Zeilen schreibe, ruft eine Frau an: Sie weiß nicht, was sie tun soll. Ihr Mann, von dem sie sich vor zwei Jahren getrennt hat, steht wieder vor ihrer

Tür. Er will bei ihr unterkommen, denn er liegt auf der Straße. Sie sagt, er sei wie ein Kind (er habe einen Krebs-Aszendenten) und sie habe sich genau aus diesem Grunde von ihm (nach 12jähriger Ehe) getrennt, weil sie nicht mehr «seine Mami» sein will. Seit er von ihr getrennt ist, hat er keine Arbeit, keine Wohnung, keine Freunde mehr. Er will zurück. Aber – natürlich – sie will ihn nicht.

Diese «Lösung» ist (wie man sieht) keine. Sie hat ihn weiterhin. Entweder vor ihrer Tür oder auf ihrem Gewissen. Sie ist geflüchtet. Aber die Flucht mißlang.

Denn insbesondere die beiden Uranus-Themen der «Lösung aus einer Beziehung» (Ehe) oder der Topos des «Aussteigens» (aus dem Beruf oder noch stärker als: Noch einmal ganz woanders ganz neu anfangen) sind die beiden bevorzugten Pluto-Suggestionen, die sich als «kleiner Mann im Ohr» in meinem Leben manifestieren.

Aber nicht nur die *reale Lösung* (also das wirkliche Weggehen) wird vom Pluto initiiert und anschließend für gelungen erklärt, viel öfter noch setzt mir der Pluto einen «Floh ins Ohr», wissend, daß ich (aus anderen Gründen) diese Lösung gar nicht durchführen kann.

Dann hält er mich an einer Stelle gepackt, so daß ich meine Lebensumstände, meine Beziehung, meinen Beruf abwerte, die Fiktion einer Veränderung vor mir hertrage, aber eine Lösung gar nicht erst anstrebe, sondern nur im Geiste mit ihr spiele. Und das entfernt mich nun tatsächlich von meinem Leben und verführt mich zu einer «Vorstellung vom Leben», die natürlich dann auch nicht eintritt.

So finden wir unter Pluto-Uranus Menschen, die leben in einer Partnerschaft (in einem Beruf etc.) und warten jahrelang, daß noch ein «besserer» (Partner oder Beruf) nachkommt, so als säßen sie in ihrer alten Partnerschaft (ihrem alten Beruf) nur eine Gefängnisstrafe ab, hoffend, daß die Strafe bald beendet sein wird und die Gefängnistüren sich öffnen. Und natürlich lassen sie sich in ihrem vermeintlichen Gefängnis auch nicht auf das Gefängnis – und damit auf ihr jetziges Leben – ein.

Sie sitzen ihr Leben einfach nur aus!

Pluto-Transite über den Radix-Neptun

Bei einem Pluto-Neptun-Transit finden wir – wörtlich – die «Vorstellung vom Himmel». Oder: die *Vorstellung*, was uns in der «Welt hinter der Welt» erwarten wird. Es ist gleichermaßen die «Bindung an den Himmel», und damit findet der Pluto einen Weg, dem Menschen die Erde als Aufenthaltsort madig zu machen. In hoch verdichteter und *extremer* Form finden wir diese Konstellation bei den in der letzten Zeit so beliebten Veranstaltungen, kollektiv aus der Welt auszusteigen. Hier suggeriert der Pluto ein Bild und eine Vorstellung, daß im Windschatten des Kometen Hale Bopp ein Raumschiff darauf wartet, uns Auserwählte aufzunehmen. (Daß wir zu diesem Zweck kollektiv Selbstmord machen müssen, ist lediglich eine unvermeidbare Formsache!)

Es ist hier tatsächlich das Langen (das Verlangen) nach dem Himmel und das Abwerten der Erde, das Pluto hier inszeniert, und es gibt genügend – oft hoch esoterische – Gründe, die er hier ins Feld führen kann. Denn tatsächlich scheint die Welt (in diesen Zeiten) kein besonders anheimelnder Platz zu sein. Da das jedoch zu keiner Zeit und in keinem Jahrhundert je anders war, nimmt Pluto gern Endzeit-Szenarien zur Hilfe: Wie viele Jahrtausendwende-Katastrophen in den letzten Jahren herbeibeschworen wurden, wie viele Termine für den Weltuntergang gerade in den letzten Jahren gehandelt wurden, geht auf keine Kuhhaut.

Aber nicht nur die laut polternden Jenseitssehnsüchte werden bei Pluto-Neptun heraufbeschworen und aktiv. Nein, gerade die kleinen individuellen Katastrophen des Menschseins nimmt er gern für seine Arbeit in Beschlag.

Insbesondere frühe Todesfälle im Leben eines Menschen

(der Tod von Eltern und Geschwistern bis zu einem Alter von ca. 20 Jahren) geben in der Tiefe der Seele Grund für die Vorstellung, die Verstorbenen seien jetzt drüben (im Himmel) und warten sehnsüchtig darauf, daß ich auch (nach drüben) komme und dann mit ihnen wieder in Liebe vereint bin.

Der Himmel wird also von Pluto zu einem realen Ort stilisiert, an dem jemand auf mich wartet. Und die kindliche Seele glaubt, sie würde den Verstorbenen helfen, wenn sie sich jetzt mit all ihrem Sehnen und Trachten diesem Ort zuwendet. Ob jetzt reale Handlungen ausgeführt werden, diesem Ort näher zu kommen (Krankheiten oder Unfälle können unbewußt herbeigedacht werden), hängt davon ab, ob der Pluto (neben dem Neptun) noch andere subjektive Innenpersonen als «Täter» mobilisieren kann. Meist geschieht das jedoch nicht! Denn die anderen Inneren hängen zu sehr an ihrem Leben. Aber es reicht schon, daß die Sehnsuchtsenergien von Pluto-Neptun an die Verstorbenen gebunden bleiben, um diesem Leben viele lebendige Energien zu entziehen.

Pluto-Transite über den Radix-Pluto

Bevor wir die Pluto-Pluto-Transite betrachten, ist eine Anmerkung zu der «Laufbahn» von Pluto erforderlich. Wir wissen schon, daß er 248 Jahre für einen Sonnenumlauf benötigt. Wollten wir jetzt Hochrechnungen anstellen, so würde sich rechnerisch ergeben, daß er für den Durchlauf durch *ein Tierkreis-Zeichen* (248 : 12) etwa 20$\frac{1}{2}$ Jahre braucht. Das ist mathematisch sicher richtig, im Einzelfall jedoch falsch. Gerade in den letzten 50 Jahren war er auf seiner Bahn nämlich der Erde sehr nahe (z. T. sogar *innerhalb* der Neptun-Bahn) und reiste bei dieser Erdnähe sehr viel schneller durch den Tierkreis.

So durchquerte (und durchquert) er die letzten sieben Tierkreiszeichen mit folgenden Geschwindigkeiten:

Zwillinge	(1882–1914)	= 32 Jahre
Krebs	(1914–1938)	= 24 Jahre
Löwe	(1938–1958)	= 20 Jahre
Jungfrau	(1958–1971)	= 13 Jahre
Waage	(1971–1983)	= 12 Jahre
Skorpion	(1983–1995)	= 12 Jahre
Schütze	(1995–2008)	= 13 Jahre

Eine Person, die am 1. Januar 1900 geboren wurde (Pluto 15 Grad in Zwillinge), könnte theoretisch auch die Pluto-Pluto-Opposition im Dezember des Jahres 2001 (Pluto 15 Grad Schütze) erleben und mitbekommen. Sie wäre dann 101 Jahre alt. Wir dürfen also nicht schematisch 248 Jahre durch 2 teilen, um zu einer Opposition zu kommen, denn das wäre ja erst im Jahre 2024.

Auch das Pluto-Pluto-Quadrat, das rechnerisch erst nach 248 geteilt durch 4, also nach 62 Jahren, erfolgen dürfte, erlebte ich mit meinem Geburts-Pluto auf 9 Grad im Zeichen Löwe bereits im Alter von 43 Jahren, im März 1987, als der Pluto auf 9 Grad durch das Zeichen Skorpion wanderte. Und in dieser Zeit war der Pluto tatsächlich jeden Tag in meinem Leben (für einige Monate) anwesend: Ich schrieb in dieser Zeit gerade mein «Pluto»-Buch (Rowohlt 1989).

Pluto-Pluto ist also zuallererst eine geistige Auseinandersetzung: *Eine* Vorstellung wird *gegen* eine *andere* Vorstellung gesetzt. Und alles, was ein Mensch sich vorstellt, hat nichts mit dem Leben zu tun! So ist jeder Mensch, der ein Buch schreibt, im Banne einer Vorstellung. Und solange er das ist und tut, *lebt* er auf einer Sparflamme. So ist das nun einmal mit der Wissenschaft und der Kunst: Ich sitze auf einem toten Stuhl mit einem toten Bleistift vor einem toten Blatt Papier und stelle mir etwas vor, was ebenfalls tot ist. Dagegen ist ja nun nichts einzuwenden, denn Pluto verlangt seinen Preis, ganz ebenso wie die Venus, der Mars und alle anderen. Die Frage ist wieder einmal, ob ich die ganze Zeit *nur* mit einem toten Bleistift vor einem toten Blatt Papier... mir etwas Totes ausdenke und ich dann auch noch versuche (den Rest der Zeit), das Tote ins Leben zu überführen.

Pluto-Quadrat-Pluto ersetzt eine Vorstellung gegen eine andere! Das ist alles. Natürlich versucht er mich anzuspornen, diesen Ersatz jetzt auch zu leben. Er versucht also (im gar nicht so harmlosen Fall) die «Fit-for-Life-Diät» gegen ein «Positives-Denken-Diät» oder eine «Herba-Life-Diät» einzutauschen, weil er mir den Floh ins Ohr gesetzt hat, ich müßte seiner Schlankheits-Vorstellung entsprechen. Oder er versucht die «98-Flaschen-Aura-Soma-Vorstellung» gegen eine «58-Flaschen-Avatara-Vorstellung» zu ersetzen. Nicht mehr und nicht weniger.

Die Wahrheit aber ist: In jedem Bleistift und in jeder Flasche ist immer etwas Totes!

Kapitel 3

Die Solare

«Die Sonne bringt es an den Tag»
(Goethe)

Seit 1978, also seit mehr als zwanzig Jahren, verfolge ich jetzt die eigenen Solare sowie die der Freunde und Bekannten meiner nächsten Umgebung und darüber hinaus jene Solare der Menschen, die sich ratsuchend (als Klienten) an unsere Praxis wenden. Und meine Einschätzung über diese Horoskope reiften in all den Jahren zu folgender Feststellung heran:

Die Solare als *Gesamthoroskope* sind maßlos überschätzt!

Sobald man darangeht, die Solare so zu interpretieren, wie man ein Radix interpretiert (geltend eben nur für die Dauer eines Jahres), läuft man unfehlbar in die Irre. Nein, man kann und darf das so nicht machen.

Für die Leser, die noch kein Bild haben, was ein Solar ist, hier eine kurze Beschreibung der Technik der Solar-Horoskope. Ein Solar (früher eine «Solar-Revolution») ist ein Unter-Horoskop, das – so wird gesagt – mir die Aufgabenstellung für ein Jahr (ein Lebensjahr) meines Lebens angibt. Es gilt also nur für *ein* Jahr. Und selbstverständlich gilt es nicht vom 1. Januar bis zum 31. Dezember des Jahres (es sei denn, ich habe am 1. Januar tatsächlich meinen Geburtstag), sondern von meinem Geburtstag (also z. B. 25. September) bis zum nächsten Geburtstag – ebenfalls am 25. September. Ja, wir müssen das Solar sogar noch genauer betrachten, denn in Wahrheit hat mein Geburtstag am 25. September herzlich wenig mit meinem Solar zu tun, denn es könnte mir passieren, daß mein Solar-Horoskop in diesem Jahr bereits am 24. September oder erst am 26. September seinen Anfang nimmt. Der Ausgangspunkt für das Solar-Horoskop – deshalb heißt es Solar – ist nämlich die Sonne (Sol). Ist sie in meinem *Geburts*-Horoskop auf 2 Grad 15 Minuten und 44 Sekunden im Zeichen «Waage» (da war sie nämlich am 25. September 1944), so beginnt mein Solar in jedem weiteren Jahr (bis zum Ende meines Lebens) in dem Moment, in dem die Sonne wieder auf 2 Grad 15 Minuten und 44 Sekunden im Zeichen Waage steht. Und das kann – wie schon gesagt – durchaus mal einen Tag früher oder (selten) später der Fall sein. Die Sonne tritt aber nicht nur an diesem Tag genau über die Position meiner Radix-Sonne, sondern sie tut das auch zu einer bestimmten Stunde und zu einer bestimmten Minute.

War also die Sonne (als ich geboren wurde) am 25. Sept. 1944 um 13h10 MSZ auf 2°15'44» in der Waage, so ist sie in diesem Jahr erst am 25. Sept. um 14 Uhr 48 an ebendieser Stelle – und hier erst beginnt mein Solar.

Damit aber haben wir die Zeit-Koordinaten für die Errechnung eines Horoskops beisammen. Es fehlen uns nur noch die Raum-Koordinaten. Das heißt, es bleibt die Frage: Auf welchen *Ort* errechnen wir das Solar-Horoskop?

Die Meinungen der Astrologen sind hier geteilt. Der größte Teil errechnet dieses Horoskop auf den *augenblicklichen* Aufenthaltsort.

Bei mir wäre das Frankfurt, denn hier lebe ich. Aber angenommen, ich hätte in diesem Jahr in Frankfurt einen Skorpion-Aszendenten und dieser Aszendent gefiele mir nicht, so könnte ich am 23. September schnell einen Flug nach Lanzarote antreten, und schon hätte ich einen Schütze-Aszendenten, denn mein Solar-Geburtstag würde sich damit um ca. 20° verschieben. Eine derartige Denkweise fällt jedoch unter die Kategorie: Schlag deinem Schicksal ein Schnippchen. Aber so funktioniert es nicht!

Und so gehöre ich zu dem kleineren Teil der Astrologen, die behaupten, das Solar müsse immer auf den Geburtsort berechnet werden. Ich kann nicht beweisen, daß es richtig so ist, aber in der Praxis hat es sich bewährt, und das ist das, was für mich zählt!

(Liegt der Geburtsort innerhalb Deutschlands und ist der Solar-Aufenthaltsort ebenfalls innerhalb Deutschlands, so ist der Unterschied der beiden Sichtweisen meist minimal. Zwischen Flensburg im Norden und Lindau im Süden liegen – was den Aszendenten anbelangt – im Durchschnitt nur 3° Differenz.)

Wenn also meine Behauptung, die Solare seien als Gesamthoroskope stark überschätzt, stimmen sollte, worum geht es also, und warum sollten wir uns trotzdem mit den Solaren beschäftigen? Nun, es handelt sich – hauptsächlich – um das Thema des jährlichen Aszendenten-Wechsels (und deshalb ist es ebenfalls wichtig, hier die feste Größe des Geburtsortes festzulegen).

Damit der Leser nachvollziehen kann, was gemeint ist, gebe ich eine komprimierte Skizze, wie sich die Solar-Aszendenten für mich darstellen.

Der *Aszendent* behandelt ja generell (also nicht nur bei den Solaren) etwas *Verborgenes*: das in der Tiefe meines Menschseins verborgene Sein, das gleichsam den harten Kern, das Substrat, meiner inneren Person ausmacht. Der Aszendent ist das, was ich – tief im Inneren – tatsächlich *bin*, was allerdings erst einmal durch die Alltagsangelegenheiten (und meine Ego-Wünsche) überlagert und verdeckt wird.

Treten in den ersten 42 Lebensjahren des Menschen die Positionen der *Sonne* (im Haus und im Zeichen) als Ego-Angelegenheiten in den Vordergrund und machen meine *äußere Person* aus, so treten ab dem 42. Lebensjahr mehr und mehr die Gestaltungen meines Aszendenten (plus Haus und Zeichen des Herrschers von 1) in die Sichtbarkeit und zeigen mehr und mehr meiner *inneren Person*, also von der Person, die ich in Wahrheit *bin*.

Es ist, als hätte der Mensch eine Wendejacke an, deren äußeres Muster in den ersten 42 Jahren *von mir* gezeigt wird (weil ich mit dieser Jacke Eindruck schinden will), während in der zweiten Lebenshälfte *sich* allmählich das innere Muster *durchsetzt*, auch und gerade, wenn ich dieses Muster lieber verborgen halten würde.

Dieses Prinzip der «Wendejacke» gilt nun nicht nur für das Thema der «inneren Person» des Aszendenten, es gilt für jeden Planeten und für jede meiner inneren Personen. Denn in Wahrheit trägt jeder Planet (jede Person) einen Janus-Kopf: Nach vorn zeigt er seine freundliche (und mir angenehme) Seite, und diese wird gern angeschaut, nach hinten enthüllt sich jedoch ein trauriges (und problembeladenes) Gesicht, und dieses wird gern verborgen. Da aber das Schicksal dem Menschen keine Einseitigkeiten und Eindimensionalitäten auf Dauer zugesteht, brauche ich eine Rhythmik, eine zeitliche Abfolge, die mir die Möglichkeit bietet, das zweite Gesicht eines jeden Planeten betrachten zu können – ob es mir gefällt oder nicht!

Und hier treten jetzt die Solare ins Spiel und in ihnen besonders die Aszendenten, und es erscheint mir so, als wollte das Schicksal mit ihnen folgendes zum Ausdruck bringen: «Du hast im Horoskop einen *Mond* (könnte das Schicksal zu mir sagen), und von diesem Mond hast du bisher nur jene Seite angeschaut, die dir gefällt. Dein Mond hat aber auch eine ganz andere Seite, und ich (das Schicksal) möchte dir jetzt ein Jahr Zeit geben, diese zweite Seite des Janus-Kopfes deines Mondes kennenzulernen. Und also hast du in deinem Solar von diesem Jahr einen Krebs-Aszendenten.»

Wir alle befinden uns ja im Theaterstück des Lebens, dessen Drehbuch durch das Radix-Horoskop ein für allemal festgelegt ist und aus dem es kein Entrinnen gibt. Und wir alle führen dieses Stück auf (ob wir es wollen oder nicht), das aus verschiedenen Handlungen und Handelnden besteht. Die Planeten meines Horoskops verkörpern sich als innere und äußere Personen dieses Stückes, und es geht im Leben einzig und allein darum, die Handlungen und die Handelnden zu verstehen und zu sagen: «Das bin ich (tat twam asi)!» Aber da wir die Handelnden unseres Lebens noch nicht allzugut kennen und (besonders ihr anderes Gesicht) auch nicht kennenlernen wollen, muß es eine Rhythmik geben, die *jeder* inneren Person die Möglichkeit einräumt, einen ganzen Akt lang (ein Lebensjahr lang) im Vordergrund der Bühne zu stehen und ihr Thema darzustellen. Das Vordergründige und das Hintergründige!

Diese Möglichkeiten bieten die Solar-Aszendenten.

Jedes Lebensjahr (mit seinem Solar-Aszendenten) stellt einen Akt im Theaterstück meines Lebens dar, und in jedem dieser Akte steht *eine* innere Person mitten im Rampenlicht – auf daß die anderen Mitspieler und die Zuschauer diese Person besser kennenlernen. Was nichts anderes heißt als: damit *ich* mich besser kennenlerne!

Sagen wir es noch einmal ganz einfach: Jedes Solar handelt davon, dem Geheimnis jener inneren Person (aus meinem Theater-Ensemble) auf die Spur zu kommen, die dem Aszendenten dieses Solars entspringt. Also beim Krebs-Aszendenten des Solars ist es ein Jahr lang die Person des Mondes. Beim Löwe-Aszendenten ein Jahr lang die Person der Sonne, beim Steinbock-Aszendenten die Saturn-Person usw.

Darum geht es.

Folgende Punkte sind dabei zu berücksichtigen:

1) Bleiben wir einen Moment bei einem Solar-Krebs-Aszendenten. Es geht also in diesem Jahr um das Thema der Geborgenheit, um die innere und äußere Mutter, um das innere und äußere Kind, um die Erkenntnis meines Kleinseins und meiner weiblichen Seite. Es geht aber *auch* um meinen Trotz, um mein mangelndes Erwachsensein, um meine Tränen, mei-

211

ne Infantilität. Und um das Thema des Nehmen-Könnens! Aber das zu wissen ist ja erst der Anfang. Denn es ist erst das generelle Thema, das für *jeden* Krebs-Aszendenten (sei es im Radix, sei es im Solar) gilt

Was aber soll ich speziell über *meinen* Krebs-Aszendenten im diesjährigen Solar erkennen?

2) Die Antwort auf diese Frage ergibt sich erst, wenn ich meinen Solar-Mond, der ja der Herrscher des Aszendenten ist, betrachte. Jetzt erst bin ich bei der Person! (Der Aszendent ist nämlich keine innere Person, er ist das Thema, das zu lernen ist.)

Angenommen, mein Solar-Mond stünde im siebenten Haus im Zeichen Steinbock. Das erst ist die Erläuterung zur *Person* des Mondes. Diese Erläuterung besagt: Ich erwarte Geborgenheit *vom anderen Menschen* (siebentes Haus), aber diese Geborgenheit ist keine, denn ein Mond im Zeichen Steinbock spricht für eine Verhärtung der Gefühle. Insofern steht dieser Mond wie ein kleines Kind an einer Stelle in meiner Seele und sagt: «Die anderen sind immer so gemein!», «Von mir kriegt auch keiner etwas!»

Nicht etwa, daß es so ist! Aber das soll ich über das Janus-Gesicht meines Mondes erkennen. Das zweite Gesicht sagt: «Niemand liebt mich!»

Mein *eigener Mond* wird also in die Welt projiziert und findet sich dort abgelehnt.

Dieses Geheimnis gilt es zu entdecken.

3) Eine Betrachtung meines Solar-Mondes bleibt folgenlos, wenn ich ihn aus dem Kontext meines sonstigen Lebens löse. Mein sonstiges Leben wird von meinem Radix beschrieben. Anders gesagt: Betrachte ich mein Solar mit dem Krebs-Aszendenten und dem Mond in sieben und im Steinbock, so muß ich als erstes meinen Mond im Radix anschauen, denn über ihn (den Mond im Radix) soll ich jetzt ein Jahr lang durch den Krebs-Aszendenten im Solar etwas lernen.

Es gibt Astrologen, die betrachten das Solar eines Menschen, ohne je einen Blick auf sein Radix zu werfen. Das hat sehr viel Ähnlichkeit mit einer Medizin, die sich für die «Leber» (auf Zimmer 304) interessiert, ohne je auf den Menschen, der an dieser Leber krank ist, einen Blick zu verschwenden.

Somit gilt als wichtigste Regel für die Solar-Beratung:

Der Aszendent des Solars gibt mir an, welche Person aus meinem Radix ich in diesem Jahr ein wenig besser kennen- und verstehen lernen soll.

Um mehr geht es nicht im Solar!

Alles Weitere ordnet sich dieser Aufgabe unter.

Insofern muß ich bei *jedem Solar-Aszendenten* zuerst den *entsprechenden Planeten im Radix* noch einmal anschauen und mir (oder meinem Gegenüber) klarmachen:

1. Was will dieser Planet im Radix?
2. Was will mir das Solar über diesen Planeten enthüllen?

Also wie will das Solar ihn mir näherbringen?

Das Solar gibt mir also die zusätzliche Möglichkeit, ein Jahr lang einer meiner Innenpersonen näherzukommen und mich ihr von einer Seite zu nähern, die in meinem Radix nicht vorgezeichnet ist (sondern nur im Solar), und damit erhalte ich eine neue Chance für meinen Bewußtwerdungsprozeß.

Schauen wir einmal, welche Logik in den Solar-Aszendenten verborgen sein könnte. Wir können das sehr einfach dadurch tun, daß wir die fortlaufenden 14 Solar-Aszendenten einer Person (also zwei Heptaden lang) herausgreifen. Der Autor, der im Moment 54 Jahre alt ist, hat vom 49. bis zum 62. Lebensjahr folgende Solar-Aszendenten-Verteilung:

49. Löwe	54. Waage	59. Schütze
50. Waage	55. Schütze	60. Stier
51. Steinbock	56. Stier	61. Löwe
52. Zwillinge	57. Löwe	62. Waage
53. Löwe	58. Waage	

Daraus ergibt sich folgende Verteilung für 14 Jahre:
Solar-Aszendenten:
Widder = 0, *Stier* = 2, Zwillinge = 1, Krebs = 0, **Löwe = 4**,
Jungfrau = 0, **Waage = 4**, Skorpion = 0, *Schütze* = 2,
Steinbock = 1, Wassermann = 0, Fische = 0.

Und wir sehen hier auf einen Blick, welche Themen, welche inneren Personen in dieser Zeit schwerpunkthaft verstanden werden sollen. Da jeder der zwölf möglichen Solar-Aszendenten die Chance hatte, in diesen 14 Jahren zu erscheinen, fällt auf, daß nur sechs Aszendenten tatsächlich erscheinen, davon zwei Aszendenten (Löwe und Waage) gleich viermal! Mit anderen Worten: Die Themen Löwe und Waage, also die inneren Personen der Sonne und der Waage-Venus, ragen überdeutlich in diesen beiden Heptaden *für meinen Erkenntnisprozeß* heraus. Ganz offensichtlich will der IV. Quadrant, also das Schicksal, daß ich über die Themen Ego und Partnerschaft in diesen 14 Jahren besonders viel lernen soll, weil ich hier noch besonders blind (oder dumm) bin.

(Das ist für einen Menschen, der im Radix-Horoskop eine Waage-Sonne hat, ja nun nichts Besonderes. Statistiker mögen einmal darüber grübeln, wie groß die Wahrscheinlichkeit ist, in 14 Jahren viermal die Löwe- und viermal die Waage-Karte zu ziehen – bei zwölf verschiedenen Karten!)

Es fällt auf, daß in dieser Zeit die Themen Widder, Krebs, Jungfrau, Skorpion, Wassermann und Fische gar nicht vertreten sind. Und damit der Leser jetzt nicht glaubt, diese Kombination wäre bei dem Autor immer so, seien hier noch die Solar-Aszendenten der ersten 14 Lebensjahre angefügt:

1. Widder	6. **Krebs**	11. Jungfrau
2. **Krebs**	7. Jungfrau	12. **Skorpion**
3. Jungfrau	8. **Skorpion**	13. Steinbock
4. **Skorpion**	9. Wassermann	14. Zwillinge
5. Fische	10. **Krebs**	

Wieder ragen zwei Aszendenten deutlich heraus: Diesmal Krebs (dreimal) und Skorpion (dreimal). Während die Aszendenten, die zwischen 49 und 63 mit je vier Treffern vertreten sind (Löwe und Waage), in den ersten 14 Jahren gar nicht vorkommen! (Und auch die, die in den späteren Jahren jeweils zwei Treffer hatten – Stier und Schütze –, waren in den ersten 14 Jahren nicht anwesend.)

Nein, wir werden uns keinen Reim darauf machen, was das denn bedeutet, denn der Leser hat diese Aufgabe für seine Solar-Aszendenten noch vor sich. Dazu ist es sinnvoll, daß er sich die Solar-Aszendenten für *sein Leben* (Vorschlag: vom 1. bis zum 84. Lebensjahr) erst einmal ausrechnet oder sonstwie beschafft und eine Gesamt-Verteilung seiner Solar-Aszendenten anfertigt.

Also: In 84 Lebensjahren fünfmal Widder, siebenmal Stier usw.

Der Leser wird dabei sehr schnell feststellen, daß es eine Normalverteilung der Solar-Aszendenten gibt, die von dem mathematischen Modell abweicht.
Mathematisch würde man nämlich erwarten, daß es *normal* wäre, in 84 Jahren (geteilt durch 12 Tierkreiszeichen) hinter jedem Tierkreiszeichen die Zahl 7 vorzufinden (denn 7 mal 12 = 84). Das aber ist nicht der Fall!
Normal ist bei 84 Solar-Aszendenten etwa folgende Verteilung:
Widder = 3, Stier = 5, Zwillinge = 7, Krebs = 8, Löwe = 9, Jungfrau = 10, Waage = 10, Skorpion = 9, Schütze = 8, Steinbock = 7, Wassermann = 5 und Fische = 3.
Und erst wenn es von dieser Verteilung gravierende Abweichungen gibt, sind diese aussagefähig. Aber dennoch rate ich nicht, das ganze Leben ins Auge zu fassen, denn in 84 Lebensjahren nivellieren sich die Aszendenten meist zu einer Normalverteilung. Greift man sich jedoch einen Ab-

schnitt von jeweils 14 Jahren (= zwei Heptaden) heraus, und zwar jenen Abschnitt, in dem man gerade steckt (so wie ich es zwei Seiten vorher für mein Leben getan habe), dann wird es oft hochsignifikant. Also angenommen, der Leser ist heute 32 Jahre alt, dann schaut er sich alle Solar-Aszendenten vom 28. bis zum 42. Lebensjahr an. Hier stellt man in der Regel deutliche Lernthemen fest.

Zurück zum Einzel-Solar.

Bauen wir unsere Betrachtungen einmal systematisch auf, so ergeben sich an das Solar folgende Fragen:

1. Welcher Solar-Aszendent, also welches Thema – aus dem Radix – wird in diesem Jahr in der Schule des Lebens als Lernstoff an die erste Stelle gesetzt?

2. Welche innere Person – aus dem Radix – wird durch mein Solar im Theaterstück des Lebens für ein Jahr lang ganz nach vorn an die Rampe gestellt?
   (Antwort: Bei einem
   Solar-Widder-Aszendenten mein Radix-Mars
   Solar-Stier-Aszendenten meine Radix-Venus
   Solar-Zwillinge-Aszendenten mein Radix-Merkur
   Solar-Krebs-Aszendenten mein Radix-Mond
   Solar-Löwe-Aszendenten meine Radix-Sonne
   Solar-Jungfrau-Aszendenten mein Radix-Merkur
   Solar-Waage-Aszendenten meine Radix-Venus
   Solar-Skorpion-Aszendenten mein Radix-Pluto
   Solar-Schütze-Aszendenten mein Radix-Jupiter
   Solar-Steinbock-Aszendenten mein Radix-Saturn
   Solar-Wassermann-Aszendenten mein Radix-Uranus
   Solar-Fische-Aszendenten mein Radix-Neptun

3. Was sagt die Stellung des betreffenden Planeten in meinem Radix?

(Antwort: Was das Haus, das Zeichen und die Aspekte des Planeten zu anderen Punkten im Radix-Horoskop eben sagen.)

4. Was sagt die Stellung des betreffenden Planeten in meinem Solar?

(Antwort: Was das Haus, das Zeichen und die Aspekte des Planeten zu anderen Punkten im Solar-Horoskop eben sagen.)

Zu den Punkten 3 und 4: Hier könnte der Leser verwirrt werden, denn er bemerkt, daß zum Beispiel zwischen der Position des Mondes im Radix (im ersten Haus und im Zeichen Steinbock sowie ein Quadrat zur Radix-Sonne) ein gravierender Unterschied besteht zu dem Solar-Mond bei einem Krebs-Aszendenten im Solar. Angenommen, hier steht der Mond im achten Haus und im Zeichen Wassermann.

Was hat jetzt das eine mit dem anderen zu tun?

Zwei völlig verschiedene Monde!

Wie soll der Leser daraus schlau werden?

Die Antwort ist ganz einfach. Sie sagt immer: Indem ich meinen Solar-Mond anschaue, ihm auf die Spur komme und ein bißchen mehr verstehe, verstehe ich meinen Radix-Mond ebenfalls ein bißchen besser. Die Betonung liegt hier auf «ein bißchen», denn wahrscheinlich habe ich in den nächsten 20 Jahren noch dreimal einen Krebs-Aszendenten im Solar, und in diesen drei Jahren verstehe ich meinen Radix-Mond noch ein «bißchen besser».

Dieses ein «bißchen besser» sollte uns vor der Anmaßung schützen, zu glauben, wir hätten irgendeinen Planeten im Horoskop (also irgendeine innere Person) bereits ein für allemal und endgültig verstanden, weil wir ja schon 45 Jahre alt seien und über unseren Mond (unsere Mutter, unsere Weiblichkeit, unser inneres Kind) ja schon 5 Jahre lang gearbeitet hätten.

Noch nie hat jemand seinen Mond, seinen Merkur, seinen Mars, seine Venus oder welchen Planeten auch immer «endgültig» verstanden! Weder der, der seit 50 Jahren Therapie, noch der, der seit 40 Jahren Astrologie gemacht hat!

5. Die innere Person des Solar-Aszendenten kann nur verstanden werden, wenn das Aszendenten-Thema des Solars *mit Hilfe der Solar-Sonne* an den Tag gebracht wird.

Der Herrscher des Solar-Aszendenten kann ja *nichts tun*. Es geht ja darum, daß er in seinem Wesen ein «bißchen» besser verstanden wird. Der Mensch aber muß in diesem Solar-Jahr etwas tun, damit sich das Wesen entschlüsselt. Dieses Tun aber unterliegt der Solar-Sonne! Nun hat aber die Solar-Sonne *im Tierkreis* immer dieselbe Position. Habe ich eine Waage-Sonne im Radix, so habe ich in allen Solaren meines Lebens ebenfalls eine Waage-Sonne, denn danach berechnen sich ja meine Solare. Das «wie» der Sonne (wie soll sie handeln) bleibt also in jedem Solar gleich. Aber nicht das «wo»! Denn in jedem Solar steht die Sonne in einem anderen Haus, und das Haus gibt mir an, auf welcher Ebene die Handlung stattfindet, damit ich dem Wesen des Aszendenten näherkomme.

6. Die Solar-Sonne sagt also folgendes: Wenn du bereit bist, so zu handeln, wie dir die Haus-Position deiner Sonne vorgibt, dann erschließt sich dir – in diesem Handeln – das Wesen des Solar-Aszendenten und damit die korrespondierende innere Person deines Radix.

Mit abschließenden Worten: Es geht bei jedem Solar *nur* darum, eine Person (einen Planeten) aus meinem Radix besser zu verstehen. Nur wenn das Solar so gelesen wird, macht es einen Sinn und erschließt eine tiefe Dimension meines Wesens.

Bei allen anderen Fragen (Was wird in diesem Jahr geschehen? Werde ich meinen Beruf wechseln? Wird mein Mann in die Scheidung einwilligen? usw.) ist das Solar als Einzelhoroskop rettungslos überfrachtet. Bei derartigen Fragen (die freilich so auch keinen Sinn machen) können die Auslösungen und die Transite mir deutlichere Antworten präsentieren.

Ich gebe in diesem Kapitel mit Absicht keine Beispiele. Der Leser ist mit dieser Interpretation auf eine neue Spur bei den Solaren gebracht worden, und es ist an ihm, sich seinen nächsten Solar-Aszendenten (mitsamt dem Herrscher von 1) einmal neu zu betrachten und die angegebene Spur aufzunehmen.

Damit er aber bei den Solar-Aszendenten nicht ganz im dunkeln bleibt, empfehle ich dem Leser, bei jedem auftauchenden Solar-Aszendenten (da er ja für die Zeitperiode eines Jahres gilt) sich den Text für die betreffende Wegezeit (siehe S. 66ff.) noch einmal ins Gedächtnis zu rufen.

Die Progressionen und die Direktionen

Noch vor 70 Jahren standen diese beiden Zeit-Methoden deutlich im Vordergrund astrologischer Arbeit. Heute sind sie eher in Vergessenheit geraten. Ganz am Anfang meines astrologischen Werdegangs habe ich sie einige Male verwendet, doch dann – ich muß es gestehen – lagen mir die in diesem Buch behandelten Methoden näher, und ich habe die Direktionen und Progressionen liegengelassen (und bis heute nicht wieder aufgegriffen). Anders gesagt: Ich habe keine Erfahrungen mit ihnen, und deshalb kann ich sie auch meinen Lesern (aus eigener Unkenntnis) nicht empfehlen. Das bedeutet nicht, daß sie nicht hervorragend geeignet sein *könnten*. Nur: Ich habe es nicht geprüft, und ich gebe es deshalb auch nicht weiter. (Alle anderen Verfahrensweisen dieses Buches *sind* geprüft, durch viele Jahre meiner eigenen Erfahrungen hindurchgegangen und durch viel Leiden auf meiner und auf der Seite meiner Patienten gesichert.)

Damit der Leser jedoch weiß, was es mit diesen beiden Methoden auf sich hat, beschreibe ich hier im Anhang ihre Technik.

1) Progressionen und Direktionen sind beides Methoden, Zeit in das Horoskop hineinzubringen. Sie ähneln daher in ihrer Art den Solaren oder den Transiten.

2) Obwohl beide Techniken einander ähnlich sind, ergeben sie doch zu einem gegebenen Zeitpunkt verschiedene Resultate und haben insofern (jede für sich) eine unterschiedliche Betrachtungsweise.

A) Progressionen

Der genaue Name ist «Sekundär-Progression» oder «progressives Horoskop».

Hier gilt der Zeitschlüssel des Hesekiel «Denn ich will dir einen Tag für ein Jahr geben» (Hesekiel 4,6).

Konkret heißt das: Wenn ich am 25. September 1958 geboren bin und jetzt wissen möchte, wie mein 26. Lebensjahr verlaufen wird, dann mache ich ein Horoskop auf den 26. Tag nach meiner Geburt, also auf den 21. Oktober 1958.

Diese Rechnung funktioniert nicht nur für ein bestimmtes Lebens*jahr*, sondern ich kann auch mein progressives Horoskop für einen bestimmten Tag (z. B. heute) machen.

Heute bin ich aber bereits 36 Jahre, 5 Monate und 16 Tage nach meiner Geburt. Der Computer rechnet also mein progressives Horoskop auch auf den genauen Tag aus. Er rechnet dann ein Horoskop irgendwann am Tag des 31. Oktober 1958 aus.

Dieses Horoskop kann ich entweder eigenständig interpretieren – also als ganzes Horoskop, oder ich trage die progressiven, also «fortgeschrittenen» Planeten (die ja in diesen 36 Tagen weitergelaufen sind) in mein Radix-Horoskop ein und setze sie zu diesen Daten in einen Bezug. Ich mache also quasi einen Planetenvergleich zwischen den Radix-Daten und den progressiven Daten.

B) Direktionen

Der genaue Name lautet «Sonnenbogendirektionen».

Auch hier gilt der Schlüssel: 1 Tag (Sonnenbewegung) entspricht einem Jahr.

Hier wird freilich nur die Bewegung der Sonne ermittelt. Sie läuft an einem durchschnittlichen Tag etwa 59 Gradminuten (also fast 1 Grad), so daß man bei der Direktionsmethode auch sagen könnte 1 Jahr = 1 Grad. Bin ich jetzt 36 Jahre alt, so wird die Sonne um ca. 36 Grad weiter entfernt im Tierkreis errechnet. Das kann zu einem gegebenen Tag (also heute!) ebenfalls sehr genau ausgerechnet werden. Im Unterschied zur Progressionsmethode, bei der ein Horoskop vom 36. Tag nach meiner Geburt errechnet würde, nimmt man bei der Direktionsmethode jetzt den genau ausgerechneten Sonnenbogen (von ca. 36 Grad) und schiebt *alle Planeten und alle Häuserspitzen* um genau diesen Betrag weiter durch den Tierkreis nach vorn. Man dirigiert also alle Horoskopfaktoren um diesen einen Betrag weiter. Auch hier erhält man ein neues Horoskop (wobei alle Planetenaspekte beibehalten werden, weil ja alle Planeten um denselben Betrag weitergeschoben werden), das man eigenständig interpretieren kann.

Mehr Sinn macht es freilich, wenn man die neuen Planetenstellungen (außen) in das Radix einträgt und das Ganze wieder wie einen Planetenvergleich (Synastrie) oder wie eine Art Transit behandelt.

Nachbemerkung

Der vorliegende Band «Zeit im Horoskop» ist der vierte Teil eines Astrologie-Curriculums, das die astrologischen Arbeitsergebnisse von symbolon im Rowohlt-Verlag zusammenfassend auf den Punkt bringt. Natürlich ist auch dieser Punkt nicht statisch, sondern nur vorläufig, denn astrologische Arbeitsergebnisse sind wie unsere Zimmerlinde: Sie wachsen unaufhörlich.

Wer an dem vorliegenden Band seinen Gefallen gefunden hat, den weisen wir auf die anderen Bände dieses Curriculums hin:

Orban/Zinnel: **Drehbuch des Lebens** (Eine Einführung in die esoterische Astrologie)

Orban/Zinnel: **Personare** (Die Horoskope der einzelnen inneren Personen) im Verlag vergriffen, zu beziehen bei **symbolon** (s.u.)

Orban: **Drehbuch Partnerschaft** (Das Thema der Partnerschafts-Astrologie einmal völlig neu betrachtet)

Orban: **Pluto** (Eine Monographie über eine innere Person)

Danken möchte ich zwei Frauen, die mir astrologisch immer wieder auf die Sprünge helfen:
- meiner Frau Heidemarie, die mir täglich helfend, korrigierend und kritisch zur Seite steht und meine Seele «befiedert».
- und Ingrid Zinnel, mit der viele Jahre ein astrologischer Asutausch bestand und besteht, der sich heute in unserem astrologischen Ausbildungsprogramm* weiterhin bewährt.

Dr. Peter Orban Frankfurt, den 11. 11. 1998

*) Wer über unsere Ausbildungsgruppen informiert werden möchte, der fordere unsere Informationsbroschüre an bei: **symbolon,** Eduard Rüppell-Straße 3, 60320 Frankfurt, Tel. 069/5601472,
Fax: 069/56043931 oder der werfe einen Blick auf unsere Web-Site: www.symbolon.de

transformation

«Und wenn der große Phönix frei fliegt, sieh genau hin, was er behutsam zwischen seinen Krallen trägt.» *No-Eyes*

Stephen Arroyo
Astrologie, Psychologie und die vier Elemente
(transformation 18579)
Einer der führenden Astrologen Amerikas skizziert die Bedeutung der vier Elemente als archaische Kräfte für die Seele und weist auf die bislang ungenutzten Möglichkeiten hin, astrologisches Wissen in der Psychotherapie einzusetzen.

Deborah Cowens /
Tom Monte
Die Gabe des Heilens *Die Praxis der Energieheilung*
(transformation 60382)

Paul Hawken
Der Zauber von Findhorn *Ein Bericht*
(transformation 17953)
Ein Erlebnisbericht aus der berühmten New Age-Community.

Gabriele Quinque
Tempelschlaf *Ägyptische Einweihung als Reise zum inneren Geheimnis*
(transformation 60271)

Uma Silbey
Fahrkarte zur Erleuchtung *Der Alltag als spiritueller Weg*
(transformation 60149)

Mark Matousek
Sex, Tod, Erleuchtung *Eine spirituelle Odyssee*
(transformation 60442)

Mary Summer Rain
Der Phönix erwacht *Weisheit und Visionen*
(transformation 18558)
Weltenwanderer *Der Pfad der heiligen Kraft*
(transformation 18722)

Irina Tweedie
Wie Phönix aus der Asche *Mein Abenteuer der Selbstfindung auf dem Weg der Sufis*
(transformation 60148)

Janwillem van de Wetering
Ein Blick ins Nichts
Erfahrungen in einer amerikanischen Zen-Gemeinde
(transformation 17936)
Das Koan *und andere Zen-Geschichten*
(transformation 60270)

Ein Gesamtverzeichnis der Reihe *rororo transformation* finden Sie in der *Rowohlt Revue.* Vierteljährlich neu. Kostenlos in Ihrer Buchhandlung.
Rowohlt im Internet:
www.rowohlt.de

rororo sachbuch